양극화와 초저출생, AI에게 길을 묻다

Polarization and Ultra-Low Birthrate: Seeking Solutions from AI

지은이 박정일(朴正一)

産

삼성SDS(주) Tokyo 사무소장 (이하 모두 前))

學

한양대학교 공대 Computer·Software학과 겸임교수

硏

경기도교육연구원장

경제위기관리연구소 부소장

法

법무법인(유한) 클라스 고문

政

민주당 IT 특별위원장

민주당 Ubiquitous 위원장

委

4차 산업혁명전략위원회 민간위원

대한민국 AI Cluster Forum 위원

광주광역시 인공지능(AI) 대표 도시 만들기 추진위원

대통령 직속 일자리위원회 중소벤처분과위원장(T/F장)

著

김치·스시·햄버거의 신 삼국지 (2004)

미·중 패권 다툼과 일자리 전쟁 (2018)

AI 한국경영 지도자 편 (2020)

AI 한국경영 정책제언 편 (2021)

AI 한국경영 국정운영 편 (2021)

AI 한국경영 미래비전 편 (2021)

AI 한국경영 뉴거버넌스 편 (2022)

ChatGPT 시대에 묻는 교육의 미래 (2023)

AX 교육혁명 반값사교육 편 (2024)

양극화와 초저출생,
AI에게 길을 묻다

Polarization and Ultra-Low Birthrate:
Seeking Solutions from AI

박정일 지음

휴먼필드
Human Field

다산과 삼봉의 경세론에서
AI 시대의 길을 찾다

"이 나라는 털끝 하나라도 병들지 않은 것이 없다. 지금 당장 개혁하지 않으면 나라가 망하고 나서야 그칠 것이다."

200여 년 전, 다산 정약용(1762~1836))이 《경세유표》 서문에 남긴 경고는 조선 후기의 쇠퇴와 부패를 진단하며 새로운 길을 제시했던 그의 통찰을 보여 준다. 하지만 이 경고는 조선의 역사에만 국한되지 않는다. 오늘날의 대한민국, 나아가 현대 사회에서도 여전히 생생한 울림을 전한다.

우리는 지금 양극화와 초저출생이라는 두 가지 심각한 도전에 직면해 있다. 이 문제들은 한국 사회의 경제적, 사회적 기반을 흔들며, 국가의 지속 가능성을 위협하고 있다. 마치 조선 후기의 혼란과 부패에 직면했던 정약용과 같은 자세로, 오늘날 우리에게도 이러한 위기를 극복할 새로운 경세론이 필요하다.

삼봉 정도전(1342~1398) 역시 고려 말기의 혼란 속에서 민본사상을 설계하며, "민심을 잃은 통치자는 교체되어야 한다"라고 강력히 외쳤다. 그는 백성을 위한 통치를 중심으로 새로운 국가 조선을 건국하며 체계적인 국가 개혁의 방향을 제시했다. 그의 경세론은 단순한 통치 이론이 아니라, 복잡한 사회 문제를 해결하기 위한 혁신적이고 실행 가능한 접근법이었다.

오늘날 대한민국도 삼봉 정도전과 다산 정약용의 정신을 계승하며, AI라는 새로운 도구를 활용해 현대적 경세론을 설계할 때이다.

현대 대한민국의 양극화 문제: 경세론의 현재적 적용

정도전이 지적했던 고려 말기의 불평등과 부패는 오늘날 대한민국의 양극화 현실과 놀라울 정도로 닮아있다. 부의 세습과 자산 불평등은 경제적 이동성을 가로막고, 교육 격차는 계층 간 불평등을 더욱 심화시키며, 비정규직 문제와 부동산 양극화는 노동시장의 불안과 서민들의 내 집 마련 꿈을 좌절시키고 있다.

이러한 양극화는 단순한 경제적 문제가 아니라, 사회적 갈등을 심화시키고, 세대 간 신뢰를 약화하며, 국가의 경제 성장 동력을 저하하게 하는 문제로 이어지고 있다.

삼봉 정도전이 강조했던 "바람직한 통치란 백성을 위한 것"이라는 철학처럼, 오늘날의 정책과 통치도 이러한 문제를 해결하는 데 초점을 맞춰야 한다. 또, 다산 정약용의 경세론이 그러했듯, 문제의 진단뿐 아니라 그 해결을 위한 실행 가능한 비전을 제시해야 할 때다.

AI와 현대적 경세론: 삼봉과 다산의 정신을 계승한 새로운 설계

오늘날 AI는 삼봉과 다산이 추구했던 경세론의 현대적 계승자가 될 수 있다. AI는 정책 설계의 공정성을 높이고, 문제 해결을 가속하며, 복잡한 사회적 갈등을 조정하는 데 중요한 도구가 될 수 있다.

그러나 기술만으로 모든 문제가 해결되지는 않는다. 삼봉이 강조했던 "백성을 위한 통치"라는 원칙이 변함없이 중요한 이유도 여기에 있다. AI를 활용한 정책은 국민을 중심에 두고 설계되어야 하며, 이를 통해 공정하고 포용적인 사회를 만들어야 한다. 특히, 양극화와 초저출생 문제를 해결하기 위해 AI는 부의 재분배, 교육 격차 해소, 고용시장 혁신과 일·가정 양립 지원, 주거 안정성 강화, 복지 사각지대 해소에 기여할 수 있다.

양극화·초저출생: AI 시대 대한민국의 새로운 도전

초저출생 문제는 양극화와 긴밀히 연결되어 있다. 출생률 감소는 노동력 부족과 고령화를 가속하며, 복지 체계와 경제적 안정성을 약화한다. 초저출생 문제는 단순히 개인의 선택이 아니라, 경제적 불안, 양육 및 교육 부담, 그리고 주거 문제와 밀접하게 연결된 구조적 문제다.

정도전의 민본사상이 그러했듯, 오늘날 초저출생 문제 해결의 핵심은 백성을 중심에 둔 정책과 제도다. 가정을 이루고 자녀를 양육하기 위한 환경을 조성하는 것이 국가 정책의 최우선 과제가 되어야 한다. AI는 이를 실행 가능한 수준으로 구체화할 수 있는 강력한 도구다.

미래를 위한 여정: 새로운 경세론의 설계

이 책은 양극화와 초저출생 문제를 면밀히 분석하고, AI라는 도구를 활용해 이를 해결할 수 있는 구체적이고 실행 가능한 방안을 제시하고 있다. 단순히 문제를 지적하는 데 그치지 않고, 글로벌 사례와 데이터를 바탕으로 한국 사회에 적합한 해결책을 탐구하며, AI 시대의 새로운 사회적 비전을 설계한다.

독자 여러분께서 이 책을 통해 문제를 깊이 이해하고, AI와 함께 더 나은 미래를 설계할 영감과 용기를 얻기를 바란다. 지금 대한민국은 또 한 번의 전환점에 서 있다. AI라는 새로운 도구와 함께 더 공정하고 지속 가능한 사회를 만들어가는 여정을 시작할 시점이다. 이제, 우리가 함께 그려갈 미래의 설계도를 펼칠 시간이다.

함께 만들어 갈 대한민국의 미래

이 책은 이미 출간된 AI 한국경영 지도자 편, 정책제언 편, 국정운영 편, 미래비전 편, 뉴거버넌스 편, ChatGPT 시대에 묻는 교육의 미래 편, AX 교육혁명 반값 사교육편, 미중 패권다툼과 일자리 전쟁, 김치·스시·햄버거의 신 삼국지에 이은 10번째로 '양극화와 초저출생, AI에게 길을 묻다'로 양극화와 초저출생 문제를 면밀히 분석하고, AI라는 도구를 활용해 이를 해결할 수 있는 구체적이고 실행 가능한 방안을 제시한다. 변화는 AI 기술과 정책만으로 이루어지지 않는다. 국민 한 사람 한 사람이 문제를 이해하고, 변화를 위한 여정에 동참할 때, 대한민국은 더 나은 미래로 나아갈 수 있다. 다산 정약용이 혼란의 시대 속에서 새로운 국가의 길을 제시했듯이, 오늘날 우리는 AI라는 새로운 도구를 통해 양극화와 초저출생 문제를 해결하고 지속 가능한 미래를 설계해야 한다.

1부에서는 양극화 문제를 분석하고, AI를 활용한 부의 재분배, 교육 격차 해소, 고용 구조 혁신 방안, 부동산 격차 해소, 세대 간 격차 해법을 다룬다. 2부에서는 초저출생 문제의 원인과 그 영향을 살펴보고, AI 기반의 양육 지원, 복지 혁신, 정책 지속 가능성을 논의한다. 또한, 글로벌 사례를 통해 한국 사회에 맞는 실행 방안을 제안하며, AI 시대의 새로운 사회적 비전을 설계한다. 결론적으로 AI 시대 대한민국이 직면한 양극화와 초저출생 문제를 치밀히 분석하고, 그 해결을 위한 혁신적이고 실행 가능한 로드맵을 제시한다. 독자 여러분께서 이 책을 통해 문제를 깊이 이해하고, AI와 함께 더 나은 미래를 설계할 용기와 영감을 얻기를 바란다.

지금 대한민국은 또 한 번의 전환점에 서 있다. 우리가 함께 만들어갈 대한민국의 미래는 더 공정하고, 더 포용적이며, 지속 가능한 대한민국을 새로운 시대로 이끌어야 한다. AI는 그 길을 밝혀주는 중요한 등불이 될 것이다. AI 시대 변화는 이제 시작이다.

생성형 AI 시대에 책을 집필하면서 모든 내용의 출처와 인용은 ChatGPT40와 Perplexity에게 질문하고 답을 구했다. 부디 이 책을 읽고 양극화와 초저출생 문제를 해결하는 새로운 정부가 나오길 간절히 바란다.

2025년 1월 1일

지은이 朴 正 一

양극화와 초저출생, AI에게 길을 묻다

Polarization and Ultra-Low Birthrate: Seeking Solutions from AI

목차

2부. 초저출생 AI 시대 해법을 찾아라

4장. AI 시대를 바꾸는 초저출생 해소의 길

5장. 출생률 회복을 위한 글로벌 사례

1부

양극화 대한민국
AI에게 답을 찾다

1장

부의 세습,
이제 멈추어야 할 때

1 | 부의 사다리, 금융 교육에서 찾다

1) 부의 세습을 줄이는 방법

부의 세습을 줄일 방법은 여러 가지가 있으며, 이는 주로 조세정책, 사회 안전망 강화, 교육 기회 확대 등 다양한 측면에서 접근할 수 있다.

(1) 조세정책의 개선

소득세와 재산세

누진적 성격을 가진 소득세와 재산세를 확대하여 고소득층과 고재산층에 대한 세 부담을 증가시키는 것이 중요하다. 이는 부의 집중을 완화하고, 세수 확보를 통해 사회복지 지출을 늘릴 수 있는 기반이 된다.

상속세 및 증여세 강화

상속세와 증여세를 강화하여 부의 세습을 줄일 수 있다. 특히, 상속세의 최고 세율을 인상하거나 공제를 축소함으로써 부유층이 자녀에게 자산을 쉽게 물려주는 것을 어렵게 만들 수 있다.

(2) 교육과 직업훈련의 확대

교육 기회의 평등

부모의 경제적 배경에 따라 교육 기회가 달라지는 현실을 개선하기 위해, 저소득층 가구에 대한 교육 지원을 강화하고 공교육의 질을 높이는 것이 필요하다. 예를 들어, 저소득층 자녀에게 장학금을 제공하거나 무료 교육 프로그램을 확대하는 등의 조치가 필요하다.

직업훈련 프로그램

비정규직 근로자나 저숙련 노동자를 위한 직업훈련 프로그램을 강화하여 이들이 더 나은 일자리를 얻고 경제적으로 자립할 수 있도록 지원해야 한다.

(3) 사회안전망의 확충

행복소득 도입

모든 시민에게 일정 금액의 행복 소득을 지급함으로써 경제적 불안정을 완화하고, 저소득층이 자산 형성을 할 수 있는 기회를 제공해야 한다. 이는 부의 세습 구조를 완화하는 데 기여할 수 있다.

사회복지 지출 확대

실업보험, 주거 지원, 건강보험 등의 사회복지 지출을 확대하여 취약계층이 경제적 어려움을 겪지 않도록 해야 한다. 이러한 지원은 소득 불평등과 자산 불평등 모두를 줄이는 데 도움이 된다.

(4) 금융 접근성 향상

금융 교육 및 서비스 접근성

저소득 가구에 대한 금융 교육과 서비스 접근성을 높이는 것이 중요하다. 이는 이들이 자산 형성을 위한 투자나 저축을 할 수 있는 기반이 된다. 금융시장에 대한 접근성을 높이면 경제적 기회를 넓힐 수 있다.

공정한 금융시장 구축

모든 기업과 개인이 자금에 접근할 수 있도록 하는 공정한 금융시장을 구축해야 한다. 이는 특히 중소기업이나 창업자들에게 중요한 요소이다.

결론적으로, 부의 세습 문제는 단순한 해결책으로는 해결될 수 없는 복잡한 문제다. 따라서 정부와 사회가 협력하여 다양한 정책을 종합적으로 추진해야 한다.

2) 자산 불평등을 줄이는 방안

(1) 경제적 이동성 향상

금융 지식을 통한 기회 활용

재정 관리와 투자에 대한 이해를 바탕으로 경제적 이동성을 높을 수 있는 기회를 더 잘 활용할 수 있게 지원해야 한다.

창업지원

　금융 지식은 창업에 필요한 기본적인 능력을 제공하여 저소득층의 경제적 기회를 확대할 수 있다.

(2) 기초금융 자산 교육

예산 수립과 지출관리 능력 개선

　소득 내에서 지출을 관리하고 저축하는 방법을 배워 재정 안정성을 높일 수 있다.

신용 및 부채 관리

　신용의 중요성과 부채를 효과적으로 관리하는 방법을 이해하여 과도한 부채 문제를 해결할 수 있다.

(3) 경제적 불평등에 대한 이해

임금 격차와 차별

　인종과 성별에 따른 임금 격차 원인과 영향에 대해 교육해야 한다.

대출 차별

　금융 서비스 접근성의 불평등과 그 영향에 대해 이해하도록 체계화된 교육이 필요하다.

(4) 포용적 금융 교육 확대

생애주기별 맞춤형 교육

　사회 초년생, 저신용 노동자, 다중 채무자 등 다양한 계층을 위한 맞춤형 금융 교육 콘텐츠를 개발하고 제공해야 한다. 연령대별로 선호하는 교육 수단을 고려하여, 온라인 교육, TV/라디오, 포털 사이트 등 다양한 채널을 활용해야 한다.

취약계층 대상 교육 강화

　저소득층, 고령층 등 금융 취약계층을 위한 특화된 교육 프로그램을 개발하고 제공해야 한다. 사례 기반 체험형 교구재 등을 활용하여 실제 금융 생활과 밀접한 교육을 제공함으로써 교육 효과를 높일 수 있다.

(5) 금융 리터러시 향상

기초 금융 지식 교육

　소비·지출 관리, 신용·부채 관리, 금융사기 예방 등 기본적인 금융 지식을 교육해야 한다. 이를 통해 개인이 합리적인 금융 의사결정을 할 수 있는 능력을 기를 수 있다.

실용적 금융 교육 제공

　연체 예방, 불법 사금융 예방 등 실생활에 직접 적용할 수 있는 실용적인 금융 교육을 제공해야 한다. 금융사기 예방을 위해 다양한 금융사기 수법과 이를 예방하는 방법에 대해 교육해 금융사기 피해를 줄이고 건전한 금융 생활을 유지하는 데 도움이 된다. 온라인 뱅킹, 모바일 금융 서비스 등의 안전한 디지털 금융 활용법을 가르쳐야 한다. 이러한 주제들을 포괄적으로 다루는 금융 교육은 개인이 더 나은 재무 결정을 내리고 장기적으로 자산을 축적할 수 있도록 도와 결과적으로 자산 불평등을 줄이는 데 기여할 수 있다.

(6) 금융 서비스 접근성 개선

정책 서민금융 제도 이해

　정책 서민금융 상품, 저소득층을 위한 금융 지원 제도 등에 대한 교육을 통해 저소득층의 금융 접근성을 개선하고 이해를 높여 제1금융권 이용률을 높이고 고금리 대출 의존도를 낮출 수 있다.

금융 서비스 활용 능력 향상

　온라인 뱅킹, 모바일 금융 서비스 등 디지털 금융 활용 능력을 높이는 교육을 제공해야 한다. 이는 금융 서비스에 대한 접근성을 높이고 금융비용을 절감하는 데 도움이 된다.

(7) 장기적 자산 관리 역량 강화

투자 교육

　주식, 펀드 등 다양한 투자 상품에 대한 이해를 높이고 장기적인 자산 관리 방법을 교육해야 한다. 이를 통해 저소득층도 자산 증식의 기회를 가질 수 있다.

노후 설계 교육

　연금, 보험 등 노후 대비를 위한 금융 상품과 전략에 대한 교육을 제공해야 한다. 이는 장기적인 관점에서 자산 불평등을 완화하는 데 기여할 수 있다.

결론

　금융 교육을 통한 자산 불평등 완화는 단기간에 이루어질 수 없다. 그러나 지속적이고 체계적인 금융 교육을 통해 모든 계층이 건강한 금융 생활을 영위할 수 있도록 지원한다면, 장기적으로 자산 불평등을 줄이는 데 기여할 수 있을 것이다.

3) 자산 형성에 미치는 장기적 영향

금융 교육은 자산 형성에 장기적으로 상당한 긍정적 영향을 미칠 수 있다.

(1) 재무 관리 능력 향상

금융 지식과 기술은 장기 저축 및 투자 행동과 긍정적인 관계가 있다. 예산 수립, 지출관리, 저축 등의 기본적인 재무 관리 능력을 향상해 장기적인 자산 축적에 도움을 준다.

(2) 투자 성과 개선

금융 교육을 통해 다양한 투자 상품에 대한 이해도를 높이고 장기적인 자산 관리 방법을 습득할 수 있다. 금융 지식이 높을수록 주식 시장 참여 확률이 17~30% 포인트 높아지는 등 투자 성과가 개선된다.

(3) 은퇴 준비 강화

금융 문해력과 은퇴 계획 및 은퇴 자산 축적 사이에 강한 상관관계가 있다. 은퇴 설계에 대한 교육을 통해 장기적인 재정 안정성을 높일 수 있다.

(4) 부의 불평등 완화

금융 교육은 소수자와 저소득층의 은퇴 자산 격차를 줄이는 데 도움이 될 수 있다. 금융 지식 향상을 통해 자산 불평등을 30~40% 정도 줄일 수 있다는 연구 결과도 있다.

(5) 경제적 이동성 향상

금융 지식을 바탕으로 경제적 기회를 더 잘 활용할 수 있게 되어 장기적인 자산 형성에 도움이 된다. 금융 교육의 효과는 상당히 크며, 금융 문해력 향상에 대한 투자는 가계 자산 축적에 큰 이익을 가져올 수 있다.

결론

따라서 정부와 정책 입안자들은 금융 교육 이니셔티브를 적극적으로 고려해야 한다.

4) 누진적 조세체계 도입 효과

(1) 소득 재분배 효과
누진적 조세체계는 고소득층에 더 높은 세율을 적용함으로써 소득 재분배 효과를 가져올 수 있다. 이는 소득 불평등을 완화하고 사회 전반의 형평성을 제고하는 데 기여할 수 있다.

(2) 세수 확대
고소득층에 대한 세율 인상으로 정부의 세수가 증가할 수 있다. 이를 통해 확보된 재원은 사회복지 지출 확대나 공공 서비스 개선 등에 활용될 수 있다.

(3) 경제적 안정성 제고
경기 변동에 따른 자동 안정화 장치로 작용할 수 있다. 경기 호황기에는 고소득층의 세 부담이 늘어나 과열을 억제하고, 불황기에는 세 부담이 줄어들어 소비를 진작시키는 효과가 있다.

(4) 부의 세습 억제
상속세와 증여세 등을 강화하면 부의 세습을 어느 정도 억제할 수 있다. 이는 세대 간 경제적 기회의 균등을 촉진하는 데 도움이 될 수 있다.

(5) 잠재적 부작용
그러나 누진세율이 지나치게 높아지면 근로 의욕 저하나 자본 유출 등의 부작용이 발생할 수 있다. 따라서 적정 수준의 누진성을 유지하는 것이 중요하다.

결론
누진적 조세체계의 도입은 사회경제적 영향이 크므로, 세심한 설계와 시행이 필요하다. 또한 조세정책 외에도 교육, 노동시장, 사회안전망 등 다양한 정책과의 조화를 통해 종합적인 접근이 요구된다.

5) 소득 불평등을 완화하는 전략

금융 교육을 통해 소득 불평등을 완화하기 위해서는 다음과 같은 국가적 전략이 필요하다.

(1) 포괄적인 거버넌스 구축

(가칭) 한국금융 교육개발원을 설립하여 금융 교육의 목적, 내용, 방법 등에 관한 종합적이고 과학적인 연구와 연수를 수행한다. 정부, 금융기관, 지방자치단체, 교육청, 대학과 연구기관 등 다양한 주체가 참여하는 국가 차원의 금융 교육 통합 운영 체제를 마련한다.

(2) 공교육과 연계 강화

각급학교의 정규 교육과정에 금융 관련 내용을 체계적으로 반영한다. 교사에 대한 금융 교육 연수를 확대하여 교육의 질을 높인다. '금융과 경제생활' 과목과 같은 선택과목을 활성화하고, 학생들의 참여를 독려한다.

(3) 맞춤형 금융 교육 프로그램 개발

사회 초년생, 저신용 노동자, 다중 채무자 등 다양한 계층을 위한 맞춤형 금융 교육 콘텐츠를 개발한다. 생애주기별 맞춤형 교육을 제공하여 각 연령대와 상황에 적합한 금융 지식을 전달한다.

(4) 금융 교육의 접근성 및 효과성 제고

온라인 플랫폼, 모바일 앱, 게임 등 다양한 기술 기반 교육 프로그램을 개발하여 학습자의 접근성과 흥미를 높인다. 금융 교육 품질 국가 공인제를 실행하여 교육 내용과 품질을 관리한다. 금융 교육 강사 자격 국가 인증제를 도입하여 교육의 전문성을 확보한다.

(5) 금융 교육 효과 측정 및 개선

금융 교육의 효과성을 지속해 평가하고 데이터를 축적하여 프로그램 개선에 활용한다. 금융 태도 점수와 같은 객관적인 지표를 통해 교육의 실질적 효과를 측정한다.

(6) 지역사회 기반 협력

지역 기반 조직, 학교, 커뮤니티 센터 등을 통해 실생활에 관련된 금융 교육 프로그램을 제공한다. 금융기관, 비영리단체, 지역사회 단체 간의 파트너십을 통해 금융 교육의 범위와 영향력을 확대할 수 있다.

결론

　이러한 전략을 통해 국민의 금융 이해력과 역량을 높이고, 장기적으로 소득 불평등 완화에 기여할 수 있을 것이다.

6) 자산 불평등을 완화한 국제사례

(1) 탄자니아의 BRAC 프로그램

　BRAC이라는 NGO가 탄자니아에서 70,000명의 여성에게 금융 교육을 제공했다. 교육 후 여성들이 공동으로 사업을 시작하고 저축을 늘리는 등 긍정적인 변화가 나타났다. 예를 들어 한 그룹의 여성들이 저축 모임을 만들어 토마토 재배를 위한 토지에 투자했다.

(2) 미국의 도시 금융 역량 강화 기금

　Cities for Financial Empowerment Fund라는 프로그램을 통해 저소득 가정에 무료 재무 상담과 세금 신고 서비스를 제공하고 있다. 금융 기회 센터(Financial Opportunity Centers)에서는 직업훈련, 금융 교육, 소득 지원 서비스 등을 제공하여 소외계층의 금융 역량을 강화하고 있다.

(3) 남아프리카의 금융 교육 프로그램

　남아프리카는 금융 교육을 통해 불평등 해소를 위해 노력하는 국가 중 하나로 평가받고 있다.

(4) 싱가포르의 금융 교육 이니셔티브

　싱가포르의 금융기관들은 금융 문해력 프로그램, 저렴한 디지털 뱅킹 서비스, 포용적 투자 기회 등을 통해 소득 불평등 문제에 대응하고 있다. 싱가포르는 아시아태평양 지역에서 국민 금융 이해력 수준이 최상위권인 국가로 평가받고 있다. 싱가포르의 금융 교육 정책과 실천에서 주목할 만한 특징은 다음과 같다.

　국가 주도의 금융 교육 브랜드화는 Money SENSE라는 국가 차원의 금융 교육 프로그램을 통해 효과성과 확장성을 강화했다. 다학문적 접근은 학교 교육과정에서 여러 과목을 통합하여 금융 교육을 실행한다. 테크놀로지 활용은 게임, 모바일 앱 등을 활용해 학습자의 접근성과 흥미를 높였다. 적극적 참여 유도는 찾아가는 교육을 넘어 학습자가 스스로 찾아오도록 하는 방식을 지향한다. 교사 교육 강화는 프로그램 개발, 실행, 평가, 연구를 일원화하여 교육의 질을 높였다.

(5) 인도네시아

금융 교육을 통해 빈곤 감소 효과를 거둔 것으로 나타났다. 전국 단위의 대규모 조사를 통해 금융 이해력이 빈곤 감소에 중요한 역할을 한다는 것을 실증적으로 밝혔다. 금융 교육이 개인의 재무 관리 능력을 향상하고, 이는 궁극적으로 빈곤 감소로 이어진다는 것을 확인했다. 인도네시아의 사례는 개발도상국에서 금융 교육이 자산 불평등 완화에 기여할 수 있음을 보여준다.

결론

이러한 사례들은 금융 교육이 단순히 지식 전달에 그치지 않고, 실제로 개인의 재무 행동을 변화시키고 장기적으로 자산 불평등을 완화하는 데 기여할 수 있음을 보여 준다. 특히 국가 주도의 체계적인 접근과 기술을 활용한 혁신적인 교육 방법이 효과적인 것으로 나타났다. 또한 문화적 맥락을 고려한 맞춤형 교육과 실용적인 금융 지식 제공이 중요한 것으로 나타났다.

2 | 포용적 성장, 대한민국의 미래

1) 개념, 목표와 경제 불평등 완화와의 연관성

(1) 개념

포용적 성장론은 경제 성장의 혜택이 사회의 모든 계층에 골고루 분배되어야 한다는 경제 발전 모델이다. 이는 단순히 GDP 증가만을 목표로 하는 것이 아니라, 성장의 질과 분배를 동시에 고려하는 접근 방식을 말한다.

(2) 목표

경제 성장과 분배의 균형 달성, 모든 계층에 대한 경제적 기회 제공, 빈곤 감소 및 중산층 확대, 지속 가능한 경제 발전 실현, 사회 통합 및 안정성 강화, 경제 불평등 완화와의 연관성이다.

(3) 경제 불평등 완화에 기여

기회의 평등 제공

교육, 직업훈련, 금융 서비스 접근성 향상을 통해 모든 계층의 경제 활동 참여 기회를 확대한다.

노동시장 개선

양질의 일자리 창출과 최저임금 인상을 통해 소득 격차를 줄인다.

사회안전망 강화

복지제도 확충과 보건의료 서비스 접근성 개선으로 취약계층의 기본적인 생활을 보장한다.

조세정책 개혁

누진세 강화와 조세 형평성 제고를 통해 소득 재분배 효과를 높인다.

지역 균형 발전

    낙후 지역 개발과 인프라 구축을 통해 지역 간 불균형을 해소한다.

결론

    이러한 정책들은 경제 성장의 혜택이 특정 계층에 집중되지 않고 사회 전반에 골고루 분배되도록 함으로써, 결과적으로 경제 불평등을 완화하는 데 기여한다. 포용적 성장론은 경제 성장과 불평등 완화가 상호 보완적일 수 있다는 인식에 기반하여, 장기적이고 지속 가능한 경제 발전을 추구한다.

2) 주요 사회정책은 무엇인가

    포용적 성장론의 주요 사회정책은 경제적 기회를 모든 계층에 제공하고, 성장의 과실을 공정하게 분배하는 데 중점을 둔다. 이러한 정책들은 다음과 같은 주요 요소로 구성된다.

(1) 소득 재분배 정책

진보적 세제 개편

    고소득층에 대한 세율 인상을 통해 세수를 확보하고, 이를 저소득층을 위한 복지 프로그램에 재투자한다.

사회안전망 강화

    실업보험, 기초연금, 아동수당 등 다양한 사회복지 프로그램을 통해 기본적인 생활을 보장한다.

(2) 양질의 일자리 창출

직업훈련 및 교육 프로그램

    취약계층과 청년층을 대상으로 한 직업훈련 및 재교육 프로그램을 통해 고용 가능성을 높인다.

공공부문 일자리 확대

    정부 주도의 공공사업을 통해 일자리를 창출하고 지역사회의 경제 활성화를 도모한다.

(3) 금융 접근성 향상

서민금융 지원

저소득층이 금융 서비스에 접근할 수 있도록 서민금융 상품을 확대하고, 금융 교육 프로그램을 운영한다.

미소금융 및 마이크로 크레딧

소규모 창업자와 자영업자를 위한 저리 대출 상품을 제공하여 경제적 자립을 지원한다.

(4) 지역 균형 발전

지역 개발 정책

낙후된 지역에 대한 투자와 개발을 통해 지역 간 경제적 격차를 줄인다.

인프라 구축

교통, 통신 등 기반 시설을 확충하여 모든 지역에서 경제 활동이 가능하게 한다.

(5) 포용적 경제 시스템 구축

공정 거래 및 경쟁 촉진

대기업과 중소기업 간의 공정한 경쟁 환경을 조성하여 시장의 다양성을 유지한다.

협동조합 및 사회적 기업 지원

공동체 기반의 기업 모델을 장려하여 경제적 기회를 확장한다. 이러한 포용적 성장론의 사회정책들은 경제적 불평등을 완화하고, 모든 계층이 경제 발전의 혜택을 누릴 수 있도록 하는 데 기여한다. 이는 단순히 경제 성장에 그치지 않고, 사회 통합과 안정성을 강화하는 방향으로 나아가는 것을 목표로 한다.

3) 정책 사례는 어떤 것이 있나

(1) 필리핀의 금융 포용 정책

필리핀 정부는 금융 접근성을 높이기 위해 "National Strategy for Financial Inclusion" 전략을 수립했다. 이 정책은 저소득층, 농촌 지역 주민, 여성 등 취약계층을 대상으로 금융 서비스에 대한 접근을 확대하고, 금융 교육을 강화하는 데 중점을 두고 있다. 이를 통해 경제적 기회를 증대시키고 소득 불평등을 줄이는 것을 목표로 하고 있다.

(2) 인도네시아의 마이크로파이낸스 프로그램

인도네시아의 "Program Nasional Pemberdayaan Masyarakat"(PNPM)이 프로그램은 저소득층과 농촌 지역 주민들에게 마이크로파이낸스를 제공하여 자산 형성을 지원한다. 금융 교육과 함께 소규모 대출을 통해 경제적 자립을 도모하고, 지역사회의 경제적 발전을 촉진하고 있다.

(3) 태국의 농민 금융 프로그램

태국의 "Bank for Agriculture and Agricultural Cooperatives (BAAC)"는 농민들에게 저리 대출과 금융 교육을 제공하여 농업 생산성을 높이고, 소득 증대를 도모한다. 이러한 금융 지원은 농민들이 안정적인 소득을 얻고 자산을 형성하는 데 도움을 준다.

(4) 베트남의 직업훈련 및 고용 정책

베트남 정부는 저소득층과 청년층을 위한 "Vocational Training and Employment Policy" 직업훈련 프로그램을 운영하여 고용 기회를 확대하고 있다. 이러한 정책은 노동시장에서의 경쟁력을 높이고, 소득 불평등 해소에 기여하고 있다.

(5) 한국의 사회적 기업 지원 정책

한국 정부는 사회적 기업 육성 정책을 통해 취약계층의 고용을 창출하고, 이들 기업에 대한 지원을 통해 경제적 기회를 확대하고 있다. 이 정책은 사회적 기업에 대한 교육 및 자금 지원을 포함하여, 지속 가능한 일자리 창출과 함께 소득 불평등 완화에 기여하고 있다.

결론

이러한 사례들은 포용적 성장론이 실제로 적용된 다양한 형태를 보여주며, 각국이 경제적 기회를 확대하고 소득 불평등을 줄이기 위해 어떻게 노력하고 있는지를 잘 나타낸다.

4) 혁신성장에 어떻게 기여하는가

(1) 인적 자본 개발

교육 및 직업훈련 기회 확대를 통해 다양한 계층의 역량을 강화한다. 이는 혁신을 위한 인재풀을 확대하고, 다양한 관점과 아이디어를 촉진한다.

(2) 창업 생태계 활성화

금융 접근성 향상으로 소규모 창업과 혁신적 아이디어의 실현 가능성을 높인다. 사회적 기업 지원을 통해 사회 문제 해결형 혁신을 장려한다.

(3) R&D 투자 확대

정부 주도의 R&D 투자를 통해 기초과학 및 신기술 개발을 촉진한다. 중소기업의 R&D 활동 지원으로 혁신의 저변을 확대한다.

(4) 디지털 격차 해소

정보통신 인프라 구축을 통해 모든 계층이 디지털 혁신에 참여할 수 있는 기반을 마련한다. 디지털 리터러시 교육으로 새로운 기술 활용 능력을 향상한다.

(5) 개방적 혁신 환경 조성

대기업과 중소기업, 학계와 산업계 간의 협력을 촉진하여 개방형 혁신을 장려한다. 공정한 경쟁 환경 조성으로 다양한 주체들의 혁신 활동을 독려한다.

결론

이러한 접근을 통해 포용적 성장론은 혁신의 기반을 넓히고, 다양한 주체들의 참여를 촉진하여 지속 가능한 혁신성장에 기여한다.

5) 경제 불평등을 어떻게 완화하는가

(1) 기회의 평등 제공

교육 및 직업훈련 기회 확대

모든 계층에 양질의 교육과 직업훈련을 제공하여 개인의 역량을 강화하고 노동시장 진입 기회를 확대한다.

금융 접근성 향상

저소득층에게도 금융 서비스 이용 기회를 제공하여 자산 형성과 경제 활동 참여를 촉진한다.

(2) 노동시장 개선

양질의 일자리 창출

공공부문 일자리 확대 및 민간 기업 지원을 통해 안정적이고 좋은 일자리를 만들어 소득 격차를 줄인다.

최저임금 인상

저임금 노동자의 소득을 보장하여 소득 불평등을 완화한다.

(3) 사회안전망 강화

복지제도 확충

실업급여, 기초연금 등의 사회보장제도를 통해 취약계층의 기본적인 생활을 보장한다.

보건의료 서비스 접근성 개선

모든 계층이 적절한 의료 서비스를 받도록 건강 불평등을 줄인다.

(4) 조세정책 개혁

누진세 강화

고소득층에 대한 세율을 높여 소득 재분배 효과를 높인다.

조세 형평성 제고

탈세 방지와 조세 회피 억제를 통해 공정한 과세 체계를 구축한다.

(5) 지역 균형 발전

낙후 지역 개발

경제적으로 뒤처진 지역에 대한 투자를 통해 지역 간 불균형을 해소한다.

인프라 구축

교통, 통신 등의 기반 시설을 확충하여 모든 지역의 경제 활동을 촉진한다. 이러한 정책들을 통해 포용적 성장론은 경제 성장의 혜택이 사회 전반에 골고루 분배되도록 하여 경제 불평등을 완화한다.

7) 다른 경제 성장 모델과 어떻게 다른가

(1) 포용적 성장론의 개념과 기본 원칙

포용적 성장론은 경제 성장의 혜택을 모든 사회 계층이 공유하도록 보장하는 데 중점을 둔다. 이는 단순한 경제적 성장률 제고가 아니라, 성장 과정에서 발생하는 소득 분배와 기회의 불평등을 해소하고 사회적 약자를 포함한 모든 구성원이 경제 활동에 참여할 수 있는 구조를 만드는 것을 목표로 한다.

(2) 핵심 원칙

공정한 분배, 접근 기회의 확대, 사회안전망 강화, 교육과 기술 개발 투자다.

(3) 포용적 성장론 vs 전통적 성장 모델

성장 중심적 모델 (Trickle-Down Economics)

전통적인 성장 중심적 모델, 예를 들어 낙수효과(trickle-down)에 기반한 경제 정책은 경제 성장을 우선시하며, 상위 계층의 소득 증가가 시간이 지나면서 사회 전반으로 흘러가 모두에게 혜택을 준다고 주장한다. 한계점은 상위 계층의 부의 축적이 지속해 강화되며 중산층과 하위 계층은 성장이 느려진다는 것이다. 부의 세습이 심화하며 사회적 이동성이 제한된다.

분배 중심적 모델 (Redistribution Model)

분배 중심적 접근은 소득 재분배와 세금 정책을 통해 불평등을 줄이는 데 초점을 맞춘다. 한계점으로 단기적으로는 효과적일 수 있지만, 경제 성장 동력을 약화할 수 있다는 비판이 있다. 정책의 실효성에 따라 정치적 갈등을 일으킬 수 있다.

(4) 포용적 성장론과의 차별점

포용적 성장론은 성장과 분배 사이에서 균형을 찾는 접근법으로, 단순한 소득 재분배가 아니라 지속 가능한 경제 구조를 설계하여 장기적으로 모든 계층이 경제 성장에 기여하고 그 혜택을 누릴 수 있도록 한다.

(5) 핵심 차별점

경제 참여 기회를 확장하며, 사회적 약자와 중산층 강화에 집중한다. 성장의 혜택이 자동적으로 공유되기를 기다리지 않고 정책적으로 보장한다.

(6) 포용적 성장의 핵심 요소

공정한 기회 제공

교육, 직업훈련, 창업지원 등의 정책을 통해 부의 축적이 특정 계층에 한정되지 않도록 한다.

경제적 참여 확대

여성과 청년, 노인 등 경제 활동이 취약한 계층이 노동시장에 쉽게 접근하도록 지원한다.

사회안전망 구축

건강보험, 실업보험, 연금제도 등 경제적 위기 상황에 대응할 수 있는 체계를 강화하여 계층 이동성을 높인다.

지속 가능한 성장

환경, 기술, 디지털 전환에 투자해 장기적인 성장 기반을 마련한다.

(7) 부의 세습을 줄이기 위한 포용적 성장론의 효과

부의 축적 경로 다양화

포용적 성장은 부의 축적 경로를 노동, 창업, 혁신 등으로 다변화해 소수의 자본 소유 계층에 집중되지 않도록 만든다.

사회적 이동성 강화

교육과 공정한 경쟁 기회를 제공하여 계층 간 이동성을 높이고, 부의 세습을 약화한다.

경제 성장의 지속 가능성 제고

모든 계층의 경제 참여를 장려함으로써 소비와 생산의 균형을 이루어 지속 가능한 성장을 가능하게 한다.

결론

한국 경제에서 부의 세습과 양극화 문제를 해결하기 위해 포용적 성장론은 필수적인 대안으로 평가받는다. 이는 단순히 경제적 성장을 넘어, 사회적 통합과 지속 가능한 발전을 지향하는 모델로, 한국 경제의 새로운 방향성을 제시한다. 교육 투자 확대, 창업지원 정책 강화, 공정한 세제 개혁, 그리고 경제적 약자를 포용하는 제도를 통해 포용적 성장은 부의 세습을 줄이고 양극화 문제를 해결할 수 있는 현실적인 해법을 제공한다.

2장

불평등의 씨앗
교육 양극화

1 | 교육 양극화의 현실

1) 교육 양극화의 정의와 원인

교육 양극화는 경제적·지역적·사회적 자원의 불평등이 교육 체계에 반영되어 계층 간 교육 기회와 성취의 차이를 심화시키는 현상이다. 이는 개인의 학업 성취뿐만 아니라 사회적 통합과 경제적 발전에도 부정적인 영향을 미친다. 따라서 교육 양극화는 단순한 개인적 문제가 아니라 사회 전체의 지속 가능한 발전을 저해하는 구조적 문제로 이해되어야 한다.

(1) 교육 양극화의 개념

교육 양극화란 사회적, 경제적, 지역적 요인에 따라 교육 기회의 불평등이 발생하여 계층 간 학업 성취와 학습 환경의 차이가 심화되는 현상을 의미한다.

(2) 교육 양극화의 주요 특징

교육 기회의 불평등

경제적 능력에 따라 학생들이 누릴 수 있는 교육 기회가 달라진다. 공교육과 사교육의 격차로 인해 학습 자원이 소득 계층별로 불균형하게 분배된다.

학업 성취도의 차별화

고소득층 학생은 사교육과 우수한 학습 환경으로 높은 성취를 이루지만, 저소득층 학생은 공교육에 의존하여 성취도가 낮아지는 경향이 있다.

교육 자원의 지역 간 격차

수도권과 지방 간의 교육 환경 차이로 인해 학업 성취도와 교육의 질에 큰 차이가 나타난다.

세대 간 교육 격차의 대물림

　부모의 경제적·사회적 자본이 자녀의 교육 수준에 영향을 미치며, 계층 이동의 기회가 제한된다.

(3) 교육 양극화의 발생원인

소득 격차와 교육비 부담

　소득 불평등은 교육 양극화의 가장 큰 원인으로 작용한다.

사교육 의존도 증가

　고소득 가정은 사교육에 많은 자원을 투입하여 자녀의 학업 성취도를 높일 수 있지만, 저소득 가정은 이러한 지원이 어려워 학습 격차가 발생한다.

교육비 부담 심화

　학원, 과외 등 사교육비의 급등으로 저소득층 가정이 공교육에만 의존하게 되어 학습 기회가 제한된다.

양극화의 세대 간 전이

　고소득층 가정은 우수한 교육을 통해 자녀의 계층 이동을 지원하지만, 저소득층 가정은 교육비 부담으로 인해 기회 자체가 축소한다.

지역 간 교육 기반 시설 격차

　도시와 지방 간의 교육 환경 차이가 교육 양극화를 심화시킨다.

교육 자원 분포 불균형

　수도권과 대도시에는 우수한 학교와 교육 자원이 집중되어 있지만, 농어촌 및 지방에서는 이러한 자원이 부족해 교육 품질의 차이가 발생한다.

교사 배치의 불균형

　지방 학교에서는 전문성과 경험이 풍부한 교사가 부족한 경우가 많아 교육의 질이 낮아질 수 있다.

학교 시설 및 환경 차이

　지방 학교는 열악한 시설과 학습 도구 부족으로 학생들에게 충분한 학습 환경을 제공하지 못한다.

공교육의 경쟁력 약화

　공교육의 질적 하락이 사교육 의존도를 높이고 교육 양극화를 부추긴다.

교과 과정의 경직성

학생의 다양한 학습 요구를 충족하지 못하는 획일적인 공교육 체제가 학생들을 사교육으로 내몰고 있다.

교사 역량 부족

교사 연수 및 전문성 강화 프로그램이 부족해 일부 학교에서 교육 품질이 저하되고 있다.

교육 혁신의 한계

디지털화와 개별 맞춤형 교육 등 변화하는 교육 트렌드에 공교육이 적절히 대응하지 못하고 있다.

사교육 시장의 팽창

사교육 시장의 확대로 인해 교육 양극화가 심화되고 있다.

고비용 학습 시스템

사교육 시장은 고비용의 맞춤형 학습 프로그램을 제공하며, 소득에 따라 접근 가능성이 달라진다.

과도한 입시 경쟁

대학 입시와 특목고 진학 경쟁이 심화하면서 고소득 가정이 사교육에 더 많은 투자를 하고, 저소득층은 경쟁에서 밀리게 된다.

지역별 사교육 격차

사교육 기관이 수도권에 집중되어 지방 학생들은 접근 자체가 어려운 경우가 많다.

디지털 교육 격차

디지털 전환 시대에 접어들면서 디지털 교육 기기와 학습 환경의 차이가 교육 격차를 확대하고 있다.

IT 인프라 부족

저소득 가정이나 농어촌 지역에서는 디지털 기기와 인터넷 접근성이 낮아 온라인 학습 참여가 어려운 경우가 많다.

교육 콘텐츠 불균형

고소득층은 유료 온라인 강의나 고급 디지털 학습 자료를 활용할 수 있는 반면, 저소득층은 무료 자료에 의존한다.

교사와 학생 간 디지털 격차

일부 교사와 학생들이 디지털 기술 활용 능력이 부족해 학습 효율이 떨어질 수 있다.

계층 간 문화 자본의 차이

가정의 문화적, 사회적 자본의 차이가 학업 성취도와 교육 양극화에 영향을 미친다.

부모의 교육 수준

고학력 부모는 자녀의 학업과 진로에 대한 풍부한 조언과 지도를 제공할 수 있지만, 저학력 부모는 이런 지원이 어려운 경우가 많다.

학습 환경 차이

고소득층 가정은 독서실, 학습실, 문화 체험 등 다양한 학습 환경을 제공할 수 있는 반면, 저소득층 가정은 제한적이다.

사회적 네트워크

고소득층 부모는 교육 정보와 학습 기회를 제공할 수 있는 네트워크를 활용해 자녀의 교육적 성과를 높일 수 있다.

입시 위주의 교육 제도

한국의 입시 중심 교육 체제가 교육 양극화를 심화시키는 주요 요인이다.

학벌 중심 사회 구조

특정 대학에 대한 지나친 선호가 입시 경쟁을 과열시키고, 소득 계층 간 격차를 더욱 부각한다.

수능과 내신의 불평등

고소득층 학생들은 수능과 내신 대비를 위해 고급 사교육을 활용할 수 있지만, 저소득층은 이러한 기회를 가지기 어렵다.

교육과정의 획일화

입시 중심의 교육 시스템이 창의력, 인성 등 다양한 역량 개발을 저해하고, 부유층만이 다양한 경험을 통해 경쟁력을 갖추는 결과를 초래한다.

결론

한국 사회에서 교육 양극화는 소득 격차, 지역적 차이, 공교육 경쟁력 저하, 사교육 시장의 확대, 디지털 격차 등 다양한 요인에 의해 발생하고 있다. 이러한 문제를 해결하기 위해서는 사회적 자본의 형평성 확보와 공교육 혁신, 사교육 의존도 감소와 같은 다각인 접근이 필요하다. 이를 통해 교육 양극화를 줄이고 모두가 평등한 교육 기회를 누릴 수 있는 사회로 나아가야 한다.

2) 한국 교육의 양극화 실태

(1) 경제적 배경에 따른 학습 격차

경제적 불평등은 교육 기회와 학업 성취도에 큰 영향을 미친다. 저소득층 가정의 학생들은 학원, 과외, 방과 후 수업 등 추가 학습 자원을 이용하기 어려워 학업 성취도가 낮아질 가능성이 크다. 2023년 통계에 따르면 고소득층 학생의 사교육 참여율은 90%에 달하지만, 저소득층은 약 40%에 그친다. 특히 영어와 수학 등 주요 과목에서 격차가 크게 나타난다.

(2) 지역별 교육 자원 불균형

서울과 수도권은 양질의 학교와 교사가 집중된 반면, 지방의 소규모 학교는 교육 환경이 열악하고 교사 부족 문제를 겪고 있다. 예를 들어, 수도권 학교의 학생 1인당 교육비는 지방 학교보다 약 1.5배 높은 수준이며, 대학 진학률에서도 수도권이 지방을 크게 앞지른다. 이러한 지역적 차이는 교육 기회의 양극화를 심화시키는 주요 원인으로 지적된다.

(3) 코로나19로 인한 디지털 격차

온라인 학습 도입 이후 디지털 기기와 인터넷 접근성이 교육 격차를 더욱 확대했다. 저소득층 가정에서는 디지털 기기를 충분히 제공받지 못하거나 인터넷 연결이 원활하지 않아 학습 공백이 발생했다. 이로 인해 코로나19 기간 고소득층 학생들의 학업 성취도가 상대적으로 높게 유지된 반면, 저소득층은 학습 수준이 크게 하락한 것으로 나타났다.

(4) 사교육 의존도와 경쟁 구조

한국의 사교육 시장 규모는 2023년 기준 약 27조 원으로, 이는 학부모의 경제적 부담을 가중하고 있다. 사교육 의존도가 높을수록 부모의 경제적 능력이 학생의 학업 성취에 직접적인 영향을 미치게 되어 교육 양극화가 심화한다. 사교육 시장의 집중적인 확장은 교육의 공공성을 약화하고 있다.

(5) 학업 성취도 격차의 장기적 효과

학업 성취도의 차이는 고등학교 졸업 후 대학 진학과 취업에서도 큰 영향을 미친다. 고소득층 가정의 학생들은 명문 대학에 진학할 확률이 높고, 이는 취업 기회와 소득 수준의 불평등으로 이어질 가능성이 크다. 교육 격차가 사회 전반의 양극화로 확대되는 악순환 구조가 형성되고 있다.

(6) 개선 방안 제안

공교육 강화

지역 간 교육 자원의 균형 배치를 통해 지방 학생들에게도 양질의 교육을 제공해야 한다.

사교육 의존도 완화

사교육 규제와 더불어 학교 내 보충 수업 및 공공 학습 지원 시스템을 확대해야 한다.

디지털 격차 해소

모든 학생이 디지털 학습 도구를 동등하게 이용할 수 있도록 정부 차원의 지원이 필요하다. 이와 같은 정책적 접근은 교육 양극화를 완화하고 사회 전반의 기회 불평등을 줄이는 데 기여할 것이다.

3) 한국 교육 양극화의 역사적 배경

(1) 전근대 사회와 교육의 제한적 접근

전통적인 신분제 사회에서는 교육이 일부 계층에만 제공되었으며, 교육 불평등은 구조적으로 고착화가 되어 있다.

(2) 유교 중심의 교육 체제

조선 시대에는 성리학 중심의 교육 체제가 발달했으나, 이는 양반 계층만을 대상으로 한 교육으로, 일반 백성은 교육의 기회를 누릴 수 없었다.

(3) 서당과 향교의 한계

일부 서당과 향교에서 일반 민중에게도 교육 기회를 제공했지만, 내용과 질적인 면에서 한정적이었으며, 문해력 교육에 그쳤다.

(4) 일제강점기와 교육 기회의 분리

일제강점기 동안 한국의 교육 체제는 일본의 식민 통치를 강화하는 도구로 사용되었으며, 민족 간 교육 기회의 불평등이 심화했다.

(5) 차별적인 교육 정책

일본인은 고등교육의 기회를 우선해 제공받았으나, 조선인은 초등 수준의 제한적인 교육만 허용되었다.

(6) 사립학교 탄압

민족주의를 강조하는 사립학교는 폐쇄되거나 탄압받았으며, 민족 교육의 기회가 축소되었다.

(7) 문맹률 증가

조선인 대다수가 교육 기회를 박탈당하면서 사회 전반의 문해력이 낮은 상태로 유지되었다.

(8) 해방 이후와 교육 민주화의 시작

해방 후 한국 사회는 교육 민주화를 추진하며 교육 기회의 확대를 도모했지만, 초기에는 불평등이 여전히 존재했다.

(9) 미군정과 교육 개혁

해방 이후 미군정은 일본식 교육 체제를 철폐하고, 공교육 체제를 도입했으나, 경제적·지역적 격차로 인해 교육 기회의 평등화는 제한적이었다.

(10) 6.25 전쟁과 교육 환경 악화

전쟁으로 인해 학교 시설이 파괴되고, 교육 인프라가 심각하게 손상되어 많은 학생이 교육 기회를 잃었다.

(11) 산업화와 교육의 양적 성장

1960~1980년대 산업화와 경제 성장은 교육의 대중화를 촉진했지만, 동시에 교육 불평등의 새로운 원인을 낳았다.

(12) 의무교육의 도입

1954년 초등 의무교육이 도입되고 1980년대 중등 의무교육으로 확대되면서 교육 기회가 대폭 증가했다.

(13) 대학 입시 중심의 경쟁 구조

고등교육의 수요 증가와 더불어 대학 입시가 과열되면서 사교육이 본격화되었다.

(14) 도시와 농촌 간 격차

농촌의 인프라 부족으로 인해 도시 지역 학생들이 상대적으로 더 많은 교육 혜택을 누릴 수 있었다.

(15) 민주화 이후 교육 개혁과 양극화 심화

1980년대 민주화 이후 지속해서 교육 개혁이 이루어졌으나, 경제적·지역적 요인으로 인해 교육 양극화 문제가 심화했다.

(16) 평준화 정책의 도입

1974년 고교 평준화 정책이 도입되어 교육 기회의 평등을 강화하려 했으나, 사교육이 확대되며 양극화가 심화했다.

(17) 특목고와 자사고의 등장

1990년대 이후 특목고와 자사고가 도입되면서 상위 계층 학생들이 우수한 교육 환경을 독점하는 현상이 발생했다.

(18) IMF 외환위기와 교육 격차 심화

1997년 IMF 경제위기로 인해 가계 소득 격차가 확대되며, 교육 투자 격차도 심화했다.

(19) 디지털 전환 시대와 새로운 교육 격차

2000년대 이후 디지털 기술 발전과 교육의 온라인화는 새로운 형태의 교육 양극화를 가져왔다.

(20) 온라인 학습 자원의 불균형

저소득층과 농어촌 지역 학생들은 디지털 기기와 인터넷 접근성이 낮아 온라인 학습에서 불리한 위치에 처하게 되었다.

(21) 사교육 시장의 확장

디지털 기술을 활용한 고비용 온라인 사교육이 확산하며 계층 간 학업 성취도의 차이가 더 벌어졌다.

(22) 코로나19와 교육 격차 심화

2020년 팬데믹으로 인해 온라인 학습이 필수가 되었으나, 디지털 환경 차이로 저소득층 학생들이 학업 손실을 더 크게 경험했다.

(23) 교육 양극화 문제의 구조적 심화

오늘날 교육 양극화는 사회 전반의 구조적 문제로 자리 잡아 계층 이동과 사회 통합을 저해하고 있다.

(24) 고소득층의 자원 독점

상위 계층은 사교육과 해외 유학 등 다양한 방식으로 자녀의 교육 기회를 확대하고 있다.

(25) 공교육의 역할 축소

공교육은 고비용 사교육의 대안을 제공하지 못해 교육 격차를 완화하는 역할에서 점차 멀어지고 있다.

결론

한국 사회의 교육 양극화는 전근대적 신분제 교육의 유산에서 시작해, 산업화와 민주화 과정, 디지털 전환 시대를 거치면서 다양한 형태로 변모해 왔다. 교육의 양적 성장은 이루었지만, 질적 불평등과 계층 간 격차는 여전히 심각한 과제로 남아 있다. 이를 해결하기 위해서는 교육의 평등성 강화와 공교육 혁신이 필수적이다.

4) 교육 양극화가 사회에 미치는 영향

(1) 사회적 계층 이동의 제한

교육은 계층 이동의 주요 수단이지만, 교육 양극화는 이를 방해한다. 상위 소득층은 양질의 교육과 사교육을 통해 높은 학업 성취와 직업 기회를 얻는 반면, 저소득층은 교육 기회 부족으로 사회적 이동 가능성이 제한된다. 결과적으로, 사회적 계층이 고착되며 불평등이 대물림 된다.

(2) 지역 격차와 지역 소멸 위기 심화

교육 자원의 수도권 집중은 지방의 인구감소와 지역 소멸을 가속화한다. 지방에서는 우수한 교육 환경 부족으로 인해 젊은 세대가 수도권으로 이동하며, 이는 지방 경제와 인구 구조에 부정적 영향을 미친다. 지방 소멸 위기는 장기적으로 국가 균형 발전에 큰 장애가 된다.

(3) 사회 통합의 약화

교육 양극화는 계층 간 갈등을 심화시켜 사회 통합을 약화한다. 학업 성취도 차이가 소득 격차로 이어지고, 이는 계층 간 불신과 갈등으로 발전할 가능성이 크다. 특히 청년층 사이에서 공정성에 대한 불만이 증가하여 사회 불안 요소로 작용할 수 있다.

(4) 경제 성장의 잠재력 저하

교육 양극화는 인재 양성의 불균형을 초래하여 국가 경제 성장에도 부정적 영향을 미친다. 고급 인재는 일부 상위 계층에서만 배출되며, 저소득층의 인재가 개발되지 않아 인적 자원의 낭비가 발생한다. 이로 인해 경제 생산성이 저하되고, 장기적으로 국가 경쟁력이 약화할 수 있다.

(5) 공교육 신뢰도 하락

사교육 의존도가 증가함에 따라 공교육의 역할이 약화하고, 이에 대한 사회적 신뢰가 하락한다. 공교육이 양질의 학습 환경을 제공하지 못한다는 인식은 교육 격차를 더 심화시키며, 사회적 비용을 증가시킨다. 이는 결과적으로 사교육비 증가로 이어지며, 경제적 부담을 가중한다.

(6) 청년 세대의 좌절감과 사회적 소외

교육 격차는 청년 세대의 좌절감을 유발하며, 이는 사회적 소외로 이어질 가능성이 크다. 교육 기회 부족으로 인해 자신의 가능성을 실현하지 못한 청년들은 사회적 불만을 품거나 탈락자로 낙인찍힐 수 있다. 이러한 현상은 청년 실업률 상승과 사회 불안정을 초래한다.

결론

한국 사회의 교육 양극화는 개인적·사회적·경제적 문제로 이어지며, 이는 국가의 지속 가능성을 위협한다. 공교육 강화, 지역 교육 자원 확대, 계층 간 교육 격차 해소를 위한 정책적 노력이 필수적이다.

2 | 교육 양극화의 그늘

1) 교육 양극화의 문제점

(1) 기회의 불평등 심화

교육은 사회적 계층 이동의 중요한 수단이지만, 양극화는 교육 기회를 불평등하게 만든다. 고소득층은 사교육, 방과 후 프로그램 등을 통해 더 많은 학습 기회를 누리며, 입시에서도 유리한 위치를 점한다. 저소득층은 경제적 제약으로 인해 필수적인 교육 자원을 충분히 확보하지 못하며, 이는 학업 성취와 진학률 격차로 이어진다.

(2) 경제적 양극화 가속화

교육 양극화는 경제적 양극화로 이어진다. 고소득층 자녀들은 더 나은 교육 기회를 통해 좋은 대학에 진학하고 높은 임금을 받는 직업을 얻게 되는 반면, 저소득층 자녀들은 이러한 기회에서 소외되어 경제적 격차가 더욱 벌어지게 된다. 이는 장기적으로 국가 경제의 건전성과 경쟁력을 저해할 수 있다.

(3) 사회적 불평등 구조 고착화

교육 양극화는 세대 간 불평등을 고착하는 주요 원인으로 작용한다. 학업 성취도가 높은 상위 계층 학생들은 명문 대학에 진학하고, 이는 양질의 직업과 높은 소득으로 이어진다. 반면, 저소득층 학생들은 낮은 학업 성취와 직업 선택의 제한으로 사회적 상승 이동이 어려워진다.

(4) 지역 간 교육 자원 격차 확대

수도권과 지방 간 교육 인프라와 교사 자원의 불균형이 심화하고 있다.

수도권에서는 우수 교사와 학교의 집약적 배치로 학생들이 더 많은 교육적 혜택을 받지만, 지방은 이와 같은 자원이 부족하다. 이로 인해 지방 학생들의 학업 성취도가 낮아지고 지역 발전에도 부정적 영향을 미친다.

(5) 공교육의 약화

사교육 의존도가 증가하면서 공교육의 역할이 약화하고 신뢰도가 하락하고 있다. 공교육에서 제공하는 학습 지원만으로는 경쟁에서 뒤처질 수 있다는 인식이 확산하며, 학부모와 학생들이 사교육으로 눈을 돌리는 경향이 강화된다. 이는 사교육비 부담 증가로 이어져 가계 경제에 부정적인 영향을 미친다.

(6) 사회 통합의 약화

교육 양극화는 사회적 갈등을 유발하고, 계층 간 통합을 어렵게 만든다. 특히 청년층 사이에서 공정성에 대한 불신이 증가하고, 이는 사회적 불만과 갈등으로 이어질 가능성이 높다. 결과적으로 사회 전체의 결속력과 안정성이 약화할 위험이 있다.

(7) 국가 경쟁력 저하

교육 양극화로 인해 인재 발굴과 육성이 일부 계층에 집중되면서 국가 전체의 인적 자원 활용도가 낮아진다. 저소득층의 잠재적인 인재들이 교육 기회 부족으로 충분히 성장하지 못해 국가 경쟁력의 저하로 이어질 가능성이 크다. 이러한 문제는 장기적으로 경제 성장을 저해할 수 있다.

(8) 사교육비 부담 증가

교육 양극화의 주요 원인 중 하나는 과도한 사교육비 지출이다. 2024년 기준 사교육비 양극화 지수는 매우 높은 수준을 보이고 있으며, 이는 저소득층 가정에 큰 부담으로 작용하고 있다. 이러한 사교육비 부담은 가계 경제를 압박하고, 저출산 문제를 심화시키는 요인이 되고 있다.

(9) 학업 성취도 격차 확대

부모의 사회경제적 배경에 따른 학력 격차가 점점 더 커지고 있다. 2010년 대비 2020년의 학력 격차는 177.7로 증가했으며, 이는 자사고 등 고교체제의 서열화와 사교육비 지출의 영향으로 분석된다. 이러한 격차는 학생들의 자존감과 미래에 대한 희망에 부정적인 영향을 미칠 수 있다.

(10) 사회적 이동성 저하

교육 양극화로 인해 개인의 능력과 노력보다는 부모의 배경이 미래를 결정짓는 주요 요인이 되고 있다. 이는 사회적 이동성을 저하하고, '개천에서 용 나는' 기회를 줄이며, 결과적으로 사회의 활력과 혁신 동력을 감소시킬 수 있다.

결론

이러한 문제점들을 해결하기 위해서는 공교육 강화, 저소득층 학생 지원 확대, 지역 간 교육 격차 해소, 사교육 의존도 낮추기 등 다각적인 접근이 필요하다. 교육 양극화 해소는 단순히 교육 정책만의 문제가 아니라 사회 전반의 구조적 변화와 국민적 합의가 필요한 과제다. 교육 양극화는 한국 사회에 다차원적인 문제를 야기하며, 개인과 사회, 국가 모두에게 부정적 영향을 미친다. 이를 해결하기 위해서는 공교육 강화, 지역 간 교육 자원 균형 배치, 사교육 의존도 완화 등 종합적인 접근이 필요하다.

2) 계급사회로 전환하는 과정

(1) 교육 기회의 불평등

부모의 사회경제적 배경에 따라 자녀의 교육 기회가 크게 달라진다. 경제력이 있는 가정은 사교육과 같은 추가적인 교육 투자를 할 수 있지만, 저소득층 가정은 이러한 기회에서 소외된다.

(2) 학업 성취도 격차 확대

교육 기회의 차이는 학업 성취도의 격차로 이어진다. 한국의 경우, 상위권과 하위권 학생들의 학업 성취도 격차가 OECD 평균보다 1.4배 더 크며, 이는 10년 전보다 더 벌어진 수치다.

(3) 대학 진학 및 취업의 차별화

학업 성취도의 차이는 대학 진학과 취업 기회의 차이로 이어진다. 명문대 진학과 좋은 일자리 획득이 특정 계층에 집중되는 현상이 나타난다.

(4) 교육의 계층 간 접근성 차이

교육 양극화는 계층에 따라 학업 기회와 성취도를 다르게 만든다. 상위 계층은 경제적 여유를 통해 고액 사교육과 학습 자원을 확보하며, 명문 학교와 대학 진학에서 유리한 위치를 점한다. 반면, 저소득층은 기초적인 교육 지원도 부족해 학업 성취도가 낮아지고, 이는 사회적 상승 이동을 어렵게 만든다.

(5) 사교육 의존의 확대와 부모의 경제력 영향력 증가

사교육 중심의 교육 환경에서 부모의 경제력이 자녀의 학업 성취를 결정하는 주요 요인이 되고 있다. 학부모의 경제적 능력이 교육의 질을 결정하게 되면서, 고소득 가정과 저소득 가정 간의 학업 성취 격차가 심화한다. 이는 자녀 세대에서도 경제적 격차가 이어지는 구조를 고착화시켜 계층 이동의 가능성을 제한한다.

(6) 명문 학교와 대학 중심의 사회적 네트워크 강화

교육 양극화는 특정 명문 학교와 대학 중심의 사회적 네트워크를 강화하게 한다. 상위 계층 학생들은 학업 성취도를 통해 명문 대학에 입학하며, 이후에도 취업과 사회적 기회에서 유리한 네트워크를 형성한다. 이러한 구조는 하위 계층 학생들에게 진입 장벽으로 작용하며, 사회적 불평등을 심화한다.

(7) 지역 간 교육 격차의 심화와 지방 소외

수도권과 지방 간의 교육 자원 격차는 지역 간 계층화로 이어지고 있다. 수도권에서는 높은 교육 수준과 사교육 접근성이 보장되지만, 지방은 교육 자원의 부족으로 경쟁력이 낮아진다. 이는 지역 불균형을 심화시키며 지방 소멸 가능성을 증가시키는 동시에 계층 분화를 가속한다.

(8) 사회적 불만과 계층 간 갈등 증대

교육의 불평등은 사회적 불만을 증가시키며, 계층 간 갈등을 심화시킨다. 청년층 사이에서는 "노력해도 성공하기 어렵다"라는 좌절감이 확산하며, 사회적 신뢰가 약화한다. 이는 사회 전반의 결속력을 약화하고 계층 갈등과 불안정을 야기한다.

(9) 계층 대물림 구조의 고착화

교육 격차는 소득과 직업의 불평등으로 이어지며, 이는 계층 대물림 구조를 고착한다. 상위 계층은 양질의 교육과 직업 기회를 자녀에게 제공할 수 있지만, 하위 계층은 지속적으로 기회를 제한받아 계층 이동이 차단된다. 이 과정은 결국 계급사회의 형태를 강화한다.

결론

　한국 사회에서 교육 양극화는 개인의 잠재력 실현과 계층 이동 가능성을 억제하며, 세대 간 불평등 구조를 고착화시킨다. 이를 해결하기 위해서는 공교육 강화와 사교육 의존도 감소, 지역 간 교육 격차 해소, 공정한 교육 기회 제공을 위한 정책적 개입이 필수적이다.

3) 경제적 불평등에 미치는 영향

(1) 계층 이동 가능성 감소

　교육 양극화는 개인이 자신의 경제적 지위를 개선할 수 있는 기회를 제한한다. 고소득층은 사교육 및 명문 학교를 통해 경쟁력을 강화하며, 이는 상위 직업군으로의 진입 가능성을 높인다. 반면, 저소득층은 기회 부족으로 인해 학업 성취도가 낮아지고, 이는 낮은 소득의 직업에 머무르게 되는 악순환을 만든다. 결과적으로 계층 이동이 어려워지며 세대 간 경제적 불평등이 심화한다..

(2) 고소득층의 소득 독점 강화

　교육 양극화는 고소득층 자녀가 경제적 우위를 유지할 수 있는 수단으로 작용한다. 상위 계층 학생들은 높은 수준의 교육을 통해 고소득 직업에 진출하고, 이는 가족 단위의 부의 독점으로 이어진다. 이러한 구조는 하위 계층의 경제적 성장을 저해하며, 소득 불평등을 확대한다.

(3) 노동시장 이중구조 심화

　교육 수준에 따른 직업 선택의 격차가 커지면서 노동시장의 이중구조가 강화된다. 고학력자는 전문직, 고소득 직업에 집중되는 반면, 저학력자는 비정규직, 저소득 직업으로 몰리게 된다. 이는 노동시장의 불평등을 고착하며, 경제적 격차를 더욱 심화한다.

(4) 저소득층의 경제적 부담 증가

　교육 양극화는 저소득층 가구에 경제적 부담을 가중한다. 사교육비와 추가 학습 자원의 비용은 저소득 가구에 비율적으로 더 큰 부담을 주며, 이는 가계 소비와 투자 여력을 제한한다. 교육 비용 부담은 장기적으로 경제적 빈곤을 심화시키는 주요 요인으로 작용한다.

(5) 지역 경제 불균형 심화

수도권과 지방 간 교육 자원의 불균형은 지역 간 경제 격차로 이어진다. 수도권은 고급 인재의 집중과 높은 교육 수준으로 인해 경제적 성장의 중심지가 되는 반면, 지방은 경제 활동과 인재 부족으로 인해 경제적 발전이 정체된다. 이는 국가 전체의 균형 잡힌 경제 성장을 저해하는 요인으로 작용한다.

(6) 경제 성장의 잠재력 저하

교육 양극화로 인해 국가 차원의 인적 자원 개발이 제한되면서 경제 성장의 잠재력이 감소한다. 저소득층의 교육 부족은 고급 기술 인력 및 창의적 인재 개발을 방해하여 생산성과 혁신 역량을 저하한다. 이는 국가 경쟁력을 약화하고, 경제 성장이 둔화하는 결과를 초래한다.

결론

교육 양극화는 개인의 기회 부족과 노동시장 불평등을 통해 경제적 불평등을 심화시킨다. 이를 해결하기 위해서는 공교육 강화, 지역 간 교육 자원 균형 배치, 사교육 의존 완화와 같은 다각적인 정책이 필요하다. 동시에 장기적으로는 공정한 경제적 기회 제공을 위한 제도적 개혁이 필요하다.

4) 교육 양극화가 심화하는 이유

(1) 경제적 불평등의 확대

소득 격차 확대

한국 사회는 소득 불평등이 심화함에 따라 교육 기회에도 큰 영향을 미치고 있다. 고소득 가정은 자녀 교육을 위해 더 많은 자원을 투입할 수 있는 반면, 저소득 가정은 경제적 한계로 인해 교육에 충분히 투자하기 어렵다. 이는 학생들 간의 교육 격차를 더욱 벌어지게 한다.

사교육 지출 증가

고소득 가정은 프리미엄 사교육과 학습 자료에 투자할 수 있어 자녀의 교육 경쟁력을 높일 수 있지만, 중하위 계층은 이러한 기회에 접근하기 어렵다.

(2) 불평등한 교육 자원 분배

지역 간 교육 격차

수도권과 지방 간 교육 인프라 차이로 인해 교육의 질이 불균형하게 분포되어 있다. 서울 및 수도권은 우수한 학교와 학습 자원을 보유하고 있는 반면, 지방은 인프라 부족과 교사 유치의 어려움으로 인해 교육의 질이 상대적으로 낮다.

학교의 자율 운영 한계

정부의 교육 정책은 학교가 지역적 특성에 맞춰 자율적으로 운영할 수 있는 기반을 마련하고 있지만, 여전히 대도시와 지방 학교 간 교육 수준 차이를 해소하는 데 한계가 있다.

(3) 입시 제도의 불공정성

학력 중심의 평가 방식

한국 사회는 여전히 학력 중심의 평가 체계를 유지하고 있으며, 이는 고학력자와 저학력자 간의 기회 불균형을 심화시킨다. 대학 입시와 같은 중요한 평가에서 학벌이 중요한 지표로 작용하고 있어, 고소득층 자녀가 유리한 입장에 서게 된다.

특목고와 자율형 고등학교의 확대

특수한 교육 환경을 제공하는 학교가 늘어나면서 이들 학교에 진학할 수 있는 학생과 그렇지 못한 학생 간 교육 격차가 더욱 심화하고 있다.

(4) 사교육 의존과 그로 인한 불평등

사교육 시장의 확장

사교육은 학생들의 학업 성적을 높이기 위한 주요 방법으로 자리 잡았으나, 이는 경제적 여유가 있는 가정만을 위한 혜택이 된다. 고소득층은 질 높은 학원과 튜터링을 이용할 수 있지만, 중하위 소득층은 이러한 기회에 제한적일 수밖에 없다.

부유층의 교육 투자 증가

부모의 교육 수준이나 경제적 배경이 자녀의 교육 수준을 좌우하는 현실에서, 상류층 가정은 더욱 많은 교육 자원을 자녀에게 투자하여 교육 양극화를 더욱 확대한다.

(5) 공교육의 질적 한계

교사 인력 부족

교육 환경의 질을 높이기 위해서는 교사들의 전문성과 교육 역량이 필수적이다. 그러나 일부 지역에서는 우수한 교사를 확보하기 어려운 상황이며, 이는 교육의 질을 낮추고 학생들의 교육 기회를 제한한다.

학교 시설 및 자원 부족

교육 현장의 물리적, 기술적 자원이 부족해 교육의 효과적인 전개가 어려운 경우가 많다. 특히, 지방의 학교들은 수도권에 비해 자원이 부족해 교육 격차가 확대되는 원인 중 하나다.

(6) 디지털 격차

정보 접근성의 불평등

온라인 학습이 확대됨에 따라 디지털 기기와 인터넷 접근의 격차가 교육 불평등을 심화시킬 수 있다. 저소득 가정에서는 최신 기술을 갖춘 학습 환경을 제공하기 어려워 온라인 교육의 효과가 감소한다.

원격 학습의 한계

팬데믹 기간에 원격 학습이 중요한 교육 수단이 되었으나, 기술적 환경이 부족한 학생들은 이로 인한 학습 기회 감소를 경험했다.

결론

한국 사회에서 교육 양극화가 심화하는 이유는 경제적 불평등, 교육 자원의 불균형, 사교육 의존, 공교육의 한계 등 다양한 요인들이 복합적으로 작용하기 때문이다. 정부 정책이 교육 기회를 균등화하려는 노력에도 불구하고, 이러한 문제들은 해결되지 않고 지속해서 학생 간 교육 격차를 확대하고 있다. 이를 해소하기 위해 보다 통합적이고 지속 가능한 교육 정책이 필요하며, 특히 지역별 및 계층별 맞춤형 정책 강화가 중요하다.

5) 학생의 취업 기회에 미치는 영향은

(1) 교육 수준 차이에 따른 취업 시장의 불평등

교육 양극화는 학생들 간의 학업 성취 격차를 초래하며, 이는 취업 시장에서의 경쟁력 격차로 이어진다. 상위 계층 학생들은 양질의 교육을 통해 전문성 있는 직업군으로 진출할 가능성이 높아지지만, 하위 계층 학생들은 낮은 학력과 스킬 부족으로 인해 저소득 일자리로 제한된다. 취업 시장에서 학력은 기본 조건이 되는 경우가 많아, 교육 양극화는 고용의 격차를 심화하게 한다.

(2) 취업 준비 과정에서의 자원 접근성 차이

교육 양극화는 학생들이 취업 준비에 필요한 자원을 얼마나 이용할 수 있는지에 큰 영향을 미친다. 상위 계층 학생들은 직업 관련 코칭, 인턴십, 전문 자격증 취득 등의 기회를 얻기 쉬운 반면, 하위 계층 학생들은 경제적 이유로 이러한 기회를 놓치는 경우가 많다. 이는 고용 시장에서 경쟁력을 확보하기 어려운 환경을 조성한다.

(3) 명문대 중심의 취업 연계 효과

교육 양극화로 인한 명문대 집중 현상은 취업 시장에서 네트워크와 학벌의 영향을 강화한다. 명문대 출신 학생들은 주요 대기업 및 공공기관에 취업할 가능성이 높으며, 이는 경제적 안정과 성장의 기회를 제공한다. 반면, 지방 대학과 비명문대 출신 학생들은 취업 시장에서 제한적인 선택지를 가지며, 불평등이 심화한다.

(4) 지역 간 취업 격차 심화

수도권과 지방 간 교육 자원 격차는 지역별 취업 기회의 불균형을 심화시킨다. 수도권 학생들은 기업 및 산업과의 연계가 원활한 반면, 지방 학생들은 지역 내 한정된 기회에 의존해야 한다. 이러한 불균형은 지방 인재의 수도권 유출을 가속하며 지역 경제 발전을 저해한다.

(5) 취업 이후 소득 격차로 이어지는 구조

교육 양극화는 취업 후 소득 격차를 확대하는 주요 요인으로 작용한다. 고소득 직업군은 높은 교육 수준과 전문성을 요구하며, 이는 상위 계층 학생들이 주로 차지한다. 하위 계층 학생들은 비정규직, 저임금 직종에 머무르며, 경제적 불안정 상태가 지속된다. 이러한 구조는 세대 간 불평등을 더욱 고착한다.

(6) 취업의 공정성에 대한 사회적 불만 증가

교육 양극화로 인한 취업 격차는 사회적으로 공정성에 대한 불만을 확대한다. "노력해도 결과가 달라지지 않는다"라는 인식은 젊은 층 사이에서 불만과 좌절감을 키운다. 이는 사회적 불안 요소로 작용하며, 장기적으로 국가 경쟁력에 부정적인 영향을 미친다.

결론

한국 사회에서 교육 양극화는 학생들의 취업 기회에 심각한 영향을 미치며, 이는 경제적 불평등과 사회적 갈등으로 연결된다. 이를 해결하기 위해서는 공교육 강화, 직업훈련 및 인턴십 프로그램 확대, 지역 간 교육 자원 균형 배치 등의 정책적 노력이 필요하다.

6) 취업 후 성장 기회에 미치는 영향은

(1) 직업 선택의 다양성과 성장 기회 격차

교육 양극화는 직업 선택의 폭과 성장 기회의 격차를 초래한다. 높은 수준의 교육을 받은 상위 계층은 전문직이나 관리직과 같은 고소득 직업으로 진출해 성장의 기회를 누릴 가능성이 높다. 반면, 교육 자원이 부족한 계층은 단순 노동직이나 비정규직에 종사하게 되며, 경력 개발과 소득 증대의 기회가 제한된다.

(2) 학력 중심의 승진 시스템 강화

한국 사회의 학력 중심 문화는 교육 양극화를 더욱 고착하며, 취업 후 승진 및 경력 개발에도 영향을 미친다. 명문대 졸업자는 승진 과정에서 더 유리하며, 직장 내 리더십 기회를 더 많이 제공한다. 반대로 비명문대 졸업자는 승진 과정에서 차별을 겪을 가능성이 높아 장기적인 성장에 제약받는다.

(3) 인적 네트워크 형성의 불평등

교육 양극화는 직장 내 네트워크 형성에도 영향을 미친다. 상위 계층 출신은 학벌과 사회적 연결망을 통해 직장 내 협력과 성장의 기회를 더 쉽게 얻는다. 저소득층 출신은 네트워크 부족으로 인해 직장 내에서 고립되거나 성과를 인정받기 어려운 환경에 처하게 된다.

(4) 전문성과 기술 향상 기회 제한

교육 양극화로 인해 저소득층 출신은 전문성 개발과 기술 향상을 위한 추가 교육 기회가 부족하다. 상위 계층은 회사 내외에서 고급 교육 프로그램과 직무 훈련 기회를 활용할 가능성이 높지만, 하위 계층은 경제적 여건 부족으로 이러한 기회에 접근하기 어렵다. 이는 장기적으로 직무 능력의 차이를 확대하며, 경력 성장에 불리한 조건을 형성한다.

(5) 이직 및 경력 이동의 제약

교육 양극화는 이직과 경력 이동의 가능성에도 영향을 미친다. 상위 계층은 교육을 통해 쌓은 전문성과 네트워크를 활용하여 더 나은 직장으로 이직하거나 창업과 같은 경력 전환을 시도할 수 있다. 반면, 하위 계층은 낮은 학력과 제한된 경험으로 인해 경력 이동이 어려워 고용 안정성을 확보하지 못할 가능성이 크다.

(6) 취업 후 소득 불평등 심화

교육 양극화는 취업 후 소득 격차로 이어져 계층 간 불평등을 심화시킨다. 고학력자는 높은 초봉과 급속한 연봉 상승 가능성이 높은 반면, 저학력자는 낮은 소득으로 시작해 소득 상승 속도도 느리다. 이는 경제적 자립과 자산 축적 기회의 차이를 만들어 세대 간 불평등으로 이어질 수 있다.

결론

교육 양극화는 취업 후 직업 성장, 경력 개발, 소득 격차에 심각한 영향을 미친다. 이를 해결하기 위해서는 공평한 교육 기회 제공과 함께 직업훈련 프로그램 확대, 고용 시장의 공정성 확보, 그리고 취업 후 평생 학습 체계 강화와 같은 정책적 노력이 필요하다.

7) 부모의 사회·경제적 배경이 자녀 교육에 미치는 영향

(1) 부모의 경제력이 교육 자원의 접근성을 결정

부모의 경제적 배경은 자녀가 이용할 수 있는 교육 자원의 수준과 범위를 크게 좌우한다. 고소득 가정은 고액 사교육, 학원, 맞춤형 교육 프로그램 등 다양한 교육 자원에 접근할 수 있다. 반면, 저소득 가정은 공교육에 의존해야 하며, 추가적인 학습 지원이 부족해 학업 성취도에 한계가 발생한다.

(2) 부모의 교육 수준과 자녀 학업 성취의 상관관계

부모의 학력은 자녀의 학습 환경과 학업 성취도에 직접적인 영향을 미친다. 고학력 부모는 자녀에게 학습 동기를 부여하고, 효과적인 학습 방법을 지원할 가능성이 높다. 반면, 저학력 부모는 자녀의 학업 관리를 체계적으로 돕는 데 한계가 있어 교육 격차를 초래한다.

(3) 가정 내 교육 분위기와 학습 환경의 차이

부모의 사회적·경제적 배경은 가정 내 교육 분위기와 학습 환경에 큰 영향을 준다. 상위 계층 가정은 독서실, 학습 자료, 디지털 학습기기 등을 제공하여 자녀의 학습에 유리한 환경을 조성한다. 반면, 경제적으로 어려운 가정은 학습 공간과 시간 확보조차 어려운 경우가 많아 학업에 불리한 환경을 제공한다.

(4) 부모의 사회적 자본이 교육 네트워크 형성에 미치는 영향

부모의 직업과 사회적 관계는 자녀의 교육 및 취업 기회에 간접적으로 영향을 미친다. 고소득 가정의 부모는 자녀에게 더 나은 학교 및 교육 프로그램을 추천하거나, 인턴십과 취업에서 네트워크를 활용할 수 있다. 이러한 네트워크는 저소득 가정 학생들에게는 접근이 어려워 계층 간 격차를 확대한다.

(5) 사교육비 지출 격차로 인한 교육 불평등

부모의 경제적 배경에 따른 사교육비 지출 차이는 자녀의 학업 성취도 격차로 이어진다. 고소득 가정은 학원, 과외, 특목고 준비 등 사교육에 더 많은 자원을 투자할 수 있어 경쟁력이 높다. 저소득 가정은 공교육 이외의 교육을 제공하기 어렵고, 이로 인해 입시 경쟁에서 불리한 위치에 처하게 된다.

(6) 자녀의 진로 선택과 계층 고착화

부모의 사회적·경제적 배경은 자녀의 진로 선택에 직접적인 영향을 미친다. 고소득·고학력 부모의 자녀는 학업 성취를 통해 고소득 전문직으로 진출할 가능성이 높아 계층의 지속성을 유지한다. 반면, 저소득·저학력 부모의 자녀는 제한된 교육 기회로 인해 진로 선택이 좁아지며, 경제적 어려움이 세대 간 대물림된다.

결론

부모의 사회·경제적 배경은 자녀의 교육 기회와 성취도에 결정적인 영향을 미치며, 교육 양극화를 심화시키는 핵심 요인으로 작용한다. 이를 해결하기 위해서는 공교육 강화를 통해 교육의 평등성을 확보하고, 저소득층 가정의 교육비 지원 및 학습 환경 개선을 위한 정책적 노력이 필요하다.

3 | AI 시대 혁신적 접근

1) 교육 양극화 해소 방안

(1) 공교육 강화 및 질적 향상

지역 간 교육 격차 해소

　지방과 수도권 간 공교육 수준 차이를 줄이기 위해 교육 인프라를 확충하고, 우수 교사를 지방 학교에 배치하는 프로그램을 운영한다.

학교 지원 확대

　저소득층과 교육 취약 지역 학교에 대한 재정적 지원을 강화하고, 교실 내 교육 장비와 디지털 학습 도구를 확대 보급한다. 학생 맞춤형 교육과정 개발하고 진로 탐색 기회 확대해 교육과정을 다양화한다.

교사 전문성 강화

　교사들의 교육 역량 강화를 위해 지속적인 연수 프로그램 확대 및 질적 개선, 우수 교사 인센티브 제도 도입 등 지원체계를 구축한다.

교육복지 정책 확대

　저소득층 학생 지원 강화를 위해 교육비 지원을 확대하고 무상급식을 전면 실시한다. 농어촌 및 도서 벽지 학생 지원을 위해 원격 교육 인프라를 구축하고 우수 교사 파견 제도를 도입한다. 다문화 가정 학생 지원을 위해 한국어 교육 프로그램을 강화하고 문화 적응 지원 서비스를 제공한다.

(2) 사교육 의존도 낮추기

사교육비 규제

　학원비 상한제를 도입하고, 과도한 사교육 의존도를 줄이기 위한 홍보와 캠페인을 병행한다.

방과 후 학교 활성화

공교육 내 방과 후 프로그램을 다양화하고, 학원 대체가 가능한 질 높은 보충 학습 기회를 제공해 사교육 수요를 줄인다.

EBS 등 공교육 플랫폼 강화

맞춤형 학습 콘텐츠 개발하여 무료로 고품질 교육 콘텐츠를 제공하는 온라인 플랫폼을 구축하여 사교육 의존도를 낮춘다.

(3) 경제적 지원 확대

교육비 지원

저소득층 가정을 대상으로 교과서, 교복, 수업료 등을 지원해 경제적 부담을 줄인다.

장학금 제도 확대

가정 형편에 따른 장학금 지급을 확대해 학생들의 학업 지속 가능성을 높인다.

지역 맞춤형 지원

지역별 경제적 불균형을 고려하여 지방 학생들에게 추가적인 교육비 보조금을 제공한다.

(4) 입시 제도 개편

학생부종합전형 개선

과도한 스펙 쌓기를 유발하는 현재의 전형을 간소화하고, 공정성과 투명성을 높인다.

균형 있는 평가 기준 마련

학업 능력뿐만 아니라 인성과 잠재력을 반영한 다양한 평가 방식을 도입한다.

지역 균형 선발 강화

지방 학생들에게 대학 입학 기회를 보장하기 위해 지역 균형 선발 비율을 확대한다.

대학 입학 전형의 다양화

지역인재 전형을 확대하고 '사회통합전형'을 도입한다.

(5) 직업교육과 평생교육 확대

직업교육 강화

　고등학교와 전문대학에서 직업교육을 확대하고, 실질적인 취업 지원을 위한 기업 연계 프로그램을 운영한다.

평생교육 체계 구축

　성인 학습자들이 경제적·시간적 제약 없이 학습을 이어갈 수 있도록 평생교육 지원체계를 마련한다. 학점 은행제를 활성화하고 온라인 교육 기회를 확대한다.

지역 학습센터 활성화

　지역 단위 학습센터를 통해 주민들이 쉽게 교육과 직업훈련을 받을 수 있도록 지원한다. 산학협력을 강화하는 현장 중심 교육과정을 개발한다.

(6) 디지털 교육 격차 해소

인터넷 및 디지털 장비 지원

　모든 학생이 동등하게 디지털 학습 기기에 접근할 수 있도록 공공 지원을 확대한다.

디지털 리터러시 교육

　학생들에게 디지털 학습 능력을 배양하는 프로그램을 도입하여 교육의 효과를 높인다. AI 교육을 의무화하고 교사 대상 디지털 역량 강화 연수를 실시한다.

원격 학습 환경 개선

　저소득층 학생들도 고품질의 원격 학습을 받을 수 있도록 국가 차원의 플랫폼을 강화한다. 저소득층 학생 대상 태블릿 PC를 지원하고 학교 내 무선 인터넷 환경을 구축한다.

(7) 지역사회와의 협력

교육 공동체 구축

　지역 내 학부모, 기업, 비영리단체와 협력하여 교육 지원 네트워크를 구성한다.

지역 특화 교육 프로그램

　각 지역의 특성에 맞는 교육 프로그램을 설계하여 지역 내 학생들의 경쟁력을 높인다.

지방 대학 활성화

지방 대학에 대한 지원을 늘려 지역 학생들의 진학 및 취업 기회를 확대한다.

(8) 정부와 민간의 협력 강화

민관 협력 교육 기금

정부와 민간 기업이 협력하여 교육 지원 기금을 조성하고, 교육 양극화 해소를 위한 프로젝트를 진행한다.

기업 연계 프로그램

기업이 교육 프로그램에 참여하여 학생들에게 실질적인 기술과 경험을 제공한다.

사회적 기부 활성화

고소득층과 기업의 교육 분야 기부를 장려해 교육 양극화 해소에 기여하도록 유도한다.

결론

교육 양극화 문제는 단일한 정책으로 해결하기 어렵기 때문에 공교육 강화, 사교육비 규제, 경제적 지원, 입시 제도 개편, 직업교육 확대, 디지털 격차 해소, 지역사회 협력 등이 유기적으로 연계되어야 한다. 이를 통해 모든 학생이 공정하고 균등한 교육 기회를 누릴 수 있는 환경을 조성해야 한다. 이러한 다각적인 접근을 통해 교육 양극화를 해소하고, 모든 학생에게 공정한 교육 기회를 제공할 수 있을 것이다. 이를 위해서는 정부, 학교, 가정, 사회의 협력이 필수적이다.

2) AI 시대 평생교육 및 직업교육 강화

(1) AI 기반 평생교육 플랫폼 구축

온라인 학습과 혼합 학습 환경의 확대

AI 기반의 온라인 학습 플랫폼을 통해 누구나 언제 어디서나 학습할 수 있는 환경을 제공한다. 예를 들어, 인공지능은 학습자의 진도와 성향을 분석하여 맞춤형 교육 경로를 설계할 수 있으며, 이를 통해 다양한 연령대와 사회적 배경을 가진 사람들이 교육 기회를 더욱 쉽게 이용할 수 있다.

AI 기반 학습 보조 시스템 도입

AI는 학습 진도를 분석하고 학생들에게 실시간 피드백을 제공하여 학습 효과를 높이는 데 도움이 될 수 있다. 이를 통해 학습자의 약점을 식별하고 보충 학습을 지원할 수 있다.

(2) 직업교육 프로그램의 현대화 및 기술 중심 교육 강화

AI 및 데이터 분석 기술 교육

최신 기술 동향에 맞춰 AI 및 데이터 분석 관련 직업교육을 강화한다. 이를 통해 직장인과 구직자들이 변화하는 산업 환경에 적응하고 경쟁력을 갖출 수 있도록 한다. 특히, 산업별 전문 교육과정을 통해 실무 능력을 향상할 수 있다.

산업계와 협력한 맞춤형 직업훈련

기업과 협력하여 직무와 연계된 실습 중심의 직업교육을 제공한다. AI 및 첨단 기술 교육 프로그램을 통해 기업의 요구에 맞는 인재를 양성하고, 노동시장에서의 경쟁력을 높일 수 있다.

(4) 공공-민간 협력 모델 강화

공공기관과 기업의 협력 증진

평생교육과 직업교육의 질을 높이기 위해 공공기관과 민간 기업 간의 협력 모델을 강화한다. 예를 들어, 기업이 필요로 하는 교육과정을 개발하고, 정부는 이를 지원하여 교육 기회와 자원을 확장할 수 있다.

산학협력 프로그램 운영

대학과 기업이 협력하여 AI 기반 교육과정을 공동 개발하고, 인턴십과 현장 학습 기회를 제공한다. 이는 학생들이 실무 경험을 쌓고 졸업 후 취업에 유리한 위치를 점할 수 있도록 한다.

(5) AI 교육 역량 강화를 위한 정책

교사와 교육자 연수 프로그램

평생교육과 직업교육을 담당하는 교사와 강사들이 AI 및 최신 기술을 교육에 통합할 수 있도록 전문 연수 프로그램을 마련한다. 교사들이 AI 교육 도구를 활용해 학생들을 더 효과적으로 교육할 수 있도록 돕는다.

AI 교육 콘텐츠 개발 지원

교육자들이 다양한 연령대와 학습 수준에 맞는 교육 콘텐츠를 개발할 수 있도록 지원한다. AI를 활용한 콘텐츠 제작을 통해 교육의 접근성과 포용성을 강화할 수 있다.

(6) 사회적 취약계층을 위한 맞춤형 교육 지원

취약계층을 위한 특별 프로그램

경제적, 사회적 배경이 어려운 사람들에게 평생교육과 직업훈련을 위한 특별 프로그램을 제공한다. 예를 들어, 정부는 교육 기회가 부족한 지역에 AI 교육 자원과 기회를 집중적으로 배치할 수 있다.

저소득층 교육 지원 및 장학금 제공

저소득층 학생들에게 직업훈련과 학습 자원을 지원하고, AI 관련 교육에 대한 접근성을 높이기 위해 장학금과 교육 보조금을 제공한다.

(7) AI 기술을 통한 교육 접근성 향상

AI 기반 번역 및 보조 도구 활용

다문화 사회에서 다양한 언어와 문화적 배경을 가진 학생들에게 교육의 장벽을 낮추기 위해 AI 기반 번역 및 보조 도구를 활용한다. 이를 통해 외국인과 이주민도 교육 기회를 고르게 누릴 수 있다.

온라인 학습 플랫폼의 접근성 강화

모바일과 웹 기반으로 제공되는 평생교육 플랫폼은 전국 모든 지역과 소외계층에 쉽게 접근할 수 있도록 구성되어야 한다. 이를 통해 교육의 불평등을 줄일 수 있다.

결론

AI 시대의 교육 양극화를 해소하기 위해서는 평생교육과 직업교육의 강화가 필수적이다. 이를 위해 AI 기반 학습 플랫폼 구축, 공공-민간 협력, 교사 연수 프로그램, 저소득층 지원 정책 등이 복합적으로 적용되어야 한다. 이러한 통합적 접근은 다양한 연령대와 배경을 가진 사람들이 교육을 통해 기술을 배우고, 취업 및 사회적 성취를 이루는 데 기여할 것이다.

3) AI 시대 대학 서열화 완화를 위한 방안

(1) 대학 간 교육 품질 평가 시스템 도입

AI 기반의 교육 품질 평가

대학의 교육 품질을 객관적으로 평가할 수 있는 AI 기반의 데이터 분석 시스템을 도입한다. 이 시스템은 교수진의 연구 성과, 학생의 취업률, 졸업 후 경로 등 다양한 데이터를 분석하여 대학의 종합적인 교육 품질을 평가한다. 이를 통해 대학 서열을 단순한 명문 대학 순위가 아닌 교육의 질과 학생들의 성취를 기준으로 재편성할 수 있다.

투명한 정보 공개

평가 결과를 일반 대중과 학생들이 쉽게 접근할 수 있도록 공개하여 대학 선택 시 교육의 질을 기준으로 비교할 수 있게 한다. 이로 인해 학생들이 더 합리적인 선택을 하도록 돕고, 명문대 중심의 사회적 인식도 변화시킬 수 있다.

(2) 대학의 특성화 및 분화 촉진

전문대학 및 특성화 대학 지원

모든 대학이 동일한 교육과정을 제공하는 대신, 각 대학의 특성을 살릴 수 있는 전공과 프로그램을 지원한다. AI 기술을 활용하여 산업의 필요와 교육 프로그램을 매칭시키고, 특정 분야에 특화된 교육을 받을 수 있도록 유도한다.

융합 교육과 협력 강화

AI 기술과 다양한 전공이 융합된 교육과정을 통해 학생들이 폭넓은 직무 능력을 개발할 수 있도록 한다. 대학 간 협력 프로젝트나 공동 연구 프로그램을 통해 여러 대학의 강점을 통합하고 협력하는 방식도 효과적이다.

(3) 대학 입학 및 졸업 평가의 공정성 제고

입학 전형의 다변화

AI 기반의 분석을 통해 학생의 다양한 능력(창의력, 문제 해결 능력, 비판적 사고 등)을 종합적으로 평가하는 입학 전형을 도입한다. 전통적인 수능 점수와 학벌 위주의 입학 방식을 보완하여, 다양한 경로로 대학에 진입할 수 있도록 한다.

졸업 기준의 균형

졸업 요건과 평가를 단순한 성적 기준에서 벗어나 다양한 프로젝트 수행, 인턴십 경험, 연구 논문 작성 등으로 다각화하여, 교육과정의 결과가 다양하게 평가될 수 있도록 한다.

(4) 산업 및 직업교육과의 연계 강화

AI와 산업 요구에 맞춘 교육 커리큘럼

대학 교육과 산업의 요구사항을 분석해 AI 기술을 활용한 직무 능력 강화 프로그램을 제공하고, 직업과 연계된 교육과정을 마련한다. 이를 통해 대학의 교육이 더 실질적이고 직업 지향적으로 변하고, 명문대 위주의 서열이 아닌 교육의 질과 직무 준비 상태로 평가받을 수 있다.

AI 기반 직업 연계 플랫폼 개발

대학생들이 다양한 산업 경험을 쌓을 수 있는 플랫폼을 개발하여, 졸업 후 다양한 분야로의 진출을 유도한다. 이러한 플랫폼은 AI가 학생의 경향과 취업 시장의 변화에 맞춰 맞춤형 경로를 제시할 수 있도록 지원한다.

(5) AI 기반 교수법 혁신

AI 도구 활용한 맞춤형 학습

교수들이 AI 기술을 활용해 학생 맞춤형 학습을 설계하고, 학생들의 학습 진도를 실시간으로 분석하여 보충 학습이 필요한 부분을 파악할 수 있다. 이를 통해 교육의 개인화가 이루어지며, 다양한 학생들이 동일한 수준의 학습 기회를 제공받을 수 있다.

교수법 전환 지원

교수들이 AI 기반 교육을 도입할 수 있도록 지원하는 연수 프로그램을 강화하고, AI 교육 자료 및 도구를 제공하여 수업의 질을 높이는 방법도 필요하다.

(6) 사회적 인식 변화 및 정책 제도화

교육의 가치를 재정립

사회 전반에 교육의 본질과 목적에 대한 논의를 통해 대학 서열의 고정관념을 탈피한다. 교육의 가치가 단순한 대학의 이름에 의해 평가되지 않도록 다양한 성공 사례를 공유하고 사회적 인식을 전환해야 한다.

정책의 재정비 및 지원

정부가 대학의 특성화와 교육 품질 제고를 위한 지원 정책을 마련하고, 이러한 변화를 촉진하기 위해 연구 및 정책개발을 강화한다.

결론

AI 시대의 교육 양극화를 해소하기 위해서는 대학 서열화를 완화하고 교육의 질을 중심으로 한 체계적인 접근이 필요하다. 이를 위해 AI 기반 평가 시스템, 특성화 교육 지원, 공정한 입학 및 졸업 기준, 산업 연계 강화, 교수법 혁신 및 사회적 인식 변화 등이 종합적으로 이루어져야 한다. 이러한 노력은 대학의 경쟁력 강화와 교육 기회의 평등을 실현하는 데 중요한 역할을 할 것이다.

4) 교육 양극화 해소를 위한 사립학교 역할은

(1) 사회적 가치 증진을 위한 사립학교의 역할
포용적 교육 모델

사립학교는 다양한 교육과정을 통해 학생들에게 맞춤형 학습 환경을 제공할 수 있는 잠재력을 가지고 있다. 이를 통해 교육의 기회 평등을 촉진하고, 저소득층 학생들에게도 질 높은 교육을 제공할 수 있는 모델로 발전할 수 있다. 특히, 학생들의 다양한 배경을 수용할 수 있는 프로그램을 강화하고, 공교육과 협력하여 교육 격차를 줄이는 데 기여할 수 있다.

사회적 책임 증대

사립학교는 단순히 교육의 질을 높이는 것을 넘어, 사회적 책무를 다해야 한다. 이는 교육의 접근성을 높이고, 공교육과의 협력을 통해 양극화를 해소하는 데 중요한 역할을 할 수 있다.

(2) 경제적 지원 및 장학 제도 확대
장학금 및 지원 프로그램

사립학교가 다양한 장학금을 제공하여 경제적 부담을 줄일 수 있다. 특히, 저소득층 가정을 위한 장학금과 교육비 지원 프로그램을 확대함으로써 교육의 평등을 실현할 수 있다. 이러한 프로그램은 교육 기회를 균등하게 제공하고, 중산층 이하의 학생들도 우수한 교육을 받을 수 있도록 돕는다.

사회 공헌 프로젝트

사립학교는 지역사회와 협력하여 교육 프로그램을 확대하고, 방과 후 학습 프로그램이나 특화된 교육 기회를 제공하는 등의 활동을 통해 지역사회

교육 환경 개선에 기여할 수 있다.

(3) 공교육과의 협력 강화

공교육-사립학교 협력 모델

　사립학교가 공교육과 협력하여 공동 교육 프로그램을 운영하는 방식은 교육 자원의 효율적인 분배를 가능하게 한다. 예를 들어, 공공의 자원과 사립의 자원을 통합하여 보다 질 높은 교육 환경을 조성할 수 있다.

공동 연수와 교사 교류 프로그램

　공교육과 사립 교육 기관 간의 교사 교류 프로그램을 통해 교사들의 교육 역량을 강화하고, 교육의 질을 높이는 데 기여할 수 있다. 이러한 협력은 교육 수준을 균형 있게 향상할 수 있는 기반이 된다.

(4) 다양한 교육과정과 프로그램 제공

맞춤형 교육과정 개발

　사립학교는 다양한 교육과정을 통해 학생들에게 맞춤형 교육을 제공할 수 있다. 이는 특정 학생 군의 요구를 반영한 교육을 가능하게 하여 개별 학생의 학습 격차를 줄이는 데 도움이 된다.

특화된 프로그램과 진로 지원

　사립학교는 진로 지도와 직업교육을 강화하여 학생들이 다양한 진로를 탐색할 수 있도록 지원할 수 있다. 이를 통해 학생들이 자신의 관심과 능력에 맞는 학습을 하고, 취업 시장에서도 경쟁력을 갖출 수 있도록 한다.

(5) 인프라 및 기술적 지원을 통한 교육 개선

최첨단 교육 인프라 구축

　사립학교는 교육 시설과 기술적 자원의 개선을 통해 교육의 질을 높이는 역할을 할 수 있다. 특히, 디지털 학습 환경을 구축하고 최신 교육 기술을 도입하여 모든 학생이 교육에 동등하게 접근할 수 있도록 지원할 수 있다.

온라인 학습 플랫폼 개발

　사립학교가 자체적으로 온라인 학습 플랫폼을 개발하고 이를 지역사회와 공유하는 방식으로, 교육의 기회를 확대할 수 있다. 이러한 플랫폼은 학습 자원의 불균형을 줄이고, 다양한 교육 기회를 제공하는 데 기여할 수 있다.

결론

　사립학교는 교육 양극화를 해소하기 위한 중요한 역할을 할 수 있는 잠재력을 지니고 있다. 공교육과의 협력, 사회적 책임을 다하는 장학 프로그램, 다양한 맞춤형 교육과정 제공 등은 교육 기회의 평등화를 촉진하고 교육 격차를 줄이는 데 큰 기여를 할 수 있다. 이러한 노력은 특히 저소득층 학생들에게 교육의 기회를 넓히고, 더 포용적인 교육 환경을 만들기 위해 필수적이다.

5) AI 시대 교육 양극화 해소 위한 교사 교육 방안

(1) AI 교육 전문성 강화 프로그램

AI 교육 기본 이해

　교사들이 AI의 기본 개념과 원리를 이해할 수 있도록 하는 프로그램이 필요하다. 이를 통해 교사들은 AI 기술을 활용한 학습 자료 개발과 맞춤형 학습 전략을 설계할 수 있게 된다. 예를 들어, AI 기반 학습 분석 도구를 통해 학생들의 학습 패턴과 진도를 파악하고 적절한 피드백을 줄 수 있다.

AI 활용 교육 기법 훈련

　교사들이 AI 도구를 교실 내 수업에 통합하여 사용할 수 있도록 훈련하는 것이 필요하다. 교사들은 AI가 제공하는 다양한 학습 자료와 기술을 활용해 수업을 차별화하고, 개별 학생의 학습 수준에 맞춘 맞춤형 교육을 제공할 수 있다.

(2) AI 기반 교육 도구 및 플랫폼 사용법 교육

디지털 학습 플랫폼 활용 교육

　교사들이 AI 기반 학습 플랫폼을 효율적으로 활용할 수 있도록 하는 교육을 통해, 교실 수업과 학습 관리가 효율화된다. 플랫폼 사용법을 배우면 교사들은 학생의 진도와 성과를 실시간으로 모니터링하고, 이를 바탕으로 맞춤형 학습 전략을 세울 수 있다.

온라인 교육 콘텐츠 제작 능력 강화

　교사들이 온라인 학습 자료와 콘텐츠를 제작하는 능력을 갖추도록 지원하는 프로그램이 필요하다. 이를 통해 교사들은 학생들에게 더 창의적이고 흥미로운 학습 환경을 제공할 수 있다.

(3) AI와 데이터 분석 교육을 통한 맞춤형 학습 지원

데이터 분석 역량 강화

교사들이 학습 데이터를 분석하고 해석할 수 있는 능력을 키우는 것이 중요하다. AI가 생성한 학습 데이터를 바탕으로 학생들의 강점과 약점을 파악하고, 이에 따라 맞춤형 학습 계획을 세울 수 있다.

AI 기반 학습 경로 제시 기술

교사들이 AI 시스템을 사용해 학생 개개인의 학습 경로를 제시할 수 있는 능력을 키워야 한다. 이를 통해 학생들은 자기 주도적으로 학습할 수 있는 환경을 제공받아 교육 격차를 줄일 수 있다.

(4) 윤리적 AI 사용 교육

AI 윤리와 데이터 보호 교육

교사들이 학생 데이터를 다룰 때의 윤리적 기준과 개인정보 보호 원칙을 학습할 필요가 있다. AI를 교육에 활용할 때 학생들의 데이터를 안전하게 보호하고, 이를 악용하지 않도록 하는 교육이 필수다.

공정성과 투명성 교육

AI가 학생들에게 공정하게 작용하도록 보장할 수 있는 원칙과 절차에 대한 교육이 필요하다. 교사들이 AI가 제공하는 학습 분석과 피드백의 공정성을 확인하고 학생에게 투명한 방식으로 결과를 설명할 수 있도록 훈련한다.

(5) 협력 및 공동 학습 문화 조성

AI 전문가와의 협력

교사들이 AI 전문가들과 협력하여 최신 기술과 교육적 접근 방식을 공유하고 배울 수 있도록 지원한다. 워크숍과 세미나를 통해 AI와 교육의 융합에 대한 깊이 있는 이해를 제공할 수 있다.

교사 간 정보 공유 네트워크

교사들이 AI 기반 교육의 성공 사례와 경험을 공유할 수 있는 커뮤니티를 조성하여 교육 현장에서의 기술 활용을 촉진할 수 있다. 이는 교육의 혁신을 더욱 빠르게 확산시킬 수 있는 기반이 된다.

결론

AI 기반 교사 교육은 학생 개개인의 학습 수준과 요구를 더 정밀하게 파악하고, 맞춤형 교육을 제공하는 데 중요한 역할을 할 수 있다. 교사들이 AI의 기능을 충분히 이해하고 활용할 수 있도록 하는 프로그램이 필요하며, 교육 윤리와 데이터 보호에 대한 교육도 필수적이다. 이러한 노력이 결합하면 교육 양극화를 해소하는데 크게 기여할 수 있다.

6) AI 시대 교육 양극화 해소 위한 학습 환경 개선

(1) AI 기반 맞춤형 학습 플랫폼 도입

개별 학습 경로 설계

AI 기술을 활용하여 각 학생의 학습 스타일과 수준을 분석하고, 그에 맞춘 맞춤형 학습 경로를 제공한다. 이를 통해 학생들은 자신의 속도에 맞춰 학습할 수 있어 교육의 불평등을 줄일 수 있다.

데이터 분석을 통한 학습 피드백

AI는 학생들의 학습 데이터를 실시간으로 분석하여, 학생과 교사에게 피드백을 제공한다. 이를 통해 학생들이 학습의 강점과 약점을 파악하고, 필요한 보충 학습을 받을 수 있도록 한다.

(2) 디지털 교육 인프라 확장 및 접근성 향상

인터넷 인프라 개선

농촌 지역과 도시 외곽 지역의 디지털 교육 접근성을 높이기 위해 고속 인터넷과 와이파이 인프라를 확대해야 한다. 이는 디지털 학습 자료와 플랫폼을 효율적으로 활용할 수 있도록 한다.

디지털 기기 보급

학생들에게 필요한 디지털 기기(예: 태블릿, 노트북 등)를 보급하는 프로그램을 통해 교육의 공평한 기회를 제공한다. 이는 교육 양극화를 줄이는 데 도움이 된다.

(3) AI 교육 소프트웨어와 콘텐츠의 다양화

다양한 학습 콘텐츠 개발

AI 기반의 교육 소프트웨어는 다양한 학습 스타일을 수용할 수 있는 콘텐츠를 제공해야 한다. 예를 들어, 비주얼 학습자, 청각 학습자, 체험 학습자 등을 위한 맞춤형 자료가 필요하다.

다국어 학습 콘텐츠 제공

다문화 가정이나 다양한 배경을 가진 학생들이 참여할 수 있도록 다국어로 제공되는 학습 콘텐츠를 확대한다. 이는 소외된 학생들이 교육 기회를 충분히 누릴 수 있도록 돕는다.

(4) 교사와 교육자 교육 프로그램 강화

AI 교육 활용 훈련

교사들이 AI 기반 학습 도구를 교실에 통합하여 사용하는 방법을 교육받을 필요가 있다. 교사들은 AI 도구를 통해 학생들의 학습 성과를 분석하고, 이를 바탕으로 적절한 학습 전략을 설계할 수 있어야 한다.

지속적인 연수와 워크숍

AI 기술은 빠르게 발전하므로, 교사들이 최신 기술 트렌드와 교육적 적용법을 배우는 지속적인 연수 프로그램이 필요하다.

(5) AI 기반 학습 보조 도구의 활용

가상 학습 보조 시스템

AI는 가상 학습 보조 시스템을 통해 학생들이 실시간 질문을 하고 답변을 받을 수 있도록 한다. 이는 학생들의 자율 학습을 촉진하고 교사와의 상호작용을 개선할 수 있다.

학습 진도 관리 및 학습 계획 수립

AI는 학습 진도를 관리하고, 학습 계획을 수립하는 도구로 사용될 수 있다. 학생들이 계획된 학습을 따라가고 필요한 보충 학습을 할 수 있도록 지원할 수 있다.

(6) 사회적 및 경제적 배경을 고려한 교육 정책

소득 기반 교육 지원 프로그램

저소득층 가정을 위한 특별 교육 지원 프로그램을 마련하여, 필요한 학습 자원(디지털 기기, 학습 자료 등)을 제공하고, AI 기반 학습 기회를 제공하는 지원을 강화한다.

맞춤형 장학금 및 지원

AI 기반의 진단과 분석을 통해 학생들의 필요에 맞는 장학금과 학습 지원을 제공한다. 이는 경제적 배경과 무관하게 모든 학생들이 동등한 교육 기회를 누릴 수 있도록 한다.

결론

AI 기술의 발전은 교육의 질을 높이고 학생들에게 맞춤형 학습 기회를 제공하는 데 중요한 도구가 될 수 있다. 그러나 이를 위해 필요한 인프라 구축, 교사 교육 강화, 사회적 지원 정책 등을 종합적으로 추진해야 교육 양극화 문제를 해결할 수 있다. AI 기반 학습 환경의 개선은 공정한 교육 기회 보장을 위한 핵심 요소이며, 이를 통해 한국 사회의 교육 격차를 줄이고 더 나은 미래를 만들 수 있을 것이다.

7) AI 시대 교육 양극화 해소 위한 사회적 지원 시스템

(1) AI 기반 교육 자원 분배 시스템의 구축

공정한 자원 분배

교육 자원의 접근성을 높이기 위해 AI 기반의 학습 자원 분배 시스템을 구축한다. 이를 통해 소득 수준과 관계없이 학생들이 동일한 교육 자원을 이용할 수 있도록 한다. 예를 들어, 저소득층 가정의 학생들에게 AI 학습 기기와 온라인 학습 콘텐츠를 지원하는 프로그램이 필요하다.

지역 맞춤형 지원

각 지역의 교육 인프라와 학습 환경을 고려하여, 지역별 맞춤형 AI 지원을 제공한다. 이는 농촌 지역과 도시 지역 간 교육 격차를 해소할 수 있다.

(2) AI 학습 도구 및 플랫폼의 공공 보급

정부 주도의 디지털 기기 및 플랫폼 보급

저소득층 학생들을 위한 태블릿, 노트북 등 디지털 기기를 정부가 지원하고, AI 학습 플랫폼을 공공 교육 프로그램에 통합하여 활용할 수 있도록 한다. 이를 통해 학습 자료 접근성 및 학습의 질을 높일 수 있다.

공공-민간 파트너십 강화

민간 기업과 협력하여 AI 기반 학습 도구와 교육 플랫폼을 개발하고, 이를 공공 교육에 무료 또는 저렴한 비용으로 제공하는 방식도 효과적이다.

(3) 교사와 교육자의 AI 교육 역량 강화

AI 교육 연수 프로그램

교사와 교육자들이 AI 기술을 교육에 효과적으로 활용할 수 있도록 정기적인 연수 프로그램을 제공한다. 교사들이 AI 기반 학습 자료와 데이터 분석을 통해 학생 맞춤형 교육을 설계할 수 있는 역량을 키워야 한다.

협력 학습 네트워크 구축

교사들 간의 경험 공유 및 협력을 장려하는 네트워크를 통해 AI 교육을 더 효과적으로 도입할 수 있다. 교사들이 서로의 교육 방식을 공유하고 AI 활용 방법을 논의할 수 있는 플랫폼을 마련한다.

(4) AI 윤리 및 데이터 보호 정책 강화

AI 사용의 윤리적 기준 수립

학생 데이터를 다룰 때 발생할 수 있는 윤리적 문제를 방지하기 위해, 교육 관련 AI 시스템 사용에 대한 윤리적 기준을 제정한다. 이는 학생의 개인 정보 보호 및 데이터 활용의 투명성을 높이는 데 기여할 수 있다.

데이터 보안 강화

교육과 관련된 AI 시스템이 학생들의 데이터를 안전하게 관리할 수 있도록 하는 보안 정책을 강화한다. 이를 통해 학부모와 학생들이 AI 기반 교육을 신뢰할 수 있다.

(5) 사회적 및 경제적 지원 정책 강화

맞춤형 학습 지원 프로그램

저소득층 가정을 대상으로 한 맞춤형 학습 지원 프로그램을 통해 학습 격차를 줄일 수 있다. 예를 들어, 학습 보조금, 장학금, 온라인 학습 교재 제공 등이 필요하다.

저소득 가정을 위한 심리적 지원

교육 외에도 학부모 교육 및 심리적 지원 프로그램을 통해 가정 내 학습 환경을 개선한다. 부모들이 AI 학습 도구를 이해하고 자녀 교육을 지원할 수 있도록 돕는 프로그램이 필요하다.

(6) AI 기반 공공 교육 콘텐츠 및 학습 자료 확대

오픈 소스 학습 자료 제공

교육에 필요한 다양한 학습 자료를 오픈 소스로 제공하여, 누구나 무료로 접근할 수 있도록 한다. 이는 AI를 통해 학습의 질을 높일 기회를 마련한다.

맞춤형 콘텐츠 개발

다양한 학생들의 학습 수준에 맞춰 개인화된 교육 콘텐츠를 개발하여, 학생들이 스스로 학습을 관리할 수 있도록 돕는다. AI는 학생의 학습 진도를 분석해 필요에 맞는 콘텐츠를 추천할 수 있다.

결론

AI 시대의 교육 양극화 해소를 위해서는 사회적 지원 시스템의 체계적 구축이 필요하다. 이는 정부의 정책과 공공-민간 파트너십, 교사 교육 강화, AI 윤리 정책, 그리고 저소득층 지원 프로그램 등이 결합한 형태로 이루어져야 한다. 이러한 통합적 접근은 교육의 기회 평등을 실현하고, 모든 학생이 AI 기술을 활용한 효과적인 학습 환경을 경험할 수 있도록 돕는 기반이 될 것이다.

8) AI 시대 대학입시 제도 개선 통한 사교육 수요 감소

(1) AI 기반의 공정한 평가 시스템 도입

AI 기반 학습 성취도 분석

AI 기술을 활용하여 학생들의 학습 성취도와 진로를 객관적으로 평가하는 시스템을 도입한다. AI는 학생들의 학습 경향, 성적 데이터, 프로젝트 결과 등을 분석해 입학 전형에 반영함으로써 전통적인 시험 위주의 평가 방식을 보완할 수 있다.

비교 평가와 피드백 제공

학생들의 학습 경향과 결과를 비교 분석하여 성적 외에도 학생의 특성과 역량을 다각적으로 평가할 수 있다. 이를 통해 과도한 학원 교육의 필요성이 줄어들게 된다.

(2) 입시 전형의 다변화와 공정성 강화

다양한 전형의 조화

단일한 시험 위주의 전형에서 벗어나, 학생의 다양한 경험과 능력을 고려한 종합적인 전형을 도입한다. 예를 들어, 봉사 활동, 리더십 경험, 창의적 프로젝트 참여 등이 반영된 평가가 이루어질 수 있다. 이러한 접근은 사교육의 대상이 되는 입시 과목을 줄이고, 공정성을 높이는 데 기여한다.

AI 기반 다중 평가 요소 통합

입시 전형에 AI 분석을 통해 학업 외 활동과 성과를 종합 평가하는 요소를 도입하면, 학생들은 특정 과목에만 집중하기보다는 다양한 경험을 통해 입시에 대비할 수 있다.

(3) 학교 교육 내 내실 강화

학교 교육의 질 향상 지원

AI 기반 학습 분석 및 교사 지원 프로그램을 통해 학교 내 교육의 질을 높인다. 교사들은 AI 도구를 사용해 학생 개개인의 학습 패턴을 파악하고 맞춤형 학습을 제공할 수 있다. 이를 통해 학생들이 학교 교육만으로도 대학 입시에 필요한 학업 능력을 충분히 기를 수 있게 된다.

학교 내 진로 및 학습 지도 강화

AI 기반의 진로 탐색 도구를 활용해 학생들이 적성과 흥미에 맞는 학습을 할 수 있도록 지도한다. 이는 학생들이 불필요한 사교육에 의존하지 않고 스스로 학습을 계획하고 실천하도록 돕는다.

(4) 사교육 의존도를 낮추는 공교육 강화 정책

AI 학습 지원 프로그램

공립학교와 지역사회에서 AI 기반 학습 프로그램을 강화하여 학생들이 학교와 지역에서 충분히 학습할 수 있도록 한다. AI는 학습 진도, 이해도, 취약점을 분석해 학생 맞춤형 학습 계획을 세울 수 있다.

무료 온라인 학습 플랫폼 제공

학생들 접근이 가능한 무료 AI 학습 플랫폼을 구축하여 사교육 없이도 충분한 학습 기회를 제공한다. 이러한 플랫폼은 다양한 입시 과목을 학습할 수 있도록 콘텐츠를 제공하며, 학습자의 요구에 맞춘 개인화된 학습 경로를 지원한다.

(5) 입시 준비 과정의 투명성과 신뢰성 강화

AI 기반 시험 채점 시스템 도입

객관적이고 공정한 평가를 위해 AI 채점 시스템을 도입하여 공정성을 확보하고 시험 준비의 불필요한 부하를 줄인다. 이는 사교육 시장에서 불필요한 학원 과목을 줄이는 데 도움이 된다.

입시 준비 과정의 표준화

AI 기술을 활용해 각 대학의 입시 과정을 투명하게 공개하고, 학생들에게 표준화된 준비 방법과 자료를 제공한다. 이를 통해 입시 준비의 혼란을 줄이고 사교육 의존도를 낮출 수 있다.

입학 전형의 다양화 및 공정성 제고

학생부종합전형의 투명성 강화, AI를 활용한 공정한 서류 평가 시스템 도입, 지역인재 전형 확대 등을 통한 교육 기회의 형평성 제고 등을 해야 한다.

공교육 중심의 대학수학능력시험 개선

학교에서 가르치지 않는 극도로 어려운 '킬러문항' 제거, 사교육을 통한 반복 훈련보다 공교육에서 성실히 공부한 학생들이 공정하게 평가받을 수 있는 시험 설계, 독립적인 국가 위원회를 설립하여 수능 문제의 공정성 검토를 해야 한다.

사회적 인식 변화 및 지원 프로그램

사교육 의존도 감소를 위한 캠페인

교육의 본래 목적과 가치를 알리고, 지나치게 학원에 의존하지 않도록 돕는 사회적 캠페인을 진행한다. 이는 부모와 학생들이 과도한 사교육이 아닌 학교 교육과 자기주도 학습의 중요성을 인식하도록 한다.

정부의 지원과 정책 유도

정부는 학부모와 학생들을 대상으로 한 정보 제공 및 학습 자료 지원 프로그램을 통해 학교 교육과 공공 학습 자원의 활용을 장려한다.

미래 역량 중심의 평가 도입

문제 해결력, 창의성 등 AI 시대에 필요한 역량을 평가하는 새로운 전형 요소 개발, 프로젝트 기반 학습 결과물 등 다양한 학습 경험을 반영할 수 있는 포트폴리오 평가 확대를 해야 한다.

결론

이러한 개선 방안들을 통해 공교육의 경쟁력을 강화하고, AI 시대에 필요한 역량을 키우는 데 초점을 맞춤으로써 사교육 의존도를 낮출 수 있을 것이다.

AI 시대의 대학입시 제도 개선은 사교육 의존도를 줄이고 교육의 불균형을 해소하는 데 중요한 역할을 할 수 있다. 다양한 전형 방식을 도입하고 AI 기반 학습 분석 및 지원 시스템을 활용하며, 공교육의 내실을 강화하면 학생들이 과도한 사교육 없이도 균등한 교육 기회를 제공받을 수 있을 것이다. 이를 통해 보다 공정하고 평등한 교육 환경이 조성될 수 있다.

4 | AI가 바꾸는 교육 패러다임

1) AI 시대 디지털 교육 격차 해소

(1) 디지털 교육 인프라 확대

인터넷 접근성 보장

　디지털 교육의 기초가 되는 고속 인터넷 접근성을 전국적으로 보장해야 한다. 특히 농어촌 지역과 도시 외곽의 인터넷 환경이 열악한 지역에 대해 정부는 보조금 지원 및 인프라 확장을 통해 디지털 격차를 해소해야 한다.

기기 및 기술 지원

　모든 학생이 학습에 필요한 디지털 기기(태블릿, 노트북 등)를 제공받을 수 있도록 한다. 이를 위해 교육부는 저소득 가정과 취약계층을 위한 기기 보급 프로그램을 확대하고, 기기와 소프트웨어의 지속적인 업데이트와 관리 서비스를 제공한다.

(2) AI 기반의 맞춤형 학습 프로그램

학생 맞춤형 학습 도구 개발

　AI 기술을 이용해 학생 개개인의 학습 수준, 속도, 선호도에 맞춘 맞춤형 학습 솔루션을 개발한다. 이를 통해 학습자의 요구에 맞춘 교육이 가능하며, 학습 격차를 줄일 수 있다.

AI 튜터 시스템

　학생들이 언제 어디서나 학습할 수 있도록 AI 기반 튜터 시스템을 도입하여, 실시간 질의응답과 맞춤형 학습 경로를 제공한다. AI는 학습자의 이해도와 진행 상황을 분석해 추가 학습이 필요한 부분을 알려준다.

(3) 디지털 교육 콘텐츠와 자료의 공공 접근성 강화

무료 온라인 학습 플랫폼 구축

　교육과 관련된 콘텐츠를 온라인으로 무료로 제공하는 플랫폼을 확대한다. 이는 지역, 소득 수준과 상관없이 모든 학생이 동일한 교육 자료에 접근할 수 있도록 돕는다. AI는 학생의 학습 데이터를 기반으로 개인화된 콘텐츠를 추천하는 기능을 제공한다.

디지털 학습 자료 개발과 공유

　공공기관과 교육 기관은 개방형 디지털 학습 자료를 개발해 이를 교사와 학생들이 자유롭게 이용할 수 있도록 한다. 이를 통해 학습 자료의 불균형을 해소하고, 고품질 교육 자료를 전파할 수 있다.

(4) 교사와 교육자의 디지털 역량 강화

AI 교육 도구 활용 교육

　교사들이 AI 기술을 효과적으로 교육 현장에서 활용할 수 있도록 하는 전문 교육 프로그램을 제공한다. 교사들은 AI 기반 학습 분석 도구를 사용해 학생의 학습 수준을 모니터링하고, 수업을 개별 맞춤형으로 조정할 수 있다.

지속적인 기술 훈련과 지원

　교사들이 최신 디지털 기술과 교육 소프트웨어를 효과적으로 사용할 수 있도록 정기적인 워크숍과 연수 프로그램을 운영한다. 이를 통해 교사들이 디지털 교육의 패러다임 변화에 적응하고 학생들에게 더 나은 학습 경험을 제공한다.

(5) 지역별 디지털 교육 격차 해소 프로그램

지역 맞춤형 디지털 교육 지원

　도시와 지방의 교육 격차를 해소하기 위해 각 지역의 필요에 맞춘 디지털 교육 지원 프로그램을 운영한다. 예를 들어, 도시와 지방의 학교 간 정보 기술 인프라와 교육 자원의 차이를 줄이기 위한 맞춤형 지원이 필요하다.

학교와 지역사회 협력 강화

　지역사회와 협력하여 디지털 교육 캠프와 교육 프로그램을 운영하고, 지역 자원을 활용해 학생들의 디지털 교육을 지원한다. 이는 지역 주민들의 참여와 협력을 유도하며, 디지털 교육의 효과를 극대화할 수 있다.

(6) 디지털 교육 관련 정책 및 규제 강화

정부의 디지털 교육 보조금 정책

정부는 디지털 기기와 인터넷 보급을 위한 보조금 정책을 강화하여 저소득 가정의 학생들이 교육 자원을 충분히 이용할 수 있도록 한다. 특히, 취약 계층을 위한 특별 지원 프로그램을 마련해 교육 기회의 균등을 보장한다.

교육 플랫폼의 품질 관리

AI 기반 학습 도구 및 디지털 교육 플랫폼의 품질을 정부가 정기적으로 점검하고 표준화된 기준을 마련한다. 이를 통해 교육의 질이 지역과 학교에 관계없이 유지되도록 한다.

결론

AI 시대의 디지털 교육 격차 해소는 인프라 개선과 AI 기반 학습 시스템 도입, 교육 자료의 공공 제공 등 다양한 측면에서 종합적인 접근이 필요하다. 이러한 방안들이 함께 시행될 때 한국 사회의 교육 격차를 줄이고 모든 학생이 공평하게 학습할 수 있는 기반을 마련할 수 있을 것이다.

2) AI 시대 한국 교육의 패러다임 전환

(1) 역량 중심 교육 모델로의 전환

단순 지식 전달 위주의 교육에서 벗어나 '어떻게 생각하는지'를 가르치는 데 초점을 맞춘다. 비판적 사고, 창의성, 윤리적 추론, 감성 지능 등 'AI에 대응할 수 있는 지속 가능한 역량'을 키우는 교육을 강화한다.

(2) 개별화된 학습 경험 제공

AI 기술을 활용하여 각 학생의 수준과 요구에 맞는 맞춤형 학습 경험을 제공한다. 실시간 피드백과 적응형 학습 자료를 통해 학생들의 이해도를 지속해서 평가하고 개선한다.

(3) 실제 문제 해결 중심의 교육

강의식 수업을 탈피하고 '뒤집힌 교실' 모델을 도입하여 실제 문제 해결에 중점을 둔다. 지역 파트너와 연계한 실제 세계의 과제를 다루는 경험적 과제를 통해 학습을 평가한다.

(4) AI 윤리 및 리터러시 교육 강화

AI 기술의 이해와 윤리적, 효과적 활용에 관한 교육을 실행한다. 데이터 프라이버시와 AI 윤리에 대한 인식을 제고한다.

(5) 교사의 역할 재정의

AI 도구를 활용하여 교사의 행정 업무를 자동화하고, 개별화된 학습 지원에 더 많은 시간을 할애할 수 있도록 한다. 교사를 단순한 지식 전달자가 아닌 학습 촉진자, 멘토, 감성적 지원자로 역할을 확장한다.

(6) 맞춤형 학습 환경 구축

AI 기반 개인화 학습 시스템 도입

학생들의 학습 스타일과 수준에 맞춘 맞춤형 학습 경로를 제공하는 AI 플랫폼을 도입한다. AI는 학생의 학습 데이터를 분석해 강점과 약점을 파악하고, 개인별 맞춤형 학습 자료를 제공한다. 이를 통해 학생들이 개인적인 학습 속도에 맞추어 학습할 수 있어 학습 격차가 줄어들게 된다.

스마트 학습 도구와 플랫폼 확산

공교육에서 AI 학습 보조 도구와 플랫폼을 적극적으로 도입해 교실 내 학습 효과를 증진하고, 교사가 학생 개별의 학습을 지원할 수 있도록 한다. 이러한 도구는 학습 성과를 실시간으로 분석해 교사에게 피드백을 제공하며, 학생의 학습 효율을 높인다.

(7) AI를 활용한 공교육의 혁신

AI 교육 보조 교사 도입

교사들이 AI 도구를 활용해 학생들의 학습 진도와 성취도를 분석하고, 필요한 보충 학습을 제안한다. AI는 반복 학습과 실습, 문제 해결 능력을 평가해 학습 계획을 실시간으로 조정한다. 이를 통해 교사의 업무 부담을 줄이고, 교육의 질을 향상할 수 있다.

교육 자료의 디지털화와 접근성 확대

다양한 학습 자료를 디지털화하고, 모든 학생이 쉽게 접근할 수 있는 공개 학습 자료 플랫폼을 제공한다. 특히, AI 기반의 강의 영상 및 자료는 학습자 맞춤형 학습을 가능하게 하여, 사교육 의존도를 줄이고 공교육의 경쟁력을 높인다.

(8) 평생교육과 직업교육 강화

AI 기술을 활용한 평생교육 체계 구축

기존의 학교 교육을 넘어서, AI 시대의 직무 변화에 맞는 평생교육 프로그램을 마련한다. 이는 직업훈련과 스킬 향상 프로그램을 포함하며, 공공과 민간의 협력을 통해 다양한 연령층이 언제든지 기술을 습득할 수 있도록 한다.

직업교육의 혁신과 연계

AI 기술을 활용해 직업교육 과정에서 맞춤형 학습과 평가가 이루어지도록 한다. 이를 통해 학생들은 실제 업무에 필요한 기술을 효율적으로 배우고, 사회적 이동성과 취업 기회를 증가시킬 수 있다.

(9) 교육의 형평성과 접근성 강화

AI 기반 교육 데이터 분석으로 정책 수립

AI는 대규모 교육 데이터를 분석해 학생들의 학습 격차와 지역 간 교육 불평등 문제를 실시간으로 파악할 수 있다. 이러한 데이터 분석 결과를 바탕으로 교육 정책을 수립하고, 필요한 지역에 맞춤형 지원을 제공하여 교육 불균형을 해소할 수 있다.

지역별 교육 지원 프로그램 확대

교육 인프라가 부족한 지역에 대한 AI 기반 학습 플랫폼과 원격 교육 프로그램을 확대한다. 이를 통해 도시와 지방, 소득 수준에 따른 교육 격차를 줄이고, 전국 모든 지역의 학생들이 동등한 학습 기회를 가질 수 있도록 한다.

(10) 사회적 인식 변화 및 문화 확산

AI 교육의 이해 및 참여 증진 캠페인

학생, 교사, 학부모 등 모든 교육 관련자의 AI 교육 이해도를 높이기 위한 캠페인을 전개한다. AI의 역할과 교육 패러다임 변화에 대한 교육이 필수적으로 이루어지면, AI 중심의 교육 환경에 대한 거부감과 불안감이 줄어들게 된다.

교육 기회 평등의 가치 전파

교육 양극화를 해소하기 위해 교육 기회 평등의 중요성을 전파하는 다양한 캠페인과 공공 프로그램을 운영한다. 이는 사회 전반의 교육에 대한 인식을 변화시키고, 개인의 교육 기회를 차별 없이 보장하는 방향으로 나아가게 한다.

(11) AI 교육 정책의 지속적인 보완과 관리

AI 교육 정책의 피드백 루프 구축

　AI 교육 프로그램의 효과를 실시간으로 평가하고 분석하는 시스템을 통해 정책의 지속적인 개선이 이루어지도록 한다. 학생들의 학습 데이터와 학습 성과를 분석해 프로그램을 보완하고, AI 교육이 학생들에게 유익하게 작용하도록 관리한다.

AI 기술의 윤리적 사용 원칙 설정

　AI의 교육 현장에서의 사용에 관한 윤리적 가이드라인과 정책을 마련하여, 학생들이 공정하고 투명한 환경에서 학습할 수 있도록 한다. AI가 학생들의 학습을 지원할 때, 그 사용이 편향되지 않도록 주의가 필요하다.

결론

　이러한 패러다임 전환을 통해 AI 시대에 필요한 역량을 갖춘 인재를 양성하고, 모든 학생에게 공정한 교육 기회를 제공함으로써 교육 양극화를 해소할 수 있을 것이다. AI 시대의 교육 패러다임 전환은 교육 양극화를 해소하는 데 중요한 변화를 가져올 수 있다. 맞춤형 학습 환경을 제공하고, 공교육의 질을 높이며, 평생교육과 직업교육의 기회를 확대하는 등의 방안이 함께 이루어져야 한다. 이는 학생들의 학습 기회와 교육의 평등을 보장하며, 사교육 의존도를 줄이고 공교육을 강화하는 효과를 가져올 것이다.

3) AI 시대 디지털 리터러시 교육 강화

(1) AI 리터러시 프레임워크 도입

　Digital Promise에서 제안한 AI 리터러시 프레임워크를 활용하여 AI에 대한 이해, 사용, 평가 능력을 키울 수 있다. 이 프레임워크는 다음 세 가지 요소로 구성된다. 이해(Understand): AI의 기술적 원리와 작동 방식에 대한 지식. 사용(Use): AI 도구를 상호작용, 창조, 적용하는 능력. 평가(Evaluate): AI 시스템의 신뢰성, 안전성, 윤리성, 영향력을 비판적으로 평가하는 능력이다.

(2) 교육과정에 AI 리터러시 통합

여러 국가가 AI 리터러시를 교육과정에 통합하고 있다. 싱가포르는 2026년까지 모든 교육 수준의 교사들에게 AI 교육 훈련을 제공한다. 한국은 2025년까지 모든 학년에 걸쳐 AI 교육과정 도입 계획이다. 핀란드는 ViLLE 플랫폼을 통해 학생들에게 즉각적인 피드백과 분석을 제공한다.

(3) 교사 역량 강화

AI 리터러시 교육을 위해 교사들의 역량을 강화하는 것이 중요하다. AI 도구 사용법과 교육적 활용 방안에 대한 연수 제공, AI 기반 학습 분석 도구 활용 능력 향상, AI 윤리와 안전한 사용에 대한 이해 증진이다.

(4) 개인화 학습 지원

AI를 활용하여 학생 개개인의 요구에 맞는 맞춤형 학습 경험을 제공할 수 있다. 학생의 학습 수준과 성향에 따라 과제를 조정하는 AI 기반 시스템 도입, AI 튜터를 통한 개별화된 학습 지원, 학생 성과 예측 및 조기 개입을 위한 AI 활용이다.

(5) AI 리터러시 교육을 위한 커리큘럼 개발

초중등 교육과정의 AI 기본 교육 통합

초등학교부터 중학교까지 AI 기초 교육을 의무화하여 학생들이 AI 기술의 기초 개념을 이해하도록 한다. 기본적인 프로그래밍, 데이터 분석, AI 윤리 등의 기초 지식을 학교 커리큘럼에 통합하여, 학생들이 기술 변화에 적응할 수 있는 기초 능력을 기를 수 있게 한다.

고등학교와 대학의 심화 AI 교육 프로그램

고등학교와 대학에서는 AI와 관련된 심화 교육 프로그램을 제공하여, 데이터 과학, 기계 학습, 인공지능의 응용 등 고급 기술을 가르친다. 이는 학생들이 실질적인 AI 관련 직업을 준비하거나 연구를 위한 기반을 마련하는 데 도움이 된다.

(6) 교사와 교육자의 AI 리터러시 역량 강화

교사 전문 연수 프로그램 도입

AI와 데이터 분석, 기계 학습 등을 교사들이 효과적으로 가르칠 수 있도록 하는 전문 연수 프로그램을 운영한다. 이를 통해 교사들이 AI 리터러시 교육을 지도할 때 필요한 지식과 능력을 갖추도록 한다.

지속적인 기술 업데이트 교육

교사들이 최신 AI 기술과 교육 관련 도구에 대한 지식을 지속적으로 업데이트할 수 있도록 정기적인 워크숍과 온라인 강좌를 제공한다.

(7) AI 교육 플랫폼 및 리소스 제공

디지털 학습 자료와 도구 지원

AI 리터러시 교육을 지원하기 위해 다양한 교육 플랫폼과 디지털 학습 도구를 공공과 민간이 협력해 개발한다. 이러한 플랫폼은 학생들이 AI 개념을 시뮬레이션하고 직접 실습할 수 있는 환경을 제공한다.

무료 교육 리소스와 자료 공개

공공기관과 교육 기관이 교육 리소스를 무료로 제공하여 소득 수준과 관계없이 누구나 AI 교육에 접근할 수 있도록 한다. 이는 특히 교육 불평등 해소에 도움이 된다.

(8) AI 윤리 교육의 필수화

AI 기술의 윤리적 사용 교육

AI 리터러시 교육의 방편으로, AI의 사회적 영향과 윤리적 문제를 다루는 교육을 포함한다. 학생들에게 AI가 사회에 미치는 영향과 윤리적 고려사항을 가르쳐 기술을 올바르게 사용하고 이해할 수 있도록 한다.

AI 책임성 교육 강화

AI 사용의 책임성과 투명성을 강조하여 학생들이 기술의 부작용을 인식하고 적절한 행동 방침을 학습할 수 있게 한다. 이를 통해 사회적 신뢰를 높이고 AI 기술의 긍정적 발전을 유도할 수 있다.

(9) AI 기술 인식 캠페인 및 사회적 인프라 강화

AI 리터러시 캠페인 운영

전 국민을 대상으로 한 AI 리터러시 교육 캠페인을 통해 기술의 기본 개념과 중요성을 알리고 관심을 촉진한다. 이러한 캠페인은 지역사회 행사, 미디어, 온라인 포럼을 통해 진행한다.

지역사회와의 협력 확대

지역 단위에서 AI 교육을 강화하기 위한 커뮤니티 프로그램을 운영하여 디지털 소외계층을 포함한 모든 사람이 AI 리터러시 교육에 참여할 수 있도록 한다. 이는 도시와 지방의 교육 격차를 줄이는 데 기여할 수 있다.

(10) AI 전문 인력 양성을 위한 지원

AI 관련 직업훈련 프로그램

AI 관련 직무를 목표로 하는 교육 프로그램과 직업훈련 과정이 필요하다. 이는 대학과 직업학교에서 AI 전문 인력 양성을 위한 커리큘럼을 강화하여 학생들이 AI 분야에서 취업할 수 있는 능력을 갖추게 한다.

산학 협력 프로그램 활성화

기업과 교육 기관이 협력하여 실무 중심의 AI 교육 프로그램을 운영함으로써 학생들이 직무에 필요한 기술을 현장에서 경험할 수 있게 한다. 이러한 프로그램은 학생들의 실력 향상과 취업 경쟁력을 높이기 위해 중요하다.

결론

이러한 방안들을 통해 AI 시대에 필요한 AI 리터러시를 효과적으로 강화할 수 있을 것이다. AI 시대의 리터러시 교육 강화를 위한 정책은 기술 변화에 적응하고 사회적 불평등을 해소하는 데 필수적이다. 학생과 교사의 교육 역량을 강화하고, AI 교육의 접근성을 확대하며, 윤리적 교육을 포함하는 정책은 디지털 격차 해소와 지속 가능한 기술 사회로의 발전을 도울 수 있다. 이를 위해 정부, 교육 기관, 기업이 협력하여 포괄적이고 지속 가능한 교육 방안을 마련해야 한다.

4) AI 시대 창의성과 문제 해결 능력 중심 교육 방안

(1) 프로젝트 기반 학습(PBL) 도입

문제 해결 중심 학습

학생들이 실제 문제를 해결하는 과정에서 창의적 사고를 기를 수 있도록 프로젝트 기반 학습을 강화해야 한다. 이를 위해 교육과정에 다양한 실습 프로젝트를 포함해 학생들이 스스로 문제를 정의하고 해결하는 경험을 할 수 있게 한다. 예를 들어, 환경 문제나 지역사회의 문제를 주제로 한 프로젝트를 통해 학생들이 협력과 창의적인 해결책을 모색하도록 한다.

협동적 학습 환경 조성

그룹 프로젝트를 통해 학생들은 서로의 아이디어를 교환하고 토론하며 새로운 관점을 배우게 된다. 이를 통해 다양한 관점을 존중하고 협력하는 능력이 강화된다.

(2) 창의적 사고를 촉진하는 교육 방식 도입

디자인 씽킹 교육

　디자인 씽킹은 문제를 정의하고 해결책을 구상하며 프로토타입을 만들어 테스트하는 과정으로, 창의적 문제 해결 능력을 키울 수 있다. 교육과정에 디자인 씽킹의 기법을 통합하여 학생들이 사고의 틀을 확장하도록 한다.

AI와 협력하는 학습 도구

　AI 기반 학습 도구와 플랫폼을 활용해 학생들이 문제 해결 과정에서 AI를 도구로 사용하게 함으로써 창의성을 자극할 수 있다. 예를 들어, AI를 활용한 데이터 분석과 시뮬레이션을 통해 학생들은 복잡한 문제를 체계적으로 분석하고 해결할 수 있는 능력을 기를 수 있다.

(3) 융합 교육과 다학제적 접근

STEM과 인문학의 융합

　AI 시대에는 기술적 능력과 인문학적 이해가 모두 필요하다. STEM(과학, 기술, 공학, 수학) 교육을 인문학과 융합하여 학생들이 기술적 문제에 대해 깊이 있는 사고를 할 수 있도록 한다. 예를 들어, AI 기술과 윤리 문제를 탐구하는 수업은 기술의 발전이 인간 사회에 미치는 영향에 대해 학생들이 성찰할 기회를 제공한다.

다 학제적 문제 해결 능력 강화

　다양한 학문 분야를 통합하여 창의적 문제 해결 능력을 기를 수 있는 커리큘럼을 도입한다. 예를 들어, 과학적 분석과 인문학적 논리를 결합하여 사회 문제를 해결하는 프로그램을 마련한다.

(4) AI 교육과 창의성 교육의 통합

AI 프로그래밍과 창의적 설계 교육

　학생들이 AI의 원리를 배우고 이를 바탕으로 창의적 프로젝트를 기획할 수 있도록 한다. 예를 들어, AI 기반 게임 개발이나 로봇 디자인을 통해 학생들은 창의적이고 문제 해결 중심의 사고를 기를 수 있다.

AI 활용 창의적 표현 수업

　AI 도구를 활용해 글쓰기, 음악 작곡, 시각 예술 등의 창작 활동을 하도록 함으로써 학생들의 창의적 능력을 신장시킨다. AI는 반복적인 작업을 자동화하여 학생들이 창의적인 사고에 집중할 수 있게 한다.

창의적 사고 과정 연습

AI의 시각화 능력을 활용하여 추상적 개념을 구체화한다. 문제 해결, 창의적 위험 감수, 모순 수용 등 창의적 사고의 핵심 요소를 연습한다.

(5) 문제 해결 중심의 교사 교육

교사 연수 프로그램 강화

교사들이 창의성과 문제 해결 능력을 교육할 수 있는 역량을 기르도록 전문 연수를 제공한다. 이 과정에서는 프로젝트 기반 학습 방법론, AI 교육 도구 활용법, 디자인 씽킹 교육 등을 포함해 교사들이 실습과 경험을 통해 학습한다.

교사의 창의적 교육 자원 제공

교사들에게 AI 교육 플랫폼과 학습 자료를 제공하여 수업 준비와 창의적 교육 방법 적용을 지원한다. 이를 통해 교사들은 더 나은 학습 환경을 제공하고 학생들에게 창의적 문제 해결 능력을 가르칠 수 있다.

(6) 창의성과 문제 해결 능력을 평가하는 체계 구축

창의적 평가 방법 도입

전통적인 시험 중심의 평가에서 벗어나 프로젝트 수행 능력, 팀워크, 창의적 접근 방식 등을 평가하는 체계적인 방법을 도입한다. 학생들이 창의적이고 독립적인 문제 해결을 할 수 있는지 평가할 수 있는 포트폴리오 기반 평가가 효과적이다.

AI 기반 학습 분석 도구 활용

학생의 학습 데이터를 분석하여 그들의 문제 해결 접근 방식과 창의적 사고 패턴을 평가하는 도구를 사용한다. 이를 통해 학생 개개인의 강점을 파악하고, 더 나은 맞춤형 교육을 제공할 수 있다.

협력적 학습 환경 조성

AI를 활용하여 학생들을 전 세계의 동료 및 전문가들과 연결한다. 공동 문제 해결과 지식 공유를 장려하는 문화를 조성한다.

결론

AI 시대의 교육은 더 이상 지식 전달에 그치지 않고 창의적 문제 해결 능력과 창의성을 중심으로 전환해야 한다. 이를 위해 프로젝트 기반 학습, 융합 교육, AI 활용 교육 도구와 플랫폼의 도입, 교사의 전문성 강화 등이 필요하다. 또한, 이러한 교육 방법을 효과적으로 평가하고 지원할 수 있는 정책과 시스템 구축이 필수적이다.

5) AI 시대 에듀테크 활용 통한 개별화 학습 지원

(1) AI 기반 맞춤형 학습 플랫폼 개발

개인 맞춤형 학습 경로 제공

AI는 학습자의 현재 수준과 학습 스타일을 분석하여 개별화된 학습 경로를 설계할 수 있다. 이를 통해 각 학생이 자신에게 가장 적합한 속도와 난이도로 학습을 진행하도록 지원한다. AI 기반 플랫폼은 학습 데이터를 실시간으로 분석하여 즉각적인 피드백을 제공하고, 학생의 학습 패턴에 따라 새로운 학습 자료를 추천한다.

학습 성과 분석 및 진단 기능

AI는 학습자의 성과를 모니터링하고, 약점과 강점을 파악하여 맞춤형 학습 계획을 제시한다. 이를 통해 교사는 학생 개개인의 학습 진척도를 더 효율적으로 관리할 수 있으며, 필요시 보충 학습을 제안할 수 있다.

(2) AI 기반 학습 도구와 인터랙티브 콘텐츠

대화형 학습 도구 활용

AI가 채팅봇 형태로 학생들과 상호작용을 하여 실시간 질문 응답과 학습 지원을 제공한다. 이를 통해 학생들은 즉각적으로 의문을 해결할 수 있으며, 학습의 자율성을 높일 수 있다.

가상현실(VR)과 증강현실(AR) 통합 학습

VR과 AR 기술을 활용하여 학습 경험을 몰입감 있게 제공하고, 실습과 체험 학습을 통해 학생의 이해도를 높인다. 예를 들어, 역사 교육에서는 가상현실로 역사적 사건을 체험하고, 과학 교육에서는 실험을 가상으로 수행할 수 있다.

(3) 개별화 학습을 위한 교사 지원 시스템

교사의 데이터 분석 도구 제공

AI 기반 학습 플랫폼은 교사가 학생들의 학습 패턴과 성과를 실시간으로 분석할 수 있는 도구를 제공한다. 이를 통해 교사는 개별 학생의 필요를 파악하고 맞춤형 지도 방법을 적용할 수 있다.

자동화된 학습 자료 생성 및 관리

교사가 수업을 준비하는 데 필요한 자료들을 AI가 자동으로 생성하거나 추천해 준다. 교사는 AI가 제공하는 다양한 학습 자료를 토대로 학생들에게 맞춤형 콘텐츠를 제공할 수 있다.

(4) 에듀테크 생태계 조성 및 교육 접근성 확대

저소득층과 지역 소외계층을 위한 지원

에듀테크를 활용해 경제적, 지역적 제약 없이 양질의 교육을 제공할 수 있는 환경을 조성한다. 예를 들어, 무료 또는 저렴한 가격의 AI 학습 플랫폼과 교육 콘텐츠를 제공해 교육 불평등을 줄일 수 있다.

공공과 민간의 협력 강화

정부와 민간 기업이 협력하여 에듀테크 솔루션을 공동 개발하고, 보급하는 정책을 추진한다. 이를 통해 기술 발전의 혜택을 널리 확산시키고, 전체 교육 환경을 혁신할 수 있다.

(5) AI 기반 학습자의 자기주도 학습 능력 강화

자기주도 학습을 촉진하는 기능

AI는 학생의 학습 일정을 관리하고, 자율적으로 학습 목표를 설정할 수 있도록 지원한다. 학습자는 AI가 제안하는 학습 목표를 토대로 자신의 학습 계획을 수립하고, 학습의 진척도를 스스로 점검할 수 있다.

동기 부여와 학습 습관 형성

AI가 학습자에게 주기적으로 학습 피드백을 제공하고, 게임화 요소를 도입하여 학습의 재미와 동기를 높인다. 예를 들어, 학습 목표 달성 시 포인트나 배지를 부여하여 학습자가 목표 달성을 위해 꾸준히 학습하도록 유도한다.

지능형 튜터링 시스템 도입

AI 튜터를 활용하여 개별 학생에게 맞춤형 지도와 설명 제공을 한다. 학생의 질문에 실시간으로 응답하고 개념 이해를 돕는 상호작용 지원한다.

(6) 교차 학습 환경의 활용과 협업 기능 강화

온라인 학습 커뮤니티 활성화

AI는 학생들끼리 의견을 나누고 문제를 해결하는 온라인 학습 커뮤니티를 지원한다. 학습자는 다양한 배경을 가진 동료들과 상호작용하며 자신의 학습을 확장하고, 창의적 해결 방안을 도출할 수 있다.

AI 기반 팀 프로젝트 협력 도구

학생들이 팀을 구성해 공동 프로젝트를 수행할 수 있는 협력 도구를 제공한다. AI는 프로젝트 관리, 일정 조율, 피드백 제공 등을 지원하여 협업 효율성을 높이고, 문제 해결 능력을 향상한다.

개인화된 학습 콘텐츠 제공

AI 알고리즘을 통해 각 학생의 수준과 관심사에 맞는 학습 자료를 추천한다. 다양한 형식(텍스트, 비디오, 인터랙티브 콘텐츠 등)의 학습 자료를 제공한다.

데이터 기반 학습 분석

학생의 학습 데이터를 수집하고 분석하여 개인별 강점과 약점을 파악한다. 교사에게 학생의 진척도와 개선이 필요한 영역에 대한 인사이트를 제공한다.

게이미피케이션(Gamification) 요소 활용

AI 기반 게임화된 학습 플랫폼을 통해 학생들의 참여도와 동기 부여를 증진한다. 개인별 목표 설정과 성취 보상 시스템을 통한 자기 주도적 학습을 촉진한다.

결론

이러한 방안들을 통해 각 학생의 고유한 학습 요구를 충족시키고, 개별화된 학습 경험을 제공할 수 있다. 교사는 AI 도구를 활용하여 학생들의 학습 과정을 더욱 효과적으로 지원하고, 개별 학생에게 필요한 맞춤형 지도를 제공할 수 있을 것이다. AI 시대의 개별화 학습 지원을 위해서는 AI 기술을 활용해 학생 개개인의 학습 경로를 맞춤화하고, 다양한 학습 도구와 플랫폼을 제공하며, 교사와 학생 모두에게 실질적인 지원을 해야 한다. 이러한 접근은 교육의 효율성을 높이고 학습자의 자기주도 학습 능력을 강화하며, 교육 불평등을 해소하는 데 기여할 수 있다. 이를 위해 정부, 교육 기관, 그리고 기술 기업의 협력이 필수적이다.

6) AI 시대 디지털 교과서 통한 학습 격차 해소

(1) 맞춤형 학습 경로 제공
개별 학습자의 필요에 맞춘 콘텐츠

   AI 기반 디지털 교과서는 학생의 학습 수준, 진도, 선호도에 따라 맞춤형 콘텐츠를 제공한다. 예를 들어, 학습자의 이해도가 낮은 개념에 대해 추가 자료를 제공하거나, 빠르게 이해하는 학생에게 더 고급 내용을 추천한다. 이러한 개인화된 학습 경로는 학습 속도와 학습자의 관심을 고려하여 교육 격차를 줄일 수 있다.

(2) 접근성 확대를 위한 디지털 교과서 보급
저소득층과 소외 지역을 위한 지원 정책

   정부는 저소득층 가정이나 디지털 기기 접근이 어려운 지역을 대상으로 보조금과 무료 기기 제공, 네트워크 인프라 확장을 통해 디지털 학습 환경을 구축해야 한다. 이를 통해 모든 학생이 동일한 학습 기회를 가질 수 있도록 한다.

무료 또는 저렴한 디지털 교과서 제공

   학교와 교육 기관에서 표준화된 디지털 교과서를 제공해 학생들이 다양한 자료에 접근할 수 있게 한다. 특히 공공기관과 협력하여 무상 또는 저렴한 가격으로 교과서를 보급함으로써 교육의 형평성을 높일 수 있다.

(3) 학습 분석과 피드백 기능 강화
AI 분석을 통한 학습 성과 추적

   디지털 교과서는 AI 기술을 활용해 학습자의 성취도를 실시간으로 분석한다. 이 데이터는 교사에게 학생의 강점과 약점을 빠르게 파악하게 하며, 개별적인 피드백과 맞춤형 학습 자료를 제공할 수 있게 한다.

자동 피드백 시스템

   학습자가 퀴즈나 연습 문제를 푼 후 즉각 피드백을 받을 수 있도록 시스템을 구성하여 학생들이 학습 중 오류를 신속히 수정할 수 있게 한다. 이는 학생 스스로 학습을 조정하고 효과적으로 개선할 수 있는 기회를 제공한다.

(4) 인터랙티브(Interactive) 학습 및 참여 증진

게임화된 학습 요소 도입

디지털 교과서에 학습 게임, 미션, 챌린지와 같은 요소를 통합하여 학생들의 학습 참여도를 높일 수 있다. 이러한 접근법은 특히 학습에 흥미를 느끼지 못하는 학생들에게 큰 도움이 될 수 있다.

협동적 학습 기능

디지털 교과서는 그룹 프로젝트나 동료 평가 기능을 통해 학생들이 상호 작용하고 협력하는 학습 경험을 제공한다. 이를 통해 학생들은 협력적 문제 해결 능력을 기를 수 있으며, 다양한 배경을 가진 학생들이 함께 학습할 수 있는 기회를 제공한다.

(5) 교사와 학부모의 참여 유도

교사 지원 시스템 강화

교사는 디지털 교과서를 통해 학습 데이터를 분석하고 학생 맞춤형 학습 계획을 수립할 수 있다. 또한, 디지털 교과서에는 교사가 학습 자료를 추가하거나 조정할 수 있는 기능이 있어 교사의 교육 전문성을 높일 수 있다.

학부모와의 소통 강화

학부모는 학생의 학습 진행 상황을 디지털 교과서를 통해 실시간으로 확인할 수 있어 자녀의 학습을 지원할 수 있다. 이를 통해 학부모가 자녀의 학습에 더 적극적으로 참여하게 할 수 있다.

(6) 디지털 교육 환경의 지속적인 개선과 발전

기술 업그레이드와 보안 강화

디지털 교과서를 포함한 에듀테크는 빠르게 발전하므로 최신 기술을 지속 반영하고 보안 문제를 해결해야 한다. 이를 통해 학생들의 데이터 보호와 학습의 질을 보장할 수 있다.

교사 연수 및 교육 프로그램

교사가 디지털 교과서를 효율적으로 활용할 수 있도록 정기적인 연수 프로그램을 제공한다. 교사들이 새로운 기술에 익숙해지도록 지원하여 학습 격차 해소를 위한 디지털 도구 활용도를 높일 수 있다.

결론

디지털 교과서를 통한 학습 격차 해소를 위해서는 AI 기술을 적극 활용하여 맞춤형 학습 경로를 제공하고, 모든 학생이 평등하게 교육 기회를 누릴 수 있는 지원 정책이 필요하다. 또한, 교사와 학부모의 적극적인 참여를 유도하고, 지속적인 기술 개선을 통해 학습 환경을 발전시켜야 한다. 이를 통해 디지털 교육이 실질적인 교육 평등을 구현할 수 있다.

7) 해외 사례를 통한 교육 양극화 해소 방안

(1) 핀란드 : 평등한 교육 시스템 구축
무상 교육과 균등한 자원 분배

핀란드는 교육의 평등성을 보장하기 위해 무상 교육 제도를 운용하며, 모든 학생이 동일한 교육 자원을 제공받을 수 있도록 한다. 교육 자원의 불균형을 줄이기 위해 도시와 농촌 지역 간의 교육 기회를 동일하게 보장하며, 특별 교육 지원이 필요한 학생들에게는 추가적인 리소스를 제공한다.

교사 전문성 강화와 지속적인 연수

핀란드에서는 교사 교육을 엄격히 하고 있으며, 교사는 전문성을 갖추기 위해 석사 학위를 필수적으로 취득해야 한다. 교사 연수 프로그램을 통해 교육의 질을 지속 향상하고 있다.

(2) 싱가포르 : 맞춤형 교육을 통한 학습 격차 해소
학습 능력 기반의 맞춤형 교육

싱가포르는 학생의 학습 능력에 따라 맞춤형 교육을 제공하여 학습 격차를 줄이고 있다. 성적에 따라 반을 나누거나, 개별 학습 계획을 세워 학생의 학습 수준에 맞는 교육을 제공한다. 이러한 교육 시스템은 특히 학습에 어려움을 겪는 학생들에게 많은 혜택을 준다.

교육의 공정성 강화를 위한 정책

정부는 저소득 가정의 학생들을 위해 다양한 지원 프로그램을 운영하며, 장학금 및 학습 보조금 등을 통해 교육 기회를 평등하게 제공한다.

(3) 독일 : 직업교육과 훈련을 통한 교육 기회 확대
이중 교육 시스템(듀얼 교육)

독일은 직업교육과 훈련을 결합하여 고등학교 졸업 후 학생들이 직업을 갖고 직접 일할 수 있도록 지원한다. 이 시스템은 학생들이 이론과 실습을 동시에 경험할 수 있게 해 교육을 직업과 연계시키고 있다. 특히, 교육 기회가 부족한 학생들도 기술 교육을 통해 취업 기회를 가질 수 있게 된다.

교육 접근성 강화

교육과 훈련 과정에서 불평등을 줄이기 위해 다양한 보조 프로그램을 마련하여 모든 학생이 교육받을 수 있도록 한다. 정부는 학비 지원, 교재 제공, 그리고 교통비 지원을 통해 교육 격차를 줄이고 있다.

(4) 캐나다 : 포용적 교육과 지역사회 중심의 지원

지역 맞춤형 교육 정책

캐나다는 다양한 지역별 교육 정책을 통해 각 지역의 필요에 맞춘 지원을 한다. 특히 원주민 및 소수 민족을 위한 특화된 교육 프로그램을 제공하여 교육 불평등을 줄이고 있다. 이는 문화적 배경과 학습 스타일을 존중하며 포용적인 교육 환경을 조성하는 데 도움을 준다

특수 교육과 보조 서비스

캐나다는 학생의 특수한 필요를 지원하기 위해 포괄적인 특수 교육 서비스를 제공한다. 학습에 어려움을 겪는 학생들에게 맞춤형 프로그램을 통해 학습 격차를 해소하고 있다.

(5) 네덜란드 : 기술과 혁신을 통한 교육 혁신

디지털 교육 도구 활용

네덜란드는 최신 기술을 교육에 통합하여 학생들에게 다양한 학습 도구와 리소스를 제공한다. 이는 특히 농촌 지역이나 소외된 지역의 학생들에게 교육의 기회를 확대하는 데 기여한다. AI 기반 학습 플랫폼과 같은 혁신적 도구들이 학생 맞춤형 학습을 지원한다.

교사와 학습 지원 프로그램

교사 교육과 학습 지원 시스템을 강화하여 학생들의 개별 학습을 지원하는 네트워크를 구축한다. 교사는 학생의 학습 데이터를 분석하여 필요한 지원을 제시하고, 학습 격차 해소를 위한 다양한 교수 방법을 사용한다.

결론

해외 주요 사례들은 교육 양극화 해소를 위해 포괄적이고 맞춤형 접근법의 필요성을 보여준다. 핀란드와 싱가포르의 경우, 맞춤형 교육과 평등한 자

원 분배가 핵심이다. 독일은 직업교육을 통해 교육과 직업의 연계를 강화하며, 캐나다는 지역 맞춤형 프로그램을 운영하여 소수 계층을 지원한다. 네덜란드는 기술을 활용해 학습 기회를 확대하고 있다. 이러한 사례들은 한국 사회에서도 다양한 교육 격차 해소 전략을 채택하는 데 시사점을 제공한다.

3장

비정규직 없는 세상 만들기

1 | 정규직과 비정규직의 벽을 허물다

1) 원인과 현황 분석

(1) 원인

기업의 이윤 추구

　국민 42.1%가 "기업의 과도한 이윤 추구"를 비정규직 증가의 주요 원인으로 지목했다. 기업은 인사·노무 관리비 절감과 인력의 탄력적 운용을 위해 비정규직을 선호한다.

경제위기와 구조적 변화

　1997년 IMF 외환위기와 2008년 글로벌 금융위기를 거치며 비정규직이 증가했다. IT 기술 발전으로 새로운 기술에 대한 일시적 수요가 늘어났다.

노동 공급 구조의 변화

　여성, 고령자, 청년 등이 단시간 근로나 한시적 취업을 선호하는 경향이 있다.

정규직 고용 보호 강화

　일부 국가에서는 정규직 고용 보호를 강화하면서 비정규직 고용 보호를 완화해 비정규직이 증가했다.

(2) 현황

비정규직 규모

　2023년 8월 기준 비정규직 근로자는 812만 2천 명으로, 전체 임금근로자의 37.0%를 차지한다. 전년 동월 대비 3만 4천 명 감소했으며, 비중은 0.5%p 하락했다.

근로 형태별 분포

한시적 근로자는 525만 9천 명, 시간제 근로자는 387만 3천 명, 비전형 근로자는 195만 7천 명이다.

성별 및 연령별 분포

여성 비정규직이 456만 5천 명으로 남성(355만 7천 명)보다 많다. 60세 이상이 261만 9천 명으로 가장 많고, 50대(162만 7천 명), 29세 이하(157만 7천 명) 순이다.

처우 격차

비정규직의 월평균 임금은 정규직의 54.1% 수준이다. 사회보험 가입률도 정규직에 비해 낮은 편이다. 이러한 비정규직 문제는 사회적 양극화를 심화시키고 있으며, 국민 대다수가 이를 심각한 문제로 인식하고 있다.

2) 가족 형성에 미치는 영향

비정규직의 확산은 단순히 경제적 문제를 넘어서 가족 구성과 유지, 그리고 개인의 삶의 질에 심대한 영향을 미친다.

(1) 비정규직의 확산과 경제적 불안정성

비정규직은 고용이 불안정하고, 정규직에 비해 낮은 임금과 제한된 복지 혜택을 제공한다.

(2) 결혼 연기 및 포기

경제적 기반이 취약하면 주거 안정성, 양육 비용 부담 등의 이유로 결혼을 미루거나 포기하는 사례가 증가한다. 이는 사회 전체적으로 결혼율과 출생률 감소로 이어진다.

(3) 가족의 경제적 위기

비정규직 가구는 실직 위험이 커 가계 소득이 불안정해지고, 이는 가족 구성원 모두에게 스트레스를 가중한다.

(4) 사회적 안전망 부재와 가족 책임의 증가

비정규직 근로자는 정규직보다 실업급여, 건강보험, 퇴직연금 등에서 상대적으로 불리하다.

(5) 가족 구성원 간의 경제적 부담

부족한 복지 혜택은 가족 내 다른 구성원이 경제적 지원을 책임지게 만들어 세대 간 갈등을 유발할 수 있다.

(6) 노후 준비 부족

안정적인 소득이 없으면 노후 대비가 어려워, 자녀 세대가 부모의 노후를 책임져야 하는 경우가 많다. 이는 젊은 세대의 경제적 부담을 가중한다.

(7) 불안정한 근로 환경이 개인과 가족 건강에 미치는 영향

비정규직 근로자는 직업 스트레스와 낮은 삶의 만족도를 경험할 가능성이 높다.

(8) 심리적 불안정과 가족 관계 악화

경제적 불안정은 가족 내 갈등을 증가시키고, 가족 구성원 간의 관계를 악화시킬 수 있다.

(9) 자녀의 교육 및 발달에 미치는 부정적 영향

부모가 비정규직일 경우, 자녀의 교육비 지원이나 정서적 지원에 제약이 생길 수 있으며, 이는 자녀의 성장과 발달에 부정적인 영향을 미칠 수 있다.

(10) 출산과 양육 부담의 증가

비정규직은 출산과 양육에 필요한 안정적 환경을 제공하기 어렵다.

출산율 감소

안정된 직장이 없는 경우, 출산과 양육에 필요한 비용을 감당하기 어렵기 때문에 출산율이 낮아진다.

육아 휴직 및 보육 지원의 부족

비정규직 근로자는 육아 휴직이나 보육 지원 제도에서 배제되는 경우가 많아, 아이를 키우기 위한 여건이 마련되지 않는다.

비정규직 문제의 세대 간 악순환

비정규직 문제는 가족 형성뿐만 아니라 다음 세대의 기회에도 영향을 미친다.

세습되는 경제적 취약성

부모의 경제적 불안정은 자녀의 교육 기회를 제한하여, 다음 세대의 사회적 이동성을 저하하게 만든다.

계층 간 불평등 심화

비정규직 근로자의 자녀는 정규직 근로자의 자녀에 비해 더 많은 경제적, 사회적 불이익을 경험할 가능성이 크다.

결혼율 감소

비정규직의 결혼 확률은 정규직의 60% 수준에 불과하다. 한 해 동안 비정규직 100명 중 3.06명이 결혼하는 반면, 정규직은 100명 중 5.06명이 결혼한다. 고용 불안정과 낮은 임금으로 인해 비정규직 근로자들은 결혼을 미루거나 포기하는 경향이 있다.

출생률 저하

정규직의 출산 확률은 비정규직의 1.89배로 나타났다. 비정규직의 경제적 불안정성은 자녀 양육에 대한 부담으로 이어져 출산을 기피하게 만든다.

세대 간 비정규직 대물림

부모가 비정규직인 경우, 자녀도 비정규직에 종사할 가능성이 높다. 부모가 비정규직일 때 자녀의 비정규직 취업 비율 77.78%는 부모가 정규직일 때 67.79%보다 10% 포인트 가량 높게 나타났다.

가족 기능 약화

비정규직 근로자의 불안정한 고용 상태는 가족 전체의 결속력과 응집력을 약화할 수 있다. 양육 스트레스 증가로 인해 부부 관계와 부모-자녀 관계에 부정적 영향을 미칠 수 있다. 이러한 영향들로 인해 비정규직 문제는 단순히 개인의 고용 형태 문제를 넘어 가족 형성과 유지, 그리고 세대 간 이동성에까지 광범위한 영향을 미치고 있다.

결론 : 비정규직 문제 해결의 시급성

비정규직 문제는 단순히 개인의 직업적 불안정성에 국한되지 않고, 가족 형성과 유지, 그리고 사회의 지속 가능성에까지 광범위한 영향을 미친다. 정책적 대안은 비정규직의 처우 개선(임금, 복지 확대). 사회적 안전망 강화(고용보험, 실업급여 확대). 노동시장의 공정성 제고(정규직과 비정규직 간 격차 축소)가 있다. 가족 지원 정책 연계로는 비정규직 근로자를 위한 결혼 및 출산 지원 정책 확대, 보육과 교육비 지원 강화가 있다. 비정규직 문제 해결은 가족의 안정성과 사회적 통합을 위해 필수적이며, 지속 가능한 성장의 기반을 마련하는 데 중요한 역할을 한다.

3) 사회적 불안정에 미치는 영향

비정규직의 확산은 개인의 고용 안정성을 저하시킬 뿐만 아니라, 사회적 불평등과 불안정을 심화시켜 사회 전반에 걸쳐 다양한 문제를 야기한다.

(1) 고용 불안정이 야기하는 사회적 불만 증가
비정규직 근로자는 언제든지 해고될 수 있는 고용 불안정성에 시달린다.

(2) 경제적 불안과 분노
지속적인 고용 불안은 근로자의 경제적 안정성을 저하하게 만들어 불만을 증가시키고, 이는 사회 전반의 불안감을 확산시킨다.

(3) 사회적 갈등 촉발
정규직과 비정규직 간의 임금 및 복지 격차는 계층 간 갈등과 반목을 심화시켜 사회 통합을 저해한다.

(4) 비정규직의 저소득 구조와 빈곤 문제
비정규직 근로자는 정규직 대비 낮은 임금과 제한된 복지 혜택으로 인해 빈곤 위험에 직면한다.

(5) 소득 불평등 심화
정규직과 비정규직 간 임금 격차가 커지면서 사회적 양극화가 심화한다.

(6) 빈곤의 세대 간 전이
비정규직 근로자는 자녀 교육비와 생활비 지원에 어려움을 겪어 다음 세대의 사회적 이동성을 제한한다.

(7) 사회적 안전망에서의 배제와 불평등
비정규직 근로자는 정규직 근로자보다 사회적 안전망에서 소외되는 경우가 많다.

(8) 복지 혜택의 제한
비정규직은 실업급여, 연금, 건강보험 등의 복지 체계에서 불이익을 받는 경우가 많아 경제적 충격에 취약하다.

(9) 사회적 배제와 소외감

이러한 배제는 근로자의 사회적 소속감을 약화하고, 사회적 단절감을 초래한다.

(10) 정서적 스트레스와 사회적 신뢰 약화

비정규직 근로 환경은 근로자의 심리적 안정성을 저하해 사회적 신뢰를 약화한다.

(11) 정신적 건강 악화

고용 불안정과 낮은 소득은 우울증, 불안 장애와 같은 정신 건강 문제를 유발할 수 있다.

(12) 공공기관 및 제도에 대한 불신

비정규직 근로자들은 자신의 상황이 개선되지 않는 것에 대해 정부와 기업에 대한 불신을 갖게 되며, 이는 사회적 신뢰 전반을 약화한다.

(13) 사회적 불평등과 갈등의 심화

비정규직의 확산은 사회적 불평등을 심화하고, 갈등을 증폭시킨다.

(14) 계층 간 갈등 증대

정규직과 비정규직 간의 격차가 지속해 확대되면서 노동시장 내 긴장이 고조된다.

(15) 정치적 불안정

경제적 불평등과 고용 불안정은 정치적 불만으로 이어져 극단주의와 포퓰리즘 정치의 확산을 초래할 수 있다.

(16) 청년층과 미래 세대에 미치는 부정적 영향

청년층이 비정규직으로 노동시장에 진입할 때 장기적으로 사회적 불안정이 고착한다.

(17) 경력 개발 기회의 제한

비정규직은 정규직 대비 경력 개발 기회가 제한적이며, 이는 개인의 장기적인 직업 안정성을 약화한다.

(18) 결혼과 출산율 감소

경제적 불안정은 청년층의 가족 형성을 어렵게 만들어 저출생 문제를 심화시킨다.

(19) 지역사회의 경제적 약화

비정규직 근로자의 경제적 어려움은 지역 경제와 사회 구조에도 부정적인 영향을 미친다.

(20) 소비 위축

낮은 소득은 소비를 제한하며, 이는 지역 경제의 침체로 이어질 수 있다.

(21) 지역 공동체의 해체

경제적 불안정은 지역사회의 결속력을 약화하고 공동체 활동이 축소되게 한다.

(22) 비정규직 문제 해결을 통한 사회적 안정 방안

비정규직 문제는 사회적 불안정의 근본 원인 중 하나로, 이를 해결하기 위한 구체적인 정책이 필요하다.

(23) 고용 안정성 강화

비정규직 근로자에게 계약 연장, 정규직 전환 기회 확대 등의 고용 안정성을 보장하는 정책이 필요하다.

(24) 복지제도 개선

비정규직도 실업급여, 연금, 건강보험 등의 혜택을 공평하게 누릴 수 있도록 사회적 안전망을 강화해야 한다.

(25) 노동시장 구조 개혁

정규직과 비정규직 간의 격차를 줄이고, 노동 시장의 공정성을 제고하는 개혁이 필수적이다.

결론 : 비정규직 문제 해결은 사회 안정의 핵심 열쇠

비정규직 문제는 단순한 경제적 불평등을 넘어 사회적 신뢰와 안정성을 위협하는 요인이다. 이를 해결하기 위한 정책적 노력은 개인 삶의 질 향상뿐만 아니라, 사회 통합과 지속 가능한 발전을 이루는 데 중요한 역할을 한다.

4) 경제에 미치는 장기적인 영향

비정규직의 확대는 노동시장과 경제 전반에 걸쳐 장기적으로 부정적인 영향을 미친다. 이는 경제적 불평등 심화, 생산성 저하, 성장 잠재력 약화로 이어져 국가 경제의 지속 가능성을 저해할 수 있다.

(1) 노동시장의 이중구조 심화

비정규직 근로자의 증가로 노동시장이 정규직과 비정규직으로 나뉘는 이중구조가 고착된다.

(2) 고용 안정성 약화

정규직의 혜택과 보호를 누리지 못하는 비정규직이 늘어나면서 노동시장의 안정성이 전반적으로 약화한다.

(3) 노동시장 유연성 저하

비정규직은 경력 개발 기회가 적어 장기적으로 숙련 노동자의 공급이 줄어들며, 이는 노동 시장의 유연성을 저하한다.

(4) 생산성 저하와 기업 경쟁력 약화

비정규직 근로자의 낮은 직무 만족도와 제한된 교육 기회는 생산성과 기업 경쟁력에 부정적인 영향을 미친다.

(5) 직무 몰입도 감소

비정규직 근로자는 고용 불안과 낮은 처우로 인해 업무에 몰입하기 어려워 생산성이 낮아질 가능성이 크다.

(6) 기업 내 기술 축적의 부족

비정규직은 경력 개발과 기술 습득 기회가 제한적이므로, 기업 내부에 축적되는 기술과 지식이 감소하게 된다.

(7) 소득 불평등 심화와 내수 시장 위축

비정규직의 저소득 구조는 소득 불평등을 심화시키고, 소비 활동을 저해하여 경제 전반에 악영향을 미친다.

(8) 소득 격차 확대

정규직과 비정규직 간의 임금 격차는 가계 소비력의 차이를 벌리며, 경제적 양극화를 심화시킨다.

(9) 소비 위축

낮은 임금과 고용 불안정으로 인해 비정규직 가구의 소비 여력이 감소하고, 이는 내수 시장을 약화해 경기 침체를 유발한다.

(10) 사회적 비용 증가와 재정 부담

비정규직의 확산은 사회적 비용과 정부의 재정 부담을 증가시킨다.

(11) 사회적 안전망 지출 증가

비정규직 근로자의 불안정한 고용 환경은 실업급여, 주거 지원, 의료 보조 등 복지 지출을 늘리게 된다.

(12) 조세 수입 감소

비정규직의 낮은 임금은 조세 기반을 약화하며, 이는 정부 재정의 지속가능성을 저해한다.

(13) 노동자의 장기적 경력 개발 저해

비정규직은 경력 개발과 전문성 축적이 어려워 장기적으로 숙련 노동자가 부족해지는 문제를 초래한다.

(14) 인적 자본 손실

비정규직 근로자는 지속적인 교육과 훈련의 기회를 얻기 어려워, 노동력의 질적 저하가 발생한다.

(15) 고숙련 일자리 감소

숙련도가 낮은 근로자가 많아지면, 고숙련 일자리가 줄어들고 국가 경쟁력이 약화한다.

(16) 경제 성장 잠재력의 약화

비정규직 근로자의 증가는 경제 전반의 성장 잠재력을 저하한다.

(17) 생산 가능 인구의 생산성 저하

비정규직으로 일하는 청년층과 중장년층은 장기적으로 경제 성장의 동력이 되는 생산성을 약화한다.

(18) 혁신과 창의성 저하

안정된 직장이 없는 환경에서는 창의적 사고와 혁신이 활성화되기 어려워, 산업 전반의 혁신 역량이 저하된다.

(19) 저출생 문제와 노동력 감소

비정규직의 확산은 출산율 감소와 인구 구조 악화로 이어져 경제 성장에 심각한 영향을 미친다.

(20) 출산율 감소

경제적 불안정성은 결혼과 출산을 기피하게 만들어 인구감소를 가속한다.

(21) 고령화와 노동력 부족

노동 가능 인구가 감소하면 생산 활동이 줄어들고, 장기적으로 경제 성장이 둔화한다.

(22) 사회적 신뢰와 협력의 약화

비정규직의 증가로 인한 불평등은 사회적 신뢰와 협력을 약화하게 만들어 경제적 안정성을 해친다.

(23) 사회적 갈등 증대

정규직과 비정규직 간의 격차는 노동자 간 갈등을 심화시키며, 이는 경제 협력과 생산성을 저하한다.

(24) 사회적 신뢰 약화

노동시장 내 불평등은 제도와 정책에 대한 불신을 초래해 경제 시스템 전반에 부정적 영향을 미친다.

(25) 해결 방안과 정책적 제언

비정규직 문제를 해결하기 위한 정책적 접근이 장기적 경제 안정성을 위해 필수적이다.

(26) 고용 안정성 강화

비정규직 근로자에게 정규직 전환 기회와 고용 안정성을 제공하는 제도가 필요하다.

(27) 사회적 안전망 확대

실업급여와 훈련 지원을 강화해 비정규직 근로자의 경제적 충격을 완화해야 한다.

(28) 노동시장 공정성 제고

정규직과 비정규직 간의 임금 격차를 줄이고, 고용 조건을 표준화하는 법적·제도적 개혁이 요구된다.

결론 : 비정규직 문제 해결이 경제 지속 가능성의 열쇠

비정규직 문제는 단순히 노동시장의 이슈를 넘어 경제 전반에 장기적인 악영향을 미친다. 이를 해결하는 것은 경제적 안정성 확보와 지속 가능한 성장의 기반을 마련하는 데 핵심적인 과제다.

5) 가족의 사회 참여에 미치는 영향

비정규직 문제는 개인과 가족의 경제적 안정성을 약화할 뿐만 아니라 사회 참여에도 부정적인 영향을 미친다. 이는 가족 구성원의 사회적 관계, 커뮤니티 활동, 정치적 참여 등 다양한 측면에서 나타난다.

(1) 경제적 제약으로 인한 사회 활동 축소

비정규직 가족은 낮은 소득과 고용 불안으로 인해 사회 활동에 필요한 자원을 확보하기 어렵다.

(2) 사회적 비용 부담 증가

비정규직의 낮은 소득은 가족의 여가 활동, 교육 참여, 지역 행사 참석과 같은 사회 활동을 제한한다.

(3) 시간적 여유 부족

비정규직 근로자는 과도한 근무 시간 또는 불규칙한 근무 일정으로 인해 가족 활동과 지역사회 참여 시간이 줄어든다.

(4) 심리적 불안정과 사회적 고립

비정규직 가족은 경제적 불안정으로 인해 심리적 스트레스를 경험하며, 이는 사회적 고립으로 이어질 수 있다.

(5) 자신감 저하

가족 구성원은 경제적 어려움으로 인해 스스로 사회에서 소외된 존재로 느낄 수 있다.

(6) 사회적 관계 약화

경제적 불안은 이웃, 친구, 커뮤니티와의 관계를 유지하기 어렵게 만들어 사회적 연대감을 약화한다.

(7) 자녀 교육과 사회적 이동성 제한

비정규직 가족의 경제적 여건은 자녀의 교육 기회와 사회적 이동성을 제한한다.

(8) 교육 참여 부족

경제적 어려움으로 인해 자녀가 사교육, 방과 후 프로그램, 문화 활동에 참여하기 어려워 학습 격차가 발생한다.

(9) 사회적 격차 확대

교육 기회의 부족은 자녀의 사회적 네트워크 형성을 방해하며, 이는 다음 세대의 사회 참여를 제약한다.

(10) 정치적 참여 감소와 사회적 영향력 약화

비정규직 가족은 정치적 참여와 사회적 영향력 행사에서 소외되기 쉽다.

(11) 정치적 관심 저하

생계유지에 집중하느라 정치 문제에 관심과 참여 여력이 부족해진다.

(12) 불평등의 고착화

정치적 참여가 감소하면 사회적 불평등을 완화하기 위한 정책적 요구가 약화해 문제가 지속될 가능성이 높아진다.

(13) 지역사회 커뮤니티 참여 감소

비정규직 가족은 지역사회 활동과 커뮤니티 행사에 참여하기 어려워 지역 공동체의 결속력을 약화한다.

(14) 지역 네트워크 단절

경제적 어려움은 커뮤니티에서의 활동과 봉사 기회를 감소시키며, 지역 네트워크 형성을 방해한다.

(15) 공동체 의식 약화

비정규직 가족은 지역사회의 주요 활동에서 소외되며, 이는 지역사회의 응집력을 약화할 수 있다.

(16) 문화와 여가 활동의 제한

비정규직 가족은 문화적 활동과 여가 생활을 즐길 여유가 부족하여 사회적 참여가 축소된다.

(17) 문화 소외

비정규직 가족은 박물관, 공연, 여행 등 문화적 활동에 대한 접근성이 낮아 문화적 소속감을 느끼기 어렵다.

(19) 여가 시간의 부족

고용 불안과 경제적 부담은 여가 시간 활용을 제한하며, 이는 가족 구성원 삶의 질 저하로 이어진다.

(19) 사회적 불신과 공동체 갈등

비정규직 가족은 경제적 불평등과 사회적 차별로 인해 불신과 갈등을 경험한다.

(20) 제도에 대한 불신

비정규직 가족은 사회적 안전망의 미비와 차별적 대우로 인해 정부와 제도에 대한 신뢰를 잃을 가능성이 높다.

(21) 계층 간 갈등 촉발

비정규직 가족은 정규직 가구와의 격차로 인해 상대적 박탈감을 느끼며, 이는 사회적 갈등을 유발할 수 있다.

(22) 세대 간 사회 참여 격차 확대

비정규직 가족은 부모 세대와 자녀 세대 모두에서 사회 참여가 제한되며, 세대 간 격차가 확대될 위험이 있다.

(23) 부모 세대의 참여 저하

생계 부담으로 인해 부모 세대는 지역사회와 정치 활동에 참여하기 어려워진다.

(24) 자녀 세대의 소외

부모의 경제적 어려움은 자녀 세대의 사회적 경험과 참여 기회를 감소시킨다.

(25) 해결 방안

비정규직 가족의 사회 참여 활성화

비정규직 가족의 사회 참여를 확대하기 위해 다음과 같은 정책적 노력이 필요하다.

사회적 안전망 강화

비정규직 가족이 경제적 어려움을 덜고 안정적으로 사회에 참여할 수 있도록 복지제도를 개선해야 한다.

지역 커뮤니티 지원

비정규직 가족이 지역사회 행사와 네트워크에 참여할 수 있도록 프로그램과 재정 지원을 확대해야 한다.

교육 및 훈련 제공

자녀의 교육 기회를 늘리고, 부모 세대에게 직업훈련을 제공하여 가족 전체의 사회적 이동성을 높여야 한다.

결론 : 사회 통합과 지속 가능성을 위한 정책적 지원 필요

비정규직 가족의 사회 참여는 사회 통합과 경제 발전에 필수적인 요소다. 이들이 사회에 적극적으로 참여할 수 있도록 지원하는 것은 개인 삶의 질 향상뿐만 아니라, 사회 전체의 지속 가능성을 위한 중요한 과제다.

6) 여성과 고령 노동자에게 미치는 영향

비정규직 문제는 한국 사회의 고용 시장에서 여성과 고령자에게 특히 부정적인 영향을 미치고 있다. 이 두 집단은 고용 안정성, 임금 격차, 사회적 기회에서 차별을 경험하며, 비정규직의 확산은 이러한 문제를 더욱 심화시킨다.

(1) 여성과 고령자의 비정규직 집중 현상
여성과 고령자는 비정규직 근로자로 집중되는 경향이 있으며, 이는 고용 시장에서의 구조적 불평등을 반영한다.

(2) 여성의 비정규직화
여성은 출산과 육아로 인해 경력 단절을 경험하기 쉬우며, 재취업 과정에서 주로 비정규직 형태의 일자리에 진입한다.

(3) 고령자의 고용 형태 제한
고령자는 은퇴 후 경제 활동을 지속하고자 하지만 정규직보다는 단기 계약이나 파트타임 일자리에 집중된다.

(4) 임금 격차와 경제적 취약성 심화
비정규직은 정규직에 비해 임금이 낮고 복지 혜택이 부족하며, 이는 여성과 고령자의 경제적 취약성을 증가시킨다.

(5) 여성의 낮은 임금
비정규직 여성의 평균 임금은 정규직 남성의 임금에 크게 못 미치며, 이는 경제적 독립과 가계 안정에 어려움을 준다.

(6) 고령자의 생활비 부족
고령자는 비정규직 임금만으로 기본 생활비를 충당하기 어려워, 빈곤 위험에 노출된다.

(7) 경력 개발과 사회적 이동성의 제한
비정규직은 경력 개발과 직업 안정성을 보장하지 않아 여성과 고령자의 사회적 이동성을 저해한다.

(8) 여성의 경력 단절 지속

비정규직 여성은 직업훈련과 승진 기회를 얻기 어려워 정규직으로 전환되거나 경력을 발전시키는 데 한계가 있다.

(9) 고령자의 기술 부족 문제

고령자는 기술 변화에 적응할 기회가 제한되어 낮은 숙련도의 단순노동에 머물게 된다.

(10) 복지 혜택 부족과 사회안전망의 약화

비정규직 근로자는 정규직에 비해 복지 혜택과 사회안전망에 접근하기 어려워 여성과 고령자 삶의 질을 저하하게 한다.

(11) 여성의 사회적 보호 부족

비정규직 여성은 출산휴가, 육아 휴직, 의료 보험 등에서 차별을 경험하며, 이는 가족 부양과 건강 유지에 부정적인 영향을 미친다.

(12) 고령자의 노후 준비 미흡

고령자는 비정규직의 낮은 임금과 퇴직금 부재로 인해 안정적인 노후 생활을 준비하기 어렵다.

(13) 심리적 불안과 사회적 고립

비정규직으로 인한 고용 불안은 여성과 고령자에게 심리적 스트레스를 유발하며, 이는 사회적 고립으로 이어질 수 있다.

(14) 여성의 심리적 불안

경제적 불안정과 성차별은 여성의 자존감 저하와 정신 건강 문제를 야기할 수 있다.

(15) 고령자의 고립 증가

경제적 어려움과 직업 상실은 고령자의 사회적 활동 감소와 외로움을 심화시킨다.

(16) 출산율과 가족 부양에 미치는 영향

비정규직의 확산은 여성의 출산율과 가족 부양 능력에 직접적인 영향을 미친다.

(17) 여성의 출산 기피

비정규직 여성은 고용 불안과 낮은 소득으로 인해 출산과 육아를 기피하거나 연기하는 경향이 있다.

(18) 고령자의 가족 지원 약화

고령자는 자녀 세대의 경제적 지원이 부족한 상황에서 비정규직 수입만으로 손자녀 양육이나 가족 부양에 기여하기 어렵다.

(19) 성평등과 연령 평등의 저해

비정규직 문제는 고용 시장에서의 성평등과 연령 평등을 저해하며, 사회적 불공정을 심화시킨다.

(20) 여성에 대한 차별 고착

비정규직 고용 형태는 여성에 대한 기존의 차별적 고용 관행을 강화한다.

(21) 고령자에 대한 배제

고령자는 경험과 숙련을 인정받지 못하고, 저임금의 비정규직 일자리에 머무르게 된다.

(22) 사회적 불평등의 대물림

여성과 고령자의 비정규직 문제는 가족 구성원의 삶에 영향을 미치며, 사회적 불평등을 대물림할 가능성을 높인다.

(23) 여성의 경제적 어려움 전가

비정규직 여성은 가족의 경제적 부담을 완화하기 어려워, 자녀에게도 제한된 기회를 제공하게 된다.

(24) 고령자의 빈곤 대물림

고령자의 낮은 소득은 자녀 세대의 경제적 부담을 가중시키며, 사회적 이동성을 더욱 제한한다.

(25) 해결 방안

여성과 고령자의 비정규직 문제 완화

여성과 고령자를 위한 비정규직 문제 해결은 정책적 지원과 고용 제도의 개선이 필요하다.

여성을 위한 일·가정 양립 정책

여성에게 유연근무제와 육아 지원 프로그램을 제공하여 경력 단절을 줄이고, 정규직 전환 기회를 확대해야 한다.

고령자를 위한 직업 재교육 지원

고령자가 숙련을 개발하고 기술 변화에 적응할 수 있도록 평생 교육과 직업훈련을 강화해야 한다.

비정규직 차별 철폐

비정규직과 정규직 간의 임금 격차를 줄이고, 복지 혜택을 동등하게 제공하는 제도를 마련해야 한다.

결론 : 취약계층 보호를 위한 구조적 개혁 필요

비정규직 문제는 여성과 고령자에게 심각한 영향을 미치며, 이를 해결하지 않으면 사회적 불평등이 심화한다. 여성과 고령자가 고용 시장에서 차별 없이 참여하고, 안정된 삶을 영위할 수 있도록 구조적 개혁과 지속적인 정책 지원이 필요하다.

2 | 비정규직의 벽을 넘다

1) 비정규직 문제를 해결하는 방안

한국 사회에서 비정규직 문제는 고용 불안, 소득 격차, 사회적 불평등의 주요 원인으로 작용하며 양극화를 심화시키고 있다. 비정규직 문제 해결은 개인의 삶의 질을 개선하고 사회적 통합을 이루는 데 중요한 과제다.

(1) 비정규직과 정규직 간 격차 축소
비정규직 문제를 해결하려면 정규직과 비정규직 간의 임금 및 복지 격차를 줄이는 것이 필수적이다.

(2) 동일 노동, 동일 임금 원칙 강화
동일한 업무에 대해 동일한 임금을 지급하는 제도를 법적으로 명확히 하고 엄격히 시행해야 한다.

(3) 복지 혜택 균등화
비정규직 근로자에게 정규직과 동일한 수준의 사회보험 혜택(연금, 건강보험, 실업급여 등)을 제공하여 고용 안정성을 강화해야 한다.

(4) 비정규직 고용 제한 강화
비정규직 남용을 막기 위해 고용 형태를 명확히 규정하고, 특정 업무에 대한 비정규직 고용을 제한해야 한다.

(5) 남용 방지 규제 강화
상시적이고 지속적인 업무에 비정규직을 고용하는 것을 제한하는 법적 장치를 마련해야 한다.

(6) 고용 계약의 투명성 확보

비정규직 계약 내용과 조건을 명확히 공개하고, 근로자의 권리 보호를 위한 표준 계약서를 도입해야 한다.

(7) 비정규직에서 정규직으로의 전환 촉진

비정규직 근로자가 정규직으로 전환될 수 있는 기회를 제공하는 제도를 강화해야 한다.

(8) 정규직 전환 유도 정책

일정 기간 이상 근속한 비정규직 근로자를 정규직으로 전환하도록 의무화하거나 인센티브를 제공해야 한다.

(9) 공공부문 선도 역할

공공부문에서 정규직 전환 사례를 확대하여 민간 부문에도 모범 사례를 제시해야 한다.

(10) 근로자의 직업 능력 개발 지원

비정규직 근로자가 더 나은 일자리로 이동할 수 있도록 직업훈련과 교육 프로그램을 강화해야 한다.

(11) 재취업 교육 프로그램 제공

비정규직 근로자가 새로운 기술을 습득하고, 노동 시장에서 경쟁력을 가질 수 있도록 맞춤형 직업훈련을 제공해야 한다.

(12) 고용 서비스 확충

비정규직 근로자를 위한 취업 지원 센터를 활성화하고, 경력 상담 및 일자리 알선을 강화해야 한다.

(13) 노동조합 및 협상력 강화

비정규직 근로자들이 자신의 권리를 보호하고, 협상력을 강화할 수 있도록 노동조합의 참여를 확대해야 한다.

(14) 비정규직 노동조합 활성화

비정규직 근로자가 가입할 수 있는 노동조합을 지원하고, 집단 교섭권을 강화해야 한다.

(15) 근로자 참여 제도 도입

사업장에서 근로자들이 고용과 근로 조건에 대한 의사결정에 참여할 수 있도록 제도를 마련해야 한다.

(16) 고용 시장의 유연안정성(flexicurity) 도입

고용 시장 유연성과 안정성을 동시에 확보하는 방안을 도입해야 한다.

(17) 고용 안정성 강화

비정규직 근로자의 고용 계약 기간을 연장하고, 해고 시 법적 보호를 강화해야 한다.

(18) 유연한 근무 형태 확대

근로자들이 필요에 따라 선택할 수 있는 유연근무제를 확대하여 고용의 질을 높여야 한다.

(19) 소득 보장과 사회 안전망 강화

비정규직 근로자들의 경제적 불안정을 완화하기 위해 소득 보장과 사회 안전망을 강화해야 한다.

(20) 최저임금 인상

비정규직 근로자가 인간다운 삶을 살 수 있도록 최저임금을 현실화하고 이를 준수하도록 엄격히 관리해야 한다.

(21) 사회적 복지 확대

비정규직 근로자가 의료, 주거, 교육 등의 필수 복지 서비스를 이용할 수 있도록 공공 지원을 강화해야 한다.

(22) 기업의 사회적 책임 강화

기업이 비정규직 문제 해결에 기여하도록 책임을 부여하고, 사회적 가치를 강조하는 문화를 조성해야 한다.

(23) 기업 평가 체계 도입

고용의 질을 기준으로 기업의 사회적 책임을 평가하고, 이를 공개하여 사회적 압력을 강화해야 한다.

(24) 인센티브 제공

비정규식 고용을 줄이고, 정규직 전환을 확대하는 기업에게 세제 혜택이나 정부 지원을 제공해야 한다.

(25) 정책 일관성과 실행력 확보

비정규직 문제 해결을 위한 정책은 일관성 있게 추진되고, 실제로 효과를 발휘할 수 있도록 강력한 실행력을 가져야 한다.

(26) 정책 통합 및 조율

정부 부처 간 협력을 통해 비정규직 문제를 다각적으로 접근하고, 중복되거나 모순된 정책을 통합해야 한다.

(27) 성과 모니터링 강화

정책 시행 후 효과를 지속적으로 평가하고, 문제점을 보완하여 실효성을 높여야 한다.

(28) 사회적 합의를 통한 지속 가능한 변화

비정규직 문제 해결은 노동자, 기업, 정부, 시민 사회 간의 협력을 통해 가능하며, 이를 위한 사회적 대화와 합의가 필요하다.

(29) 노사정 대화 강화

정부, 노동조합, 기업 대표가 참여하는 협의체를 통해 비정규직 문제 해결 방안을 논의하고 실행해야 한다.

(30) 사회적 인식 제고

비정규직 문제의 심각성을 알리고, 이를 해결하기 위한 공감대를 형성하기 위해 캠페인과 교육을 확대해야 한다.

결론 : 포용적 노동 시장으로의 전환

비정규직 문제는 단순한 고용 형태의 문제가 아니라 사회적 불평등과 양극화의 핵심 원인이다. 이를 해결하기 위해서는 정규직과 비정규직 간 격차를 줄이고, 모든 근로자가 안정적인 환경에서 일할 수 있는 포용적 노동 시장으로 전환해야 한다. 정책적 개혁과 사회적 합의를 통해 지속 가능한 변화를 만들어가는 것이 중요하다.

2) 사회 규범과 가치 체계의 재정립

한국 사회에서 비정규직 문제는 단순히 고용의 문제가 아니라, 사회 전반의 규범과 가치 체계에 영향을 미치는 중요한 이슈다. 비정규직 문제를 해결하기 위해서는 기존 사회적 규범을 재정립하여 공정성과 포용성을 강화해야 한다.

(1) 공정한 고용 관행 확립

공정한 고용이 사회적 규범으로 자리 잡도록 기업과 정부, 사회가 협력해야 한다.

(2) 투명한 채용 프로세스 도입

비정규직 채용 시에도 공정하고 투명한 절차를 의무화하여 차별적 관행을 방지해야 한다.

(3) 업무 기반 계약 체결

고용 계약이 근로자의 역량과 업무 성격에 기반하여 이루어지도록 법적 기준을 마련해야 한다.

(4) 정규직과 비정규직의 사회적 위상 재조정

정규직과 비정규직 간의 위계적 관계를 해소하기 위한 사회적 인식 변화가 필요하다.

(5) 비정규직에 대한 편견 해소 캠페인

비정규직 근로자의 중요성과 기여를 강조하는 공공 캠페인을 통해 사회적 인식을 개선해야 한다.

(6) 근로 유형의 다원화 인정

정규직 고용만이 이상적이라는 인식을 넘어 다양한 고용 형태가 공존할 수 있는 사회적 합의를 도출해야 한다.

(7) 사회적 대화와 합의 구조 강화

노동 문제 해결을 위한 사회적 대화를 제도화하고, 비정규직 문제를 포함한 사회적 규범을 새롭게 설정해야 한다.

(8) 노사정 협의체 활성화

정부, 노동자, 기업이 함께 참여하는 협의체에서 비정규직 관련 규범과 정책을 논의하고 결정해야 한다.

(9) 지역사회 중심 대화 모델 도입

지역 단위에서 비정규직 문제를 논의하고, 맞춤형 해결책을 도출하는 참여형 모델을 강화해야 한다.

(10) 법과 제도의 규범적 역할 강화

비정규직 문제 해결을 위한 법과 제도를 강화하여 이를 사회적 규범으로 정착시켜야 한다.

(11) 동일 노동 동일 임금 법제화

업무의 종류와 무관하게 동일한 가치를 가진 노동에 동일한 임금을 지급하도록 법적 장치를 마련해야 한다.

(12) 비정규직 고용 제한 및 보호 강화

특정 직무에 대한 비정규직 고용 제한을 명확히 하고, 비정규직 근로자의 법적 권리를 강화해야 한다.

(13) 기업의 사회적 책임 규범화

기업이 비정규직 문제 해결에 기여할 수 있도록 사회적 책임을 규범으로 확립해야 한다.

(14) 사회적 고용 지표 도입

기업 평가에 비정규직 고용 비율, 근로 조건, 전환율 등을 포함하여 윤리적 고용 관행을 촉진해야 한다.

(15) 포용적 경영 문화 확산

기업 내부에서 정규직과 비정규직 간의 차별을 없애고, 근로 환경을 개선하는 문화를 조성해야 한다.

(16) 교육과 인식 개선을 통한 규범 강화

사회 전반에 비정규직 문제에 대한 이해를 높이고, 새로운 규범을 교육과 캠페인을 통해 확산해야 한다.

(17) 근로자 권리 교육 확대

비정규직 근로자를 대상으로 노동법, 계약 조건, 권리에 대한 교육을 제공하여 자신의 권리를 스스로 지킬 수 있도록 지원해야 한다.

(18) 사회적 가치 캠페인

비정규직 근로자의 권리를 존중하고, 그들의 고용 환경 개선이 사회 전체에 긍정적 영향을 미친다는 메시지를 강조해야 한다.

(19) 포용적 경제 성장 모델 도입

경제 성장이 비정규직 문제를 해결하고, 사회적 규범 변화에 기여하도록 새로운 성장 모델을 도입해야 한다.

(20) 공정한 분배 구조 확립

기업의 이익이 노동자들에게 공정하게 분배되도록 제도를 개선하고, 이를 규범으로 자리 잡게 해야 한다.

(21) 사회적 기업 및 협동조합 활성화

비정규직 근로자의 고용 안정성을 강화할 수 있는 사회적 기업 모델을 지원해야 한다.

(22) 기술과 혁신을 활용한 규범 변화

AI와 디지털 기술을 활용하여 비정규직 문제를 해결하고, 새로운 규범을 구축해야 한다.

(23) AI 기반 채용 및 관리 시스템 도입

채용 및 근로 조건 관리에서 편견을 줄이고, 객관적인 기준을 적용할 수 있는 시스템을 개발해야 한다.

(24) 디지털 플랫폼 규제 강화

플랫폼 노동자를 포함한 비정규직 근로자의 권리를 보호하기 위한 디지털 규범을 설정해야 한다.

결론 : 포용적 사회 규범의 확립

비정규직 문제를 해결하기 위한 사회적 규범 재정립은 공정성과 포용성을 중심으로 이루어져야 한다. 이를 위해 법과 제도의 강화, 사회적 인식 개선, 기업의 책임 강화, 그리고 기술의 활용이 필요하다. 이러한 노력이 사회 전반의 불평등을 해소하고, 모든 근로자가 존중받는 지속 가능한 사회로 나아가는 기반이 될 것이다.

3) 노사정 합의는 어떻게 이루어질까

한국 사회에서 비정규직 양극화 문제는 경제적 불안정과 사회적 갈등을 야기하고 있으며, 이를 해결하기 위해 노사정 협력과 합의가 필수적이다.

(1) 공정한 고용 기준 설정

비정규직과 정규직 간의 불평등을 해소하기 위해 공정하고 명확한 고용 기준을 설정해야 한다.

(2) 채용 절차의 투명화

비정규직의 채용 과정에서 공정한 절차를 마련하고, 불합리한 차별적 요소를 제거해야 한다.

(3) 사회적 대화와 협상 구조 강화

노사정이 참여하는 대화 구조를 활성화하여 상호 이해와 협력을 증진해야 한다.

(4) 정기적인 협의체 구성

정부, 기업, 노동자 대표가 참여하는 정기적인 회의를 통해 비정규직 문제를 논의하고 정책을 마련한다.

(5) 중립적 조정자 역할 강화

중립적인 제삼자(예: 노동관계위원회 등)가 참여하여 갈등 상황에서 공정한 중재자 역할을 하도록 한다.

(6) 비정규직 전환 및 고용 안정 방안 마련

비정규직 근로자가 정규직으로 전환될 수 있는 체계적이고 실질적인 방안을 마련해야 한다.

(7) 전환 프로세스의 법적 정비

일정 기간 이상 근무한 비정규직 근로자에 대해 정규직 전환을 의무화하는 법적 조치를 도입한다.

(8) 기업의 전환 지원 프로그램

정규직 전환을 위한 기업 지원 정책을 통해 기업의 재정적 부담을 줄이고, 전환을 촉진한다.

(9) 노동자 권리 보장과 교육 강화

비정규직 근로자의 권리를 보장하고, 필요한 교육을 통해 권리 인식을 높여야 한다.

(10) 노동자 교육 프로그램 확대

비정규직 근로자들이 자신의 권리를 알고 행사할 수 있도록 다양한 교육 프로그램을 제공한다.

(11) 정보 접근성 향상

근로자들이 법적 권리와 관련된 정보에 쉽게 접근할 수 있는 온라인 플랫폼을 구축한다.

(12) 사회적 인식 개선을 위한 캠페인

비정규직 근로자의 중요성과 역할을 사회에 널리 알리고, 차별적 시각을 없애야 한다.

(13) 비정규직 존중 캠페인

기업과 정부가 비정규직 근로자의 기여를 인정하고, 사회적 인식을 개선하는 캠페인을 공동으로 실행한다.

(14) 미디어와 협력한 공익 광고

비정규직의 가치를 강조하고, 차별과 편견을 해소하기 위한 공익 광고를 제작한다.

(15) 법과 제도의 강화

비정규직 근로자의 권리를 법적으로 보호하고, 비정규직 문제 해결을 위한 제도적 장치를 마련해야 한다.

(16) 근로기준법 개정

비정규직 근로자의 고용 조건과 보호 범위를 확대하는 법 개정을 통해 근로자의 권리를 강화한다.

(17) 단기 계약 제한

무분별한 단기 계약을 방지하기 위해 계약 기간과 갱신 기준을 엄격히 규정한다.

(18) 기업의 사회적 책임 강화

기업이 비정규직 근로자에 대한 책임을 다할 수 있도록 사회적 책임을 규명한다.

(19) 사회적 기업 인증 프로그램

비정규직 근로자에게 더 나은 조건을 제공하는 기업을 인정하고, 인센티브를 부여한다.

(20) 윤리적 고용 가이드라인 제정

기업이 자발적으로 비정규직 고용 관행을 개선하도록 유도하는 가이드라인을 마련한다.

(21) 지속 가능한 노사정 파트너십 구축

장기적으로 지속 가능한 해결책을 위해 노사정의 파트너십을 강화해야 한다.

(22) 합의 이행 모니터링 체계 구축

합의된 정책의 이행 상황을 점검하고, 필요한 경우 보완 조치를 마련하는 체계를 구축한다.

(23) 후속 회의 및 피드백 시스템

합의 후 지속적인 피드백을 통해 정책의 효율성을 분석하고, 개선 사항을 논의한다.

(24) 합의 과정

노사정 협의체 구성

정부, 노동계, 경영계 대표로 구성된 협의체 마련, 중립적인 전문가 참여로 객관성을 확보한다.

실태 조사 및 문제점 파악

비정규직 현황에 대한 종합적인 실태 조사 실시, 각 이해관계자의 입장과 요구사항을 청취한다.

단계적 협상 진행

쟁점별 협상을 통해 점진적으로 합의 도출, 필요시 소위원회를 구성하여 세부 사항을 논의한다.

최종 합의안 도출

각 당사자의 양보와 타협을 통한 최종 합의안 작성, 구체적인 이행 계획과 시간표를 포함한다.

(25) 주요 합의 내용

정규직 전환 목표 설정

공공 및 민간 부문의 정규직 전환 비율과 시기를 명시한다.

차별 해소 방안

동일노동 동일임금 원칙 적용 범위와 방법 합의, 복리후생 격차 해소를 위한 구체적 방안을 마련한다.

고용 안정성 제고

비정규직 사용 사유 제한에 대한 합의, 계약갱신 횟수 제한 등 구체적인 규제 방안을 도출한다.

사회 안전망 강화

비정규직 사회보험 가입률 제고를 위한 지원 방안, 고용보험 등 사회보험 적용 대상 확대 계획을 수립한다.

기업 지원 대책

정규직 전환에 따른 기업 부담 완화 방안, 중소기업 지원을 위한 구체적인 재정·세제 혜택을 합의한다.

이행 점검 체계

합의 사항 이행을 위한 모니터링 시스템 구축, 정기적인 평가와 보고 체계 마련을 한다. 이러한 과정과 내용을 통해 노사정이 비정규직 문제 해결을 위해 합의를 도출하고, 이를 바탕으로 실질적인 개선을 이루어낼 수 있을 것이다.

결론

비정규직 문제 해결을 위한 노사정 합의는 단기적인 해결책을 넘어, 지속 가능한 정책과 사회적 합의를 통해 이루어져야 한다. 이는 모든 근로자가 동등한 기회와 권리를 보장받는 사회로 나아가기 위한 필수적인 과정이다.

4) 노사정 합의가 노동의 유연성 강화 기여

노동의 유연성을 강화함으로써 비정규직 문제를 해결할 방안이 필요하다. 노동의 유연성은 근로 시장의 변동성과 기업의 필요에 맞춰 효율적인 인력 관리가 가능하게 하며, 동시에 근로자의 안정성과 권익을 보장할 수 있어야 한다.

(1) 노동 계약의 유연화 및 보장 강화

비정규직 근로자의 노동 계약 형태와 조건을 유연하게 설계하면서도, 기본적인 노동자의 권리는 보장한다.

(2) 근로 계약 기간의 유연성

고용 기간을 필요에 따라 조정할 수 있도록 하되, 과도한 단기 계약 남용을 방지하는 법적 장치를 마련힌다. 예를 들어, 정규직으로 전환이 가능한 조건을 명시하고, 일정 기간 이상의 근로자에 대해 정규직 전환 의무화를 추진한다.

(3) 계약 해지와 근로자의 권리 보호

계약 해지 시 근로자 권리가 보호될 수 있도록 해고 요건을 명확히 하며, 계약 만료 후에도 근로자가 적절한 보상을 받을 수 있는 조건을 포함한다.

(4) 스킬 기반 고용과 직무 맞춤형 유연성

노사정은 비정규직 근로자의 고용을 직무 중심으로 조정하여 고용의 유연성을 강화하고 직무의 적합성을 높일 수 있다.

(5) 기술 및 역량 기반 고용

기업과 노동자는 협력하여 근로자의 스킬을 기준으로 한 채용과 계약 연장을 촉진한다. 이를 통해 기업은 필요한 인력을 더 효과적으로 관리할 수 있으며, 근로자는 지속 가능한 고용을 확보할 수 있다.

(6) 맞춤형 업무 분배

다양한 근로 형태와 직무를 유연하게 설계하여 기업의 인력 수요와 근로자의 역량을 적절히 일치시킨다.

(7) 정규직과 비정규직의 유연한 전환 정책

비정규직의 고용 안정성을 높이기 위해 정규직과 비정규직 간 전환을 보다 원활히 할 수 있는 정책을 마련한다.

(8) 전환 프로그램의 제도화

비정규직 근로자가 일정 기간 후 정규직으로 전환될 수 있도록 전환 프로그램을 법제화한다. 노동자와 기업은 해당 프로그램을 통해 서로의 필요에 맞는 유연한 고용 형태를 제공받는다.

(9) 재교육 및 직무 전환 지원

비정규직 근로자가 직무 전환을 통해 더 안정적인 고용으로 전환될 수 있도록 교육과 직무 훈련을 제공한다.

(10) 근로 시간과 근무 조건의 유연한 조정

근로 시간과 근무 조건을 유연하게 조정하여 기업의 생산성과 근로자의 워라밸(일과 삶의 균형)을 동시에 향상한다.

(11) 유연근무제 도입

기업과 노동자가 합의해 유연근무제를 도입하여 업무에 따라 근로자의 근무 시간을 탄력적으로 조정할 수 있다. 이로써 근로자는 필요한 시간을 자율적으로 조정할 수 있으며, 기업은 근로자 효율성을 높일 수 있다.

(12) 파트타임 및 시간제 근로 확대

다양한 근무 형태(파트타임 등)를 제도화하여 근로자가 더 많은 선택권을 갖도록 하며, 기업은 업무량에 맞춘 적절한 인력을 활용할 수 있다.

(13) 공정한 임금 체계와 보상 시스템 구축

임금 체계와 보상 시스템을 유연하고 공정하게 설계하여 비정규직의 근로 조건을 개선한다.

(14) 성과 기반 보상 제도

비정규직과 정규직 모두에게 공정한 성과 평가와 보상이 이루어질 수 있도록 유연한 보상 체계를 마련한다. 이를 통해 비정규직 근로자의 동기 부여를 강화하고 생산성을 높일 수 있다.

(15) 임금 차별 해소

비정규직과 정규직 간의 임금 차별 문제를 해결하기 위해 동일 노동 동일 임금의 원칙을 강화하되, 기업의 운영 여건을 고려한 조정을 진행한다.

(16) 노사정의 협력적 조정 메커니즘 구축

비정규직 문제 해결을 위한 정책과 제도에 대해 노사정이 함께 협력할 수 있는 조정 메커니즘을 마련한다.

(17) 협의체 및 회의체 활성화

정기적인 노사정 회의를 통해 고용 유연성 강화를 위한 정책을 논의하고, 다양한 이견을 조율하여 합리적인 대안을 도출한다.

(18) 중재와 조정 기능 강화

분쟁 발생 시 공정한 중재 기관이 개입하여 노사정의 갈등을 해소하고, 노동 시장의 유연성을 높일 수 있는 중재 절차를 마련한다.

결론

비정규직 문제를 해결하기 위해서는 노동의 유연성을 강화하는 노사정 합의가 필요하다. 이를 통해 기업은 필요한 인력을 효과적으로 관리하고, 근로자는 안정적인 고용을 보장받을 수 있으며, 상호 신뢰와 협력이 이루어져야 한다. 지속 가능한 해결책은 근로자의 권리와 기업의 생산성을 모두 충족시킬 수 있어야 한다.

5) AI 활용한 비정규직 문제 해결을 위한 방안

한국 사회에서 비정규직 문제의 양극화는 사회적, 경제적 불평등을 심화시켜 불안정한 노동 시장을 초래하는 문제를 해결하기 위해 AI(인공지능)를 활용할 수 있다.

(1) 디지털 플랫폼을 활용한 유연한 근무 형태 도입

원격 근무와 유연근무제를 가능하게 하는 디지털 협업 도구들이 발전하고 있다. 이를 통해 비정규직의 근무 환경 개선, 프리랜서나 긱워커들을 위한 온라인 인력 매칭 플랫폼 구축을 달성하는 데 도움이 된다.

(2) AI 및 자동화 기술을 통한 단순 반복 업무 대체

비정규직이 주로 담당하던 단순 업무를 AI 기술을 활용 자동화하여 고부가가치 업무로 전환, 이를 통해 비정규직의 업무 질 향상 및 처우 개선 가능성 증대하고 고부가가치 업무의 기회를 제공할 수 있다.

(3) 블록체인 기술을 활용한 근로 계약 관리

투명하고 안전한 근로 계약 관리로 비정규직 권리 보호, 근무 시간, 임금 지급 등의 정확한 기록 및 관리가 가능하다.

(4) 스킬 매칭과 고용 알선의 자동화

AI를 활용한 고용 플랫폼은 기업과 노동자의 적합한 일자리 매칭을 더 정교하게 할 수 있다.

(5) AI 기반의 직무 분석 및 추천 시스템

AI는 근로자의 기술, 경험, 직업 성향을 분석하여 적합한 일자리를 추천할 수 있다. 이를 통해 비정규직 근로자가 자신의 역량에 맞는 일자리를 찾을 수 있으며, 기업은 더 적합한 인재를 채용할 수 있다.

(6) 자동화된 이력서 분석

AI는 이력서와 자격증을 분석하여 필요한 역량을 갖춘 인재를 빠르고 효율적으로 선별할 수 있다. 이는 비정규직 근로자들의 고용 기회를 확대하고, 노동 시장의 전반적인 효율성을 향상한다.

(7) 맞춤형 교육과 직무 훈련

AI는 비정규직 근로자들이 필요한 스킬을 습득할 수 있도록 개인 맞춤형 교육을 제공할 수 있다.

(8) AI 기반 학습 플랫폼

AI는 근로자의 학습 패턴과 진도를 분석하여 개인 맞춤형 학습 경로를 제시한다. 이를 통해 비정규직 근로자들은 필요한 기술을 더 효율적으로 습득할 수 있으며, 노동 시장에 필요한 기술을 갖추게 된다.

(9) 온라인 직무 훈련 및 자격증 과정

AI는 실시간으로 학습자의 진도를 추적하고 피드백을 제공함으로써 훈련의 질을 높인다. 이를 통해 비정규직 근로자는 자신의 직무를 향상해 더 안정적인 고용을 확보할 수 있다.

(10) 근로 조건의 데이터 기반 분석과 개선

AI를 활용한 데이터 분석은 비정규직 근로자들의 근로 조건을 개선하는 데 중요한 역할을 한다.

(11) 근로 조건 모니터링

AI는 대규모 데이터 분석을 통해 근로 조건의 불균형을 실시간으로 감지할 수 있다. 예를 들어, 근로 시간, 임금, 휴식 시간 등을 분석해 불합리한 조건을 개선할 방안을 제시할 수 있다.

(12) 분쟁 예방 및 해결

AI는 고용 계약의 데이터 분석을 통해 법적 분쟁의 위험을 줄이는 데 도움을 줄 수 있다. AI는 노동자와 기업 간의 계약서 분석을 통해 불공정한 조항을 사전에 경고하거나 수정 제안을 할 수 있다.

(13) 유연한 근로 제도의 설계

AI는 다양한 근로 형태의 데이터를 분석하여 근로 제도의 유연성을 높이는 데 기여할 수 있다.

(14) AI 기반의 근로 시간 조정 및 예측

AI는 기업의 생산성과 근로자의 워라밸을 고려하여 적절한 근로 시간과 스케줄을 자동으로 조정할 수 있다. 이를 통해 비정규직 근로자들이 안정적인 근로 환경을 경험할 수 있다.

(15) 인력 수요 예측

기업의 생산량, 시장 변화 등을 분석하여 인력 수요를 예측함으로써 비정규직 근로자들의 고용 안정성을 높일 수 있다.

(16) 고용 안정성 강화를 위한 정책 제안

AI는 노동 시장의 변화와 트렌드를 분석하여 정책 입안자들에게 실효성 있는 고용 정책을 제안할 수 있다.

(17) 정책 시뮬레이션과 예측 분석

AI는 다양한 정책이 노동 시장에 미치는 영향을 예측하여 정책 입안자들이 최적의 방안을 선택할 수 있도록 돕는다. 이를 통해 비정규직 문제 해결을 위한 정책의 효과를 사전에 검토하고 조정할 수 있다.

(18) 고용 불평등 분석

AI는 근로자의 신분, 성별, 연령대별로 고용 불평등을 분석하고 비정규직 근로자들이 처한 어려움을 가시화할 수 있다. 이는 정책의 우선순위를 정하는 데 도움이 된다.

결론

AI는 비정규직 문제 해결에 있어 중요한 도구로 활용될 수 있으며, 고용의 효율성 증대와 근로자들의 고용 안정성을 높일 수 있다. 이를 위해 정부, 기업, 그리고 노동자 간의 협력이 필요하며, AI 기술의 윤리적 사용과 개인정보 보호에도 주의해야 한다. 이러한 기술적 접근은 비정규직 문제의 구조적 해결을 위한 중요한 전환점을 마련할 수 있다. 기술적 접근은 비정규직 문제 해결에 도움이 될 수 있지만, 법제도 개선과 사회적 합의 등 종합적인 노력이 병행되어야 할 것이다.

6) 비정규직 문제를 해결한 성공적인 국제 사례

비정규직 문제 해결을 위한 외국의 성공적인 사례를 분석하고 한국에 적합한 방법으로 도입하는 것이 필요하다. 다양한 국가에서 비정규직 문제를 해결하기 위한 정책과 프로그램들이 효과를 보고 있으며, 이러한 사례들은 한국의 노동 시장에 맞게 변형하여 적용할 수 있다.

(1) 스웨덴의 포괄적 노동 시장 정책

스웨덴은 포괄적인 사회 복지 제도와 노동 시장 정책을 통해 비정규직 근로자의 권리를 보호하고 고용 안정성을 높이고 있다.

공정한 고용 계약과 근로자 보호

스웨덴은 법으로 정해진 최소 임금이 없지만, 노동조합과 기업 간 협정을 통해 거의 모든 근로자가 공정한 임금을 받는다. 한국에서도 비정규직 근로자들이 기본적인 생활을 보장받을 수 있도록 노동자와 사용자 간의 협상 체계를 강화하는 것이 필요하다.

사회적 대화의 강화

스웨덴은 고용주, 근로자, 정부가 함께 협력하여 정책을 설계하고 실행하는 모델을 채택하고 있다. 한국도 비정규직 근로자의 권리를 보장하고 근로 환경을 개선하기 위해 삼자 간 협력을 증진할 필요가 있다.

(2) 독일의 직업훈련 및 재교육 프로그램

독일은 고도로 발전된 직업교육과 훈련 시스템을 통해 근로자들의 기술 향상과 고용 안정성을 보장하고 있다.

직업훈련과 기술 개발

독일은 특히 직업교육과 훈련을 통해 비정규직 근로자들이 시장의 변화에 적응할 수 있도록 돕고 있다. 한국도 다양한 직업훈련 프로그램과 실습 중심의 교육 시스템을 강화해 비정규직 근로자들이 새로운 기술을 습득하고 안정적인 직장을 얻을 수 있도록 지원할 수 있다.

기업-정부-노동자 협력

독일은 기업과 정부, 노동조합이 협력하여 훈련 프로그램을 설계하고 지원하는 체계를 마련하고 있다. 한국에서도 공공기관과 기업이 함께 연계하여 비정규직 근로자들의 재교육 프로그램을 확대할 수 있다.

(3) 네덜란드의 유연한 근로 시간 제도

네덜란드는 유연한 근로 시간과 근로 형태를 통해 고용 안정성을 높이는 정책을 추진하고 있다.

근로 시간 선택권 제공

네덜란드는 근로자들이 자율적으로 근로 시간을 조정할 수 있도록 하여 일과 삶의 균형을 맞추고 있다. 비정규직 근로자들에게도 근로 시간에 대한 선택권을 제공하면 근로 환경의 질이 향상될 수 있다. 한국도 근로자의 다양한 요구를 반영하여 유연한 근로 시간 정책을 도입할 필요가 있다.

법적 보호 장치 강화

비정규직 근로자에게 최소한의 근로 조건을 보장하기 위해 법적 장치를 강화하는 것이 필요하다. 네덜란드의 사례처럼 비정규직 근로자들에게도 일정한 법적 보호를 부여하면 고용 불안을 줄일 수 있다.

(4) 캐나다의 노동 시장 지원 프로그램

캐나다는 노동 시장에 대한 지원과 비정규직 근로자 보호를 위한 다양한 프로그램을 운영하고 있다.

사회 복지와 고용 지원

캐나다는 고용 보험과 같은 사회 복지 제도를 통해 실직자 및 비정규직 근로자들에게 지원을 제공한다. 이러한 시스템은 한국의 비정규직 근로자들이 경제적 어려움을 겪을 때 중요한 완충 역할을 할 수 있다.

고용 창출 프로그램

캐나다는 비정규직 근로자들이 정규직으로 전환될 수 있도록 지원하는 프로그램을 운영하고 있다. 한국은 이러한 프로그램을 도입해 비정규직 근로자들의 고용 안정성을 높일 수 있다.

(5) 일본의 비정규직 근로자 보호 정책

일본은 최근 몇 년간 비정규직 근로자들의 권리를 보호하기 위한 정책을 강화해왔다.

정규직과의 차별 해소

일본은 비정규직 근로자들의 차별을 해소하고, 비정규직 근로자들이 정규직과 동일한 업무를 수행하는 경우 동일한 보상을 받도록 하는 정책을 도입했다. 한국은 이러한 원칙을 통해 비정규직의 임금과 복지 조건을 개선할 필요가 있다.

정책의 시행과 모니터링

일본은 비정규직 근로자의 권리를 보장하기 위해 정책을 주기적으로 점검하고 있다. 한국도 비정규직 근로자의 처우 개선을 위한 정책을 지속적으로 모니터링하고 점검하는 체계를 마련해야 한다.

(6) 캄보디아의 중재위원회(Arbitration Council) 설립

ILO의 지원으로 2002년에 설립되어 노사 분쟁 해결에 기여했다. 효과적인 제도와 기본법이 부재했던 상황에서 노동 분쟁 해결을 위한 중요한 역할을 수행했다.

(7) 유럽 국가들의 유연안정성(flexicurity) 정책

덴마크, 네덜란드 등에서 노동시장의 유연성과 안정성을 동시에 추구하는 정책을 실시했다. 비정규직 근로자들에게도 사회보장 혜택을 제공하고 직업훈련 기회를 확대했다.

결론

　외국의 성공적인 비정규직 문제 해결 사례들은 한국의 상황에 맞게 응용할 수 있는 중요한 교훈을 제공한다. 한국은 다양한 국가의 정책을 참고하여 비정규직 근로자들의 권리를 강화하고, 교육과 훈련을 통해 직업 능력을 향상하며, 사회적 보호 장치를 마련함으로써 고용의 안정성을 높일 수 있다. 이러한 통합적인 접근은 비정규직 문제의 근본적인 해결책이 될 것이다. 이러한 사례들은 비정규직 문제 해결을 위해 법제도 개선, 사회적 대화 강화, 사회 안전망 확충 등 다각도의 접근이 필요함을 보여준다.

부동산 양극화를 넘어서라

1 | 양극화의 중심 부동산

1) 부동산 양극화란

(1) 정의

부동산 양극화란 특정 지역이나 유형의 부동산 가격이 급등하는 반면, 다른 지역이나 유형의 부동산 가격은 정체되거나 하락하는 현상을 말한다. 한국의 부동산 양극화는 주택 가격, 지역별 부동산 시장의 차이가 심화하는 현상을 의미한다. 즉, 부유한 계층과 서민층 간, 또는 도시와 지방, 강남과 비강남 등 특정 지역 간에 부동산 가격의 격차가 매우 커지는 현상이다. 이로 인해 일부 지역에서는 집값이 급등하고, 반면에 다른 지역에서는 집값이 정체되거나 하락하는 등의 불균형이 발생한다. 이러한 양극화는 사회적, 경제적 문제를 초래할 수 있다.

(2) 원인

수도권과 비수도권 간의 경제적 격차 확대, 일자리와 교육 기회의 수도권 집중, 정부의 부동산 정책(재건축/재개발 규제 완화 등), '똘똘한 한 채' 선호, 저출산과 수도권 인구 쏠림 현상이 원인으로 지목되고 있다.

(3) 경제적 요인

수도권과 비수도권의 경제적 격차 확대

수도권에 일자리와 교육 기회가 집중되면서 인구가 유입되고 주택 수요가 증가한다.

저금리 기조와 유동성 확대

2000년대 초 저금리 정책으로 인한 주택 가격 상승, 모기지대출 증가로 인한 추가적 주택 가격이 상승한다.

(4) 인구 및 사회적 요인

수도권 인구 집중

양질의 직장, 교육, 의료 인프라가 수도권에 집중되어 인구 유입이 촉진된다.

저출산과 1~2인 가구 증가

소형 주택 수요 증가와 대형 주택과의 격차가 확대된다.

(5) 정책적 요인

부동산 정책의 불균형

서울 및 수도권 중심의 부동산 정책으로 인한 지역 간 격차가 심화한다.

재건축/재개발 규제 완화

특정 지역의 주택 공급 증가로 인한 가격이 상승한다.

(6) 금융 및 투자 요인

부동산의 금융화

주택담보대출 확대로 인한 주택 가격의 변동성이 증가한다.

'똘똘한 한 채' 선호 현상

특정 지역 고가 주택에 대한 수요가 집중된다.

경제적 불균형

서울과 수도권에 집중된 경제 활동과 일자리 기회로 인해, 사람들은 상대적으로 부동산이 비싼 지역으로 몰린다.

정부의 정책적 불균형

주택 공급 정책이나 세제 혜택이 수도권에 집중되면서 지방의 부동산 시장은 소외되거나 침체한다.

금융적 요인

고소득층은 상대적으로 대출을 쉽게 받아 비싼 집을 구매할 수 있지만, 저소득층은 대출이 어려워 주택을 마련하는 데 어려움을 겪는다.

(7) 특징

지역 간 양극화

강남 지역의 아파트 가격은 다른 지역에 비해 상대적으로 높다. 서울 및 수도권 지역의 부동산 가격은 지속해서 상승하나 지방 대도시나 농촌 지역의 부동산 시장은 상대적으로 하락하거나 정체되어 있다.

계층 간 격차

고소득층과 중산층, 저소득층 간에 부동산 소유의 차이가 크다. 고소득층은 비싼 아파트나 주택을 소유할 수 있는 반면, 서민층은 주택을 구매하는 것이 어려워져 세입자로 살아가는 경우가 많다. 이로 인해 주거 불평등이 심화할 수 있다.

주택 가격의 급등과 하락

서울과 일부 대도시의 주택 가격은 급격히 상승한 반면, 지방의 일부 지역은 주택 가격이 정체되거나 하락하는 경우가 많다. 이런 현상은 특히 부동산 시장에서 '지방 소멸' 문제를 동반할 수 있다.

주택 공급의 불균형

수도권에 대한 과도한 주택 공급이 이루어지고, 지방은 상대적으로 주택 공급이 부족해지는 문제도 양극화의 원인 중 하나다. 이로 인해 수도권의 주택 수요가 집중되고, 지방은 상대적으로 주택 시장이 침체하고 있다.

유형 간 양극화

고가 주택(특히 아파트)의 가격은 상승하고 저가 주택의 가격은 정체 또는 하락하고 있다.

(8) 부동산 양극화의 주요 지표

5분위 배율

주택 가격을 5등분하여 상위 20%의 평균 가격을 하위 20%의 평균 가격으로 나눈 값이다.

지역별 가격 변동률

서울/수도권과 지방의 주택 가격 변동률 비교다.

미분양 물량

지역별 미분양 주택 수의 차이다.

결론

이러한 복합적인 요인들이 상호작용하면서 부동산 시장의 양극화가 심화하고 있다. 특히 수도권과 비수도권, 아파트와 비아파트, 고가 주택과 저가 주택 간의 격차가 더욱 벌어지는 현상이 나타나고 있다, 부동산 양극화는 단순한 가격 차이를 넘어 사회적, 경제적 불평등을 심화시키는 복합적인 문제로 인식되고 있다. 부동산 양극화는 주거의 불평등을 심화시키고, 경제적 불안정을 초래하고 있다.

2) 부동산 양극화의 심화

부동산 양극화는 다양한 사회 집단, 지역, 세대 간의 부동산 소유권, 부, 기회의 격차가 커지는 것을 의미한다. 한국에서는 최근 몇 년 동안 이러한 양극화가 확대되어 사회적 불평등이 심화하였다. 이러한 현상은 구조적, 경제적, 정책 관련, 인구통계학적 요인이 복합적으로 작용하여 발생한다. 이러한 원인을 이해하면 이 중요한 문제를 해결하기 위한 잠재적인 해결 방법을 밝힐 수 있다.

(1) 경제적 요인
부동산 가격 상승
특히 서울 등 수도권을 중심으로 부동산 가격이 급등하면서 많은 중·저소득 가구의 부동산 소유가 어려워지고 있다. 부유한 개인은 부동산 가격 상승의 혜택을 받는 반면, 자산이 없는 개인은 뒤처진다.
저금리
저금리 정책의 장기화로 인해 부동산 투기적 투자가 부추겨져 가격이 더욱 상승하고 있다. 부유한 그룹은 이러한 요율을 활용하여 여러 부동산을 구매하여 소유권 격차를 확대했다.
정체된 임금
부동산 가격이 임금 상승률을 앞지르면서 젊은 세대와 저소득층의 주택 구매 능력 격차가 심각해졌다.
(2) 정책 및 규제 문제
비효과적인 주택 정책
가격 상한제, 대출 규제, 세금 등 정부 조치가 시장을 안정시키지 못하거나 공급 부족 문제를 적절히 해결하지 못하는 경우가 많다. 투기적 구매를 겨냥한 정책은 의도치 않게 실제 주택 구매자에게 불이익을 주는 경우가 있다.

수급 불균형
특히 일자리와 편의 시설이 밀집된 도시 지역에서는 주택 수급 불일치가 지속해서 발생하고 있다. 지역별 발전 격차로 인해 수도권 수요 집중이 심화해 가격 상승이 발생한다.

부자에게 유리한 조세 정책
낮은 보유세, 고소득자에 대한 허점 등 재산세의 불평등으로 인해 부유층은 더 많은 자산을 축적할 수 있다.

(3) 인구통계학적 및 사회적 변화

인구 고령화
기성세대가 부동산 자산의 상당 부분을 보유하고 있어 젊은층의 시장 진입 기회가 제한되는 경우가 많다. 노인들은 또한 재정적 안정의 원천으로 재산을 보유하는 것을 선호한다.

세대 격차
젊은이들은 더욱 엄격한 대출 규제, 학자금 대출, 제한된 저축으로 인해 부동산 취득이 점점 더 어려워지고 있다. 이로 인해 나이 든 부동산 소유자와 젊은 비소유 세대 사이에 격차가 생겼다.

도시화 동향
더 나은 일자리 기회를 위해 도시로 이주하면서 도시 수요가 증가한 반면, 농촌 지역은 침체와 부동산 가치 하락에 직면해 있다.

(4) 투기 및 시장 행위

부동산 투기
지속적인 가격 상승 기대감에 따른 투자자들의 투기적 행태로 인해 시장 변동성이 확대되고 있다. 투기는 최종 사용자가 지속할 수 있는 수준 이상으로 가격을 부풀려 주택 시장을 왜곡한다.

투자자 중심 불평등
부유한 개인과 기업은 종종 수요가 높은 부동산에 투자하여 잠재적인 주택 소유자를 밀어낸다.

(5) 지역적 격차

수도권 및 비수도권 지역
서울 및 주변 지역에 경제 활동, 교육, 문화자원이 집중되면서 지역 간 가격 차이가 극심해진다. 비수도권 지역의 부동산은 가치가 떨어지거나 침체하는 경우가 많아 이들 지역은 더욱 소외되는 경우가 많다.

지역 균형 발전 부족

주요 도시 이외의 인프라 및 경제적 기회에 대한 투자가 부족하여 지역 격차가 발생한다.

(6) 심리적, 문화적 요인

재산 소유권에 대한 문화적 강조

한국 사회에서는 재산 소유를 경제적 안정과 사회적 지위를 위한 중요한 이정표로 보고 있다. 이러한 문화적 사고방식은 부동산 시장에서 제한된 자원을 두고 치열한 경쟁을 촉발한다.

누락에 대한 두려움(FOMO)

가격이 계속 상승함에 따라 많은 사람이 어떤 대가를 치르더라도 시장에 진입해야 한다는 압박감을 느끼며, 이는 추가 가격 인플레이션으로 이어질 수 있다.

결론

한국 부동산 시장의 양극화 심화는 경제, 정책, 인구통계, 문화 요인이 복잡하게 상호 작용하는 데 뿌리를 두고 있다. 주요 요인으로는 부동산 가격 상승, 비효율적인 정책, 지역적 격차, 세대 간 문제 등이다. 이 문제를 해결하려면 주택 정책 개혁, 지역 균형 발전 촉진, 주택 공급 증가, 부동산 소유권에 대한 공평한 접근을 가능하게 하는 경제 조건 조성 등 다각적인 접근 방식이 필요하다. 포괄적인 조치가 없으면 부동산 소유자와 비소유자 사이의 격차가 계속 커져 사회 결속과 경제적 안정성이 약화할 가능성이 높다.

3) 부동산 양극화의 문제점

부동산 양극화 문제는 한국 부동산 시장에서 중요한 이슈로, 지역 간, 계층 간, 주택 유형 간의 큰 차이가 발생하는 현상이다. 이러한 양극화 현상은 여러 사회적, 경제적 문제를 야기하며, 이로 인해 발생하는 부작용은 더욱 심각해지고 있다.

(1) 주거 불평등 심화

부동산 양극화는 주거 불평등을 심화시키는 주요 원인 중 하나다. 주택 시장에서 부유한 계층과 저소득층 간의 주택 접근성이 크게 달라짐에 따라, 사회적 불평등이 더욱 확대되고 있다.

(2) 부유한 계층의 주택 시장 접근

고소득층은 높은 가격의 주택을 구매하거나, 우량 지역의 주택에 거주할 수 있다. 이들은 자산 가치 상승과 안정적인 거주지 확보가 가능하지만, 주택 가격 상승으로 인해 집값 부담이 커져도 큰 영향을 받지 않는다.

(3) 저소득층의 주택 시장 접근 어려움

반면, 저소득층은 안정적인 주택을 구하기 어려워지며, 주거 불안정에 시달리게 된다. 특히, 서울과 수도권의 고가 주택 가격 상승과 함께, 임대료가 급등하면서 주거비 부담이 많이 증가하고 있다. 그로 인해 주택을 구매하는 대신, 전세난이나 임대차 갈등이 심화하는 문제를 겪고 있다.

(4) 지역 간 경제적 격차 확대

부동산 양극화는 지역 간 경제적 격차를 더욱 심화시키고 있다. 특히 서울과 수도권, 지방의 부동산 시장 차이는 매우 크며, 이로 인해 지역 불균형이 발생한다.

(5) 서울 및 수도권 집중

서울과 수도권은 경제적 기회와 일자리가 집중되어 있어 부동산 수요가 급증하고 있다. 이로 인해 주택 가격이 상승하고, 지역 간 양극화가 발생한다. 예를 들어, 강남구나 용산구와 같은 서울의 중심 지역은 고가 주택이 많아 상류층의 주택 시장이 집중되며, 가격 상승이 지속되고 있다.

(6) 지방 부동산 침체

반면, 지방의 일부 지역은 경제 활동이 활발하지 않거나 인구감소로 인해 부동산 가격 하락과 공실 문제가 발생하고 있다. 인구 유출로 인해 지방의 주택 시장은 침체하고, 이에 따라 지방의 경제적 기반이 더욱 약화한다.

(7) 투기적 수요 증가

부동산 양극화 현상은 투기적 수요를 증가시키는 결과를 초래한다. 부동산을 투기의 대상으로 여기는 사람들이 많아지면 시장의 안정성이 떨어지고, 실수요자들이 피해를 보게 된다.

(8) 재건축/재개발 지역의 투기

재건축이나 재개발이 활발히 진행되는 지역에서는 투기적 수요가 급증한다. 이로 인해 해당 지역의 부동산 가격이 비정상적으로 상승하고, 실수요자들은 적정 가격의 주택을 구하기 어려워진다.

(9) 단기적 차익을 노린 투자자들

일부 투자자들은 부동산 가격의 급등을 예상하여 단기적인 차익을 얻으려고 한다. 이들은 가격을 인위적으로 올리고, 결국 가격 거품이 형성된다. 이러한 현상은 시장의 불안정을 야기하고, 실수요자들이 높은 가격에 집을 구매하는 악순환을 만든다.

(10) 임대차 시장 불안정성

양극화가 심화하면 임대차 시장의 불안정성도 늘어난다. 특히, 전세 제도와 관련된 문제는 양극화 문제를 더욱 부각한다.

(11) 전세난과 전세가 상승

부동산 양극화로 인해 수도권과 서울의 인기 지역은 전세 물건이 부족하고, 이에 따라 전세가가 급등하는 현상이 발생한다. 저소득층이나 젊은 세대는 전세 마련이 어려워지고, 많은 사람이 전세로 인한 경제적 부담을 겪고 있다.

(12) 임대료 급등

상업용 부동산과 주거용 부동산에서 임대료가 급등하는 현상은 사업자와 임차인들에게 큰 부담을 준다. 고용 불안정과 맞물려 사업에 대한 리스크가 증가하고, 특히 소상공인이나 중소기업이 큰 타격을 받는다.

(13) 계약갱신과 불안정한 임대차 계약

계약갱신 시 임대료 인상폭이 커지고, 기존 계약자들은 계약갱신 거부나 임대료 급등으로 인해 불안정한 거주 환경에 직면하게 된다. 이러한 문제는 사회적 갈등을 초래하고, 안정적인 주거를 원하는 가구에 큰 어려움을 준다.

(14) 주택 소유의 기회 불평등

부동산 양극화는 주택 소유의 기회 불평등을 심화시키며, 젊은 세대와 저소득층에게 특히 큰 영향을 미친다.

(15) 청년층의 주택 구매 어려움

높은 집값으로 인해 청년층은 자산 형성을 위한 첫걸음인 주택 구매에 어려움을 겪고 있다. 이들은 과중한 대출 상환 부담, 불안정한 일자리 문제 등으로 주택을 소유하기 매우 힘들어지고 있다.

(16) 세대 간 자산 격차 확대

부모 세대가 이미 자산을 축적한 경우, 자녀 세대는 상대적으로 집을 구매할 수 있는 기회가 적어지면서 세대 간 자산 격차가 커진다. 특히 주택을 보유한 세대와 그렇지 못한 세대 간의 경제적 차이가 심화한다.

(17) 사회적 갈등과 정치적 불안

부동산 양극화는 사회적 갈등과 정치적 불안을 유발할 수 있다. 주거의 불평등은 사회적 긴장감을 높이고, 정부의 정책에 대한 불만을 초래할 수 있다.

(18) 정치적 갈등

부동산 정책에 대한 국민의 불만은 정치적인 갈등을 촉발할 수 있다. 특히 주택 가격 상승이나 정책의 효과 미비로 인한 불만이 커지면서, 정부에 대한 신뢰도 저하와 정치적 불안정을 초래할 수 있다.

(19) 사회적 불만

부동산 양극화로 인해 실수요자들은 계속해서 가격 상승에 어려움을 겪고, 이를 해결하지 못한 정부에 대한 불만이 증가한다. 이는 사회적 갈등을 불러일으키고, 사회적 불평등을 더욱 심화시킬 수 있다.

(20) 경제 성장에 대한 부정적 영향

부동산 양극화는 경제 성장에도 부정적인 영향을 미칠 수 있다. 불균형적인 부동산 시장은 경제의 효율성을 저하하게 할 수 있다.

(21) 자원 배분의 비효율성

고가의 부동산이 일부 지역과 계층에 집중되면 자원이 비효율적으로 배분될 수 있다. 이는 경제적 기회가 지역 간, 계층 간으로 불평등하게 분배되며, 사회적 자원의 낭비를 초래할 수 있다.

(22) 소비와 투자에 대한 부담 증가

주택 구매와 관련된 비용이 급등하면 소비자들의 가처분 소득이 줄어들고, 이는 내수 시장의 위축을 불러올 수 있다. 또한, 과도한 대출 상환 부담은 투자와 소비를 감소시키는 요인이 될 수 있다.

(23) 도시 공간 구조의 왜곡

부동산 양극화는 도시 공간 구조를 왜곡시킨다. 고가 주택 지역과 저가 주택 지역이 뚜렷이 구분되면서 도시의 균형적인 발전을 저해하고 사회적 통합을 어렵게 만든다.

결론

이와 같이 부동산 양극화는 주거 불평등, 지역 간 경제적 격차, 투기적 수요 증가, 임대차 시장 불안정, 기회 불평등, 사회적 갈등 등 다양한 문제를 야기하며, 한국 사회와 경제에 심각한 영향을 미치고 있다. 이를 해결하기 위한 정책적 노력과 균형 잡힌 접근이 필요하다.

4) 서민들 삶에 미치는 영향은

부동산 양극화가 서민들의 삶에 미치는 영향은 매우 심각하고 광범위하다. 주택 가격 상승, 임대료 부담 증가, 주거 불안정 등 여러 측면에서 서민들의 생활에 직·간접적인 영향을 미치고 있다.

(1) 주거 불안정과 심화하는 주택 문제

부동산 양극화는 서민들에게 가장 큰 영향을 미치는 문제 중 하나인 주거 불안정을 악화시킨다. 가격이 급등하는 지역에서 서민들은 안정적인 주거지를 확보하기 어려워지고, 이는 지속적인 주거 불안을 초래한다.

(2) 주택 가격 상승

서울과 수도권의 주택 가격 상승으로 인해, 서민들은 주택을 구매할수 있는 기회를 잃어버리게 된다. 자산 형성을 위해 주택을 구매하고자 하는 서민들에게 높은 가격은 큰 장벽이 된다.

(3) 전세난 심화

특히 전세가의 급등은 서민들에게 큰 부담이 된다. 전세 계약갱신 시 보증금 인상이 과도하게 이루어지거나, 전세를 구할 수 있는 매물 자체가 부족해지는 현상이 발생한다. 이로 인해 많은 서민은 안정적인 주거지를 확보하지 못하고 주거 불안을 겪게 된다.

(4) 주거비 부담 증가

부동산 양극화로 인해 주거비 부담이 급증하며, 서민들의 경제적 어려움이 가중된다. 주거비 부담은 임대차 시장에서 특히 두드러지며, 서민들의 생활 수준에 큰 영향을 미친다.

(5) 임대료 상승

서울과 수도권의 인기 지역에서는 상업용과 주거용 부동산의 임대료가 급등하고 있다. 이는 서민들에게 월세나 전세의 비용을 감당하기 어렵게 만든다. 임대료 상승으로 인해 서민들은 생활비와 주거비를 동시에 부담해야 하므로, 가계 경제에 큰 압박이 가해진다.

(6) 전세에서 월세로의 전환

전세가가 상승하면서, 많은 서민들이 전세 대신 월세로 전환하게 된다. 월세는 보증금을 내고 매달 일정 금액을 지급해야 하므로, 안정적인 거주지 마련과 비용 측면에서 어려움을 겪게 된다. 월세가 부담스러운 서민들은 다른 지역으로 이주하거나, 주거 환경의 질이 낮은 곳으로 이동할 수밖에 없는 상황에 처한다.

(7) 세대 간 자산 격차 확대

부동산 양극화는 세대 간 자산 격차를 심화시킨다. 특히, 주택을 보유한 세대와 그렇지 못한 세대 간의 경제적 차이가 더욱 크게 벌어진다. 이는 서민들의 자산 형성과 세대 간 경제적 이동성을 제한하는 요인으로 작용한다.

(8) 주택 소유의 어려움

서민들이 주택을 구매하는 것은 갈수록 어려워지고 있다. 고액의 자산을 축적한 세대는 자녀에게 자산을 물려주거나, 이미 보유한 주택의 가격 상승으로 자산을 증대시키는 반면, 주택을 보유하지 못한 세대는 자산 형성이 어려워진다. 이는 부의 대물림을 더욱 촉진해, 서민들이 자산을 축적할 기회를 상실하게 만든다.

(9) 자산 격차 확대

고소득층과 저소득층 간, 주택 소유자와 비소유자 간 자산 격차는 갈수록 심화한다. 특히 주택을 보유하지 못한 세대는 경제적 기회가 제한되고, 부동산 시장의 변화에 민감하게 반응해야 한다. 이는 서민들의 경제적 불안정을 가중하며, 경제적 이동성을 제한한다.

(10) 주거지의 질 저하와 삶의 질 악화

서민들이 거주하는 지역은 종종 주택 품질과 주거 환경에서 불리한 위치에 놓인다. 부동산 양극화는 서민들의 주거지 질 저하를 초래하며, 이는 서민들의 삶의 질에 부정적인 영향을 미친다.

(11) 낙후된 주거 지역

양극화된 부동산 시장에서는 고가 주택이 집중된 지역과 저가 주택이 집중된 지역으로 분리되는 경향이 있다. 저소득층은 상대적으로 낙후된 지역에 거주하게 되며, 이들 지역은 인프라 부족, 주거 환경 열악, 교통 불편 등의 문제를 안고 있다. 이로 인해 서민들은 생활의 질이 낮아지며, 사회적 격차를 체감하게 된다.

(12) 사회적 고립과 불안

서민들이 살고 있는 지역은 종종 범죄율이 높거나, 공공 서비스의 질이 떨어지는 경우가 많다. 이는 서민들의 심리적 불안감을 증대시키고, 안정적인 생활을 유지하는 데 어려움을 겪게 만든다.

(13) 사회적 이동성의 제한

부동산 양극화는 사회적 이동성을 제한하며, 서민들의 미래를 제약하는 요소로 작용한다. 서민들은 더 나은 교육이나 직업 기회를 얻기 위해 주거지를 옮기거나, 다른 지역으로 이주할 수 있어야 하지만, 높은 주택 가격과 전세가 상승은 이를 어렵게 만든다.

(14) 거주지 이동의 어려움

서민들은 경제적 여건상 주거지를 자주 바꾸거나, 직장 근처로 이동하기 어렵다. 주택 가격이 비싼 지역에서는 기존에 살던 곳에서 다른 지역으로의 이동이 어렵고, 이는 취업 기회나 교육 기회도 제약받게 만든다.

(15) 지역 간 불평등

주거지 선택이 제한되면, 서민들은 자연스럽게 교육과 복지 서비스가 부족한 지역에 살게 된다. 이는 서민들의 자녀들이 좋은 교육 기회를 가지기 어려운 상황을 초래하고, 세대 간 이동성을 감소시킨다.

(16) 정신적 스트레스와 삶의 만족도 저하

부동산 양극화는 서민들의 정신적 스트레스와 삶의 만족도에도 심각한 영향을 미친다. 주택 문제는 경제적 부담과 불안감을 초래하며, 이는 서민들의 정신 건강에 부정적인 영향을 미칠 수 있다.

(17) 주거 불안으로 인한 스트레스

주택 가격 상승, 전세가 인상 등으로 인한 경제적 불안정은 서민들에게 심리적인 압박을 가한다. 주거지가 불안정하면, 일상적인 삶의 만족도가 감소하고, 정신적 피로를 겪게 된다.

(18) 삶의 질 저하

주거지와 경제적 여건이 불안정하면 서민들은 미래에 대한 불안과 사회적 배제를 느낄 수 있다. 이는 서민들의 삶의 질을 저하할 뿐만 아니라, 사회 전반의 심리적 안정성에도 부정적인 영향을 미친다.

결론

부동산 양극화는 서민들에게 주거 불안정, 경제적 부담 증가, 사회적 이동성 제한, 삶의 질 저하 등의 심각한 영향을 미친다. 이로 인해 서민들은 지속적인 경제적 어려움과 사회적 불평등에 직면하며, 이는 더 큰 사회적 문제를 야기할 수 있다. 부동산 시장의 균형 있는 발전과 서민을 위한 주거 정책의 필요성이 커지고 있다.

5) 사회적 불안을 어떻게 조성하나

부동산 양극화는 사회 전반에 걸쳐 불안과 갈등을 증대시키고, 사회적 안정성을 위협하는 요소로 작용한다. 특히, 부동산 가격 상승으로 인한 계층 간 불평등, 주거 불안정, 정책에 대한 불만 등이 서로 얽히며 사회적 불안을 조성한다.

(1) 계층 간 경제적 불평등 심화

부동산 양극화는 계층 간 경제적 불평등을 심화시키며, 이는 사회적 갈등과 불안을 초래하는 주요 원인 중 하나다. 특히 고소득층과 저소득층 간의 부동산 소유 차이는 사회적 갈등을 증가시킨다.

(2) 주택 소유의 차별화

주택을 보유한 계층은 주택 자산의 상승으로 인해 자산을 축적할 수 있지만, 주택을 소유하지 못한 계층은 주거 불안정과 자산 축적의 기회를 잃게 된다. 이는 계층 간 경제적 격차를 확대하고, 부유한 계층과 저소득층 간의 간극을 더욱 깊게 만든다.

(3) 사회적 불만 증대

주거지가 비싼 지역에 거주하는 계층은 높은 자산 축적을 경험하는 반면, 주거가 불안정한 계층은 이에 대한 불만과 좌절감을 느낀다. 이로 인해 사회적 갈등이 심화하며, 불만의 표출이 사회적 불안을 증대시킨다.

(4) 주거 불안정과 사회적 불안의 상관관계

부동산 양극화는 주거 불안정을 초래하며, 이는 사람들의 일상적인 생활에 큰 영향을 미친다. 특히 서민층과 청년층은 주거 문제가 심각하게 다가오며, 불안정한 주거지 환경은 사회적 불안을 증폭시킨다.

(5) 전세난과 월세 상승

전세가 급등하거나 월세가 상승하면, 많은 사람이 주택을 구하기 위해 겪는 경제적 부담이 커진다. 이는 사람들에게 주거지에 대한 불안감을 키우고, 주거 불안을 지속해서 느끼게 만든다. 불안정한 주거 환경은 불만을 초래하고, 이는 사회적 불안으로 이어질 수 있다.

(6) 주거지 이동의 어려움

집값 상승이나 임대료 상승으로 인해 많은 사람이 거주지를 변경하는 것이 어려워진다. 이주 자유가 제한되면, 원하는 지역으로의 이동이나 사회적 참여가 어려워지고, 이는 사회적 고립을 초래할 수 있다. 사회적 고립은 궁극적으로 불안을 증가시키고 사회적 긴장을 일으킨다.

(7) 정책 신뢰 부족과 정치적 갈등

부동산 양극화는 정부와 정치권에 대한 불신을 증대시키며, 이는 정치적 갈등을 야기하고 사회적 불안을 조성한다.

(8) 정부의 부동산 정책 실패

정부가 발표하는 부동산 규제나 주택 공급 정책이 실효를 거두지 않거나, 특정 계층의 이익에만 집중한다고 느껴지면, 정책에 대한 신뢰가 감소한다. 예를 들어, 주택 가격 상승을 억제하기 위한 대책이 실제로는 고소득층만 혜택을 보고 서민층의 부담을 가중하는 경우, 정치적 불만이 커지게 된다.

(9) 정치적 갈등 심화

부동산 양극화가 정치적 논란을 불러일으키면, 이는 정당 간 갈등을 촉발하고, 국민 사이에서도 정치적 양극화를 심화시킬 수 있다. 이로 인해 사회적 불안이 증대되고, 사회적 연대가 약화한다.

(10) 세대 간 갈등 심화

부동산 양극화는 세대 간 갈등을 심화시킬 수 있다. 주택 가격 상승으로 인해 젊은 세대는 주택을 소유할 기회를 상실하고, 이는 세대 간의 경제적 격차와 갈등을 초래한다.

(11) 청년층의 불만 증가

고가 주택을 소유한 부모 세대와는 달리, 청년세대는 높은 집값으로 인해 자산을 축적하기 어려워진다. 주택을 구매할 수 있는 기회가 줄어들면, 자산 격차가 세대 간 불만을 증대시킨다. 이러한 갈등은 세대 간 불화를 일으키고, 젊은 세대의 사회적 불안을 초래한다.

(12) 불평등한 자원 분배

부동산 양극화로 인해, 주택 자산의 대부분이 중장년층이나 고소득층에게 집중되면서, 청년층은 주거지 확보를 위한 기회를 상실한다. 이로 인해 청년층은 사회적 이동성에 대한 절망감을 느끼고, 이는 정치적 불안으로 이어질 수 있다.

(13) 지역 간 불균형과 사회적 분열

부동산 양극화는 지역 간 불균형을 초래하여, 지역별로 경제적 격차가 확대된다. 이는 지역 간 갈등과 사회적 분열을 심화시킬 수 있다.

(14) 서울과 지방의 격차

서울과 수도권은 고소득층과 고급 주택이 집중된 반면, 지방은 침체된 주택 시장과 인구감소 등의 문제를 겪고 있다. 이로 인해 지방 소외감과 서울 집중화가 강화되며, 지방 주민들은 서울과 수도권의 부유한 계층과의 경제적 격차를 실감하게 된다.

(15) 지역 불평등에 따른 불만

부동산 가격 상승으로 인해, 지방과 수도권 간의 자원 배분에서 불평등이 발생하고, 이는 지역 주민들의 불만을 초래한다. 서울 중심의 경제 발전에 대한 반발이 커지면, 지역 간 불안과 정치적 갈등이 발생할 수 있다.

(16) 사회적 고립과 갈등

부동산 양극화는 사람들을 사회적으로 고립시키고, 상호 갈등을 촉발할수 있다. 주택의 접근성이 줄어들고, 고가 주택과 저가 주택이 서로 분리되면, 사람들 간의 상호 이해와 협력이 어려워진다.

(17) 계층 간의 벽

주택 소유 여부나 위치에 따라 사람들이 서로 다른 생활을 하게 되고, 이는 계층 간 소통 부족을 초래한다. 주거지 격차가 심화되면, 상류층과 서민층 간의 소셜 네트워크도 분리되며, 이는 사회적 고립을 가속한다.

(18) 사회적 갈등의 증대

주거 불안과 경제적 격차는 사람들 간의 불신과 갈등을 키우게 된다. 이로 인해 사회의 연대감과 결속력이 약해지고, 사회적 불안을 증대시키는 요인이 된다.

(19) 경제적 불안정과 사회적 불만

부동산 양극화는 경제적 불안정성을 야기하고, 이로 인해 사회적 불만이확대된다. 주거 문제는 개인의 경제적 안정성과 직결되기 때문에, 주거 불안정은 결국 사회의 전반적인 불만을 증대시킨다.

(20) 주택 가격 급등

주택 가격이 지나치게 상승하면, 주택을 구매하거나 전세를 얻으려는 서민들은 점점 더 어려움을 겪게 된다. 주택 가격이 급등하는 지역에서 주거비 부담이 커지면, 가계 경제에 미치는 영향이 커지고, 이는 사회적 불만을초래한다.

(21) 불만의 표출

사람들이 겪는 경제적 어려움은 정치적인 불만과 연결되며, 이는 사회적불안과 불만 표출로 이어질 수 있다. 정부의 부동산 정책에 대한 신뢰 부족과 함께, 이러한 불만은 사회적 갈등과 정치적 불안정을 촉발할 수 있다.

6) MZ 세대에 미치는 영향은 무엇인가

부동산 양극화는 특히 MZ 세대(밀레니얼 세대와 Z세대)에 큰 영향을 미치고 있다. MZ 세대는 부동산 시장에서 주택을 구매하거나 안정적인 주거지를 확보하는 데 어려움을 겪고 있으며, 이는 이들의 경제적 미래와 사회적 불안감을 증대시키는 중요한 요소로 작용하고 있다.

(1) 주택 구매의 어려움과 자산 축적의 장애

MZ 세대는 주택 구매를 매우 어려운 문제로 인식하고 있다. 부동산 가격의 급등과 낮은 소득 수준이 결합하면서 주택을 소유하는 것이 점점 더 어려워지고 있다.

(2) 높은 주택 가격

서울과 수도권의 주택 가격이 급등하면서, MZ 세대는 첫 주택 구매를 꿈꾸기 힘든 상황에 부닥쳐 있다. 주택 가격 상승으로 인해 안정적인 주거지를 마련하는 것은 물론, 자산 축적 자체가 어려워졌다. 이를 해결하려면 오랜 기간의 저축과 고액의 대출이 필요하지만, 대출 상환 부담과 고용 불안정성은 이를 더욱 어렵게 만든다.

(3) 자산 형성의 차단

주택을 구매하지 못한 MZ 세대는 다른 형태의 자산 축적(예: 주식, 펀드 등)으로 대체하려 하지만, 주택이 자산 축적의 주요 수단으로 작용하는 한국 사회에서 이는 한계가 있다. 이로 인해 MZ 세대는 자산 격차의 확대를 실감하고 있으며, 향후 경제적 불안정성을 우려하고 있다.

(4) 임대료 부담 증가와 생활비 압박

부동산 양극화는 특히 임대료 상승에 따라 MZ 세대의 경제적 부담을 증가시키고 있다. 이들은 대부분 전세나 월세로 거주하고 있는데, 주택 임대 시장의 변화는 이들의 생활비에 큰 영향을 미친다.

(5) 전세가 상승

전세가가 급등하면서, 많은 MZ 세대는 기존에 살고 있던 전세에서 계약을 갱신할 수 없거나, 전세금을 마련하는 데 어려움을 겪고 있다. 이는 경제적 부담을 증가시키고, 주거 불안정을 초래한다.

(6) 월세 부담

전세가 부족하거나 가격이 지나치게 비싸지는 상황에서, 월세로 전환되는 경우가 많다. 월세는 매달 일정 금액을 지급해야 하므로 월세 부담이 커지며, 가계 경제에 큰 영향을 미친다. 특히 취업이 불안정한 청년층은 월세를 감당하기 어려운 상황에 부닥치기도 한다.

(7) 주거지 이동의 어려움과 지역 간 불균형

MZ 세대는 직장이나 학업 등으로 주거지를 이동하려는 경우가 많지만, 부동산 양극화로 인해 주거지 이동이 어려워지고 있다.

(8) 서울 및 수도권 집중

주택 가격 상승으로 인해 많은 MZ 세대는 서울이나 수도권의 고가 주택을 구매하기 힘들고, 자주 이사하기도 어렵다. 주거지가 비싼 지역에 거주하는 MZ 세대는 이동의 자유를 제한받고, 지방이나 다른 지역으로의 이동하는 것이 불가능한 경우가 많다. 이는 사회적 고립을 초래할 수 있다.

(9) 지방 소외

지방 주택 가격은 상대적으로 낮지만, 일자리나 교육 기회 등 사회적 자원이 부족한 경우가 많다. MZ 세대는 대도시 집중화로 인해 지방에 살면 기회 부족을 느끼게 된다. 이로 인해 지방과 수도권 간의 불균형이 심화하고, MZ 세대는 더 나은 기회를 찾아 수도권으로 이동하려는 경향이 커진다.

(10) 세대 간 불평등과 세대 간 갈등

부동산 양극화는 세대 간 불평등을 심화시키며, MZ 세대와 그 이전 세대 간의 갈등을 조성할 수 있다.

(11) 주택 자산 격차

MZ 세대는 과거 세대보다 상대적으로 더 낮은 수준의 주택 자산을 보유하고 있다. 과거에는 부모 세대가 주택을 소유하거나, 주택 구매가 가능한 조건을 갖추고 있었지만, MZ 세대는 높은 집값과 대출 부담 등으로 인해 주택을 구매할 기회가 줄어들었다. 이로 인해 세대 간 경제적 격차가 심화하고, 세대 간 갈등이 증가할 수 있다.

(12) 부모 세대와의 차이

부모 세대는 주택 자산의 상승으로 인해 경제적으로 안정을 이루었지만, MZ 세대는 주택을 구매하는 데 어려움을 겪고 있어 불만이 쌓이고 있다. 특히, 주택 소유를 통해 자산을 축적한 부모와 자산 축적에 실패한 자녀 간의 갈등은 심화할 수 있다.

(13) 정신적 스트레스와 사회적 불안

부동산 양극화는 MZ 세대의 정신적 스트레스와 사회적 불안을 증가시킬 수 있다. 주택 문제는 경제적 어려움뿐만 아니라 심리적 불안감을 초래한다.

(14) 미래에 대한 불안

MZ 세대는 주택을 소유하지 못하는 상황에서 미래에 대한 불안감을 크게 느끼고 있다. 주택 가격 상승, 대출 상환 부담 등은 그들의 경제적 미래를 불확실하게 만들며, 이는 정신적인 스트레스를 증가시키고 있다. 이들은 주택을 통해 자산을 축적하는 기회가 줄어들면서 경제적 안전망을 구축하는 데 어려움을 겪고 있다.

(15) 불평등에 대한 불만

MZ 세대는 부동산 양극화로 인해 느끼는 불평등과 불만이 커지면서 이는 사회적 불안을 초래할 수 있다. 주택을 소유한 세대와 그렇지 못한 세대 간의 경제적, 사회적 격차가 심화하면, MZ 세대는 사회적 박탈감을 느끼게 된다.

(16) 정치적 불만과 사회적 참여

부동산 양극화는 MZ 세대의 정치적 불만을 증가시키고, 이는 사회적 참여와 관련된 문제를 일으킬 수 있다.

(17) 정치적 불만

MZ 세대는 부동산 정책이 그들의 이익에 부합하지 않는다고 느끼고 있다. 예를 들어, 주택 공급 부족이나 대출 규제 강화 등은 MZ 세대가 주택을 구매하는 데 큰 장벽이 된다. 이들은 정부의 부동산 정책에 대한 불만을 느끼며, 이를 통해 정치적 불만을 표출할 수 있다.

(18) 사회적 참여

MZ 세대의 부동산 양극화에 대한 불만은 사회적 참여를 촉진할 수 있다. 이들은 주택 문제를 해결하려는 정부의 정책에 대해 목소리를 내며, 사회적 운동에 참여하거나 정치적 활동을 강화할 가능성이 있다.

(19) 공정성에 대한 의문과 사회적 분열

부동산 양극화는 MZ 세대가 느끼는 공정성에 대한 의문을 증대시킨다. 이들은 주택을 소유한 사람과 그렇지 못한 사람 간의 차이가 너무 크게 나면, 사회가 불공정하다고 느끼게 된다.

(20) 불공정한 자산 분배

MZ 세대는 주택 소유 기회가 적고, 주거 안정성을 확보하는 것이 어려운 상황에서 자산 분배의 불공정성에 대해 의문을 제기하게 된다. 이는 사회적 불만으로 이어지며, 사회적 분열을 초래할 수 있다.

결론

부동산 양극화는 MZ 세대에게 경제적 불평등, 정신적 스트레스, 사회적 갈등을 심화시키며, 이들이 주거 안정성을 확보하는 데 큰 장애물로 작용하고 있다. 이는 사회적 불안과 정치적 불만을 증대시킨다.

7) 서민들의 내 집 마련 꿈을 어떻게 깨트리나

(1) 부동산 가격 폭등과 자산 양극화

한국의 부동산 시장은 지난 수십 년간 지속해 가격이 상승하며 자산 양극화 문제를 심화시켜 왔다. 특히 수도권과 지방의 부동산 가격 차이는 극적으로 벌어져, 부유층은 고가의 부동산 자산을 통해 더 큰 부를 축적하는 반면, 서민층은 집값 상승 속도를 따라잡지 못하고 있다. 이 과정에서 내 집 마련의 꿈은 점점 먼 이야기가 되고 있으며, 젊은 세대는 높은 주택 가격에 좌절감을 느끼고 자산을 형성하지 못한 채 임차료 부담 속에서 살아가고 있다. 예컨대 서울 강남의 평균 아파트 가격은 수십억 원에 달하며, 이는 서민들에게 비현실적인 목표로 다가왔다.

(2) 전세 제도의 변화와 임대료 상승

한국의 전세 제도는 서민들이 비교적 적은 초기 자본으로 안정적인 주거를 유지할 수 있도록 돕는 중요한 장치였다. 그러나 최근 몇 년간 전세가의 급격한 상승과 월세 전환의 가속화로 인해 서민층이 큰 부담을 겪고 있다. 이는 서민들의 주거비 부담을 높이고, 내 집 마련을 위해 저축할 여력을 감소시키는 악순환을 초래한다. 결과적으로 서민들은 부동산 시장에서 점점 더 멀어지고, 경제적 격차는 더욱 확대된다.

(3) 대출 규제와 자금 마련의 어려움

정부는 부동산 시장 안정화를 위해 대출 규제를 강화했지만, 이로 인해 자산이 없는 서민층은 초기 주택 구매를 위한 자금 조달이 더욱 어려워졌다. 예를 들어, 주택담보대출비율(LTV)과 총부채상환비율(DTI)의 강화는 부동산 가격의 일정 비율 이상을 자본으로 준비해야 한다는 뜻인데, 이는 이미 자산을 보유한 사람들에게는 큰 영향을 미치지 않지만, 서민층에게는 내 집 마련의 진입 장벽을 높이는 결과를 초래했다.

(4) 공급 부족과 정부 정책의 한계

정부는 공공주택 공급 확대와 규제 정책을 통해 부동산 시장의 안정을 도모하고자 했지만, 이러한 정책들은 주택 부족 문제를 해결하기에는 역부족이었다. 수요와 공급의 불균형이 계속되면서 집값은 꾸준히 상승했고, 서민들에게 접근이 가능한 주택은 점점 줄어들었다. 특히 청년층과 신혼부부를 대상으로 한 정책들도 주거 불안을 해소하기에는 충분하지 않다.

(5) 투기와 외부 자본의 영향

부동산 시장은 투자와 투기의 대상으로 변질되며 서민들에게 더욱 불리한 구조를 형성했다. 외국 자본의 유입, 다주택자들의 투기적 매매, 그리고 부동산을 자산 증식의 도구로 여기는 사회적 분위기 등은 집값을 폭등시키는 주요 원인으로 작용했다. 이런 상황에서 서민들은 실수요자로서 주택 시장에서 밀려나고, 주거 안정이라는 기본권을 박탈당하는 결과를 낳았다.

(6) 저성장과 소득 정체의 악순환

한국의 경제성장률이 낮아지고 실질 소득 증가율이 둔화하면서, 서민층은 부동산 가격 상승에 대응할 수 있는 경제적 여력을 잃어가고 있다. 특히 비정규직 노동자나 소상공인과 같은 취약계층은 소득의 상당 부분을 주거비로 소비해야 하며, 이는 자산 축적을 더욱 어렵게 만든다.

(7) 문화적, 심리적 박탈감의 확대

부동산 양극화는 단순히 경제적 문제에 그치지 않고 사회적 불안과 개인적 박탈감을 유발한다. '벼락 거지'라는 신조어는 부동산 구매 시기를 놓친 서민들이 느끼는 좌절감을 잘 보여준다. 이러한 심리적 박탈감은 결혼, 출산 등 인생의 주요 결정을 늦추거나 포기하게 만드는 요인으로 작용하며, 이는 한국 사회의 저출산 문제와도 깊이 연결된다.

(8) 세대 간 불평등의 심화

부동산 양극화는 세대 간의 불평등을 더욱 심화시키고 있다. 기성세대는 이미 저렴한 시기에 부동산을 구매하여 자산을 형성했지만, 젊은 세대는 이러한 기회를 잃은 채 고가의 부동산 시장에서 경쟁해야 한다. 이는 젊은 세대가 느끼는 구조적 불평등의 주요 원인 중 하나이며, 노력만으로는 집을 살 수 없다는 인식이 사회에 퍼지게 되었다.

(9) 해결 방향

공공주택 확대

   서민층을 위한 공공임대주택과 분양주택 공급을 대폭 확대해야 한다.

투기 억제

   다주택자 및 투기적 거래에 대한 강력한 세금 정책과 규제를 시행해야 한다.

금융 접근성 강화

   서민들이 대출을 통해 집을 마련할 수 있도록 LTV 및 DTI 규제를 완화하거나, 초기 자본 부담을 줄이는 방안을 모색해야 한다.

지방 균형 발전

   지방 도시의 경제 활성화와 주거 인프라 개선을 통해 수도권 집중 문제를 완화해야 한다.

장기적 정책 일관성

   단기적인 시장 안정화보다 장기적인 주택 공급 계획과 사회적 합의를 기반으로 정책을 추진해야 한다.

2 | 부동산 양극화의 종말

1) 시대별 부동산 정책의 변천

(1) 1960~1970년대 : 경제 개발과 주택 공급의 시작

1960~70년대는 한국 경제가 본격적으로 성장하기 시작한 시기로, 농촌 인구가 도시로 급격히 유입되며 주택 수요가 폭증했다.

주요 정책 : 주택공영개발 정책

1962년 국토건설종합계획이 발표되며, 대규모 아파트 단지 건설이 시작되었다. 서울 강남 개발이 대표적인 사례다.

한국주택공사 설립(1962년)

정부는 공공주택 공급을 전담할 주택공사를 설립해 저렴한 주택을 보급하려 했다.

한계

도시화에 따른 수요를 감당하지 못해 판자촌과 비공식 주거지가 증가했다. 저소득층보다는 중산층 이상을 대상으로 한 주택이 주로 공급되면서 양극화가 시작되었다.

(2) 1980년대 : 대규모 주택 건설과 신도시 개발

1980년대는 급속한 경제 성장으로 중산층이 형성되고, 주택 문제 해결을 위한 대규모 개발이 이루어진 시기다.

주요 정책 : 2기 신도시 개발

수도권 집중 현상을 완화하고 주택 문제를 해결하기 위해 분당, 일산, 평촌, 중동, 산본 등 신도시를 조성했다.

주택 200만 호 건설 계획

전두환 정부는 1988년까지 200만 호의 주택을 공급하겠다는 계획을 세웠다.

한계

신도시 개발은 공급을 늘렸지만, 부유층과 중산층 중심으로 혜택이 돌아갔다. 저소득층은 여전히 주택 구매나 전세 마련이 어려운 상황에 놓였다.

(3) 1990년대 : 주택 시장 규제 완화와 자율화

1990년대는 주택 시장의 규제를 완화하고 시장 자율성을 확대하려는 시도가 이루어진 시기다.

주요 정책 : 주택 자금 대출 활성화

주택은행 등을 통해 중산층과 서민들에게 주택 구매 자금을 지원했다.

부동산 실명제 도입(1995년)

부동산 투기 억제를 위해 부동산 거래의 실소유자를 명확히 하는 제도가 시행되었다.

한계

부동산 실명제는 투기 억제에 기여했으나, 규제 완화로 인해 투기 수요가 여전히 존재했다. 집값 상승 속도가 소득 증가를 초과하면서 서민들의 내 집 마련이 어려워졌다.

(4) 2000년대 초반 : 참여정부와 강력한 부동산 안정화 정책

2000년대 초반에는 부동산값 폭등이 사회적 문제로 대두되며 부동산 투기를 억제하고 가격 안정화를 위한 정책이 주를 이뤘다. 주요 정책으로는 종합부동산세 도입, 재건축 규제 강화, 투기지역 및 투기과열지구 지정 정책들은 단기적으로 부동산 가격 안정화에 기여했으나, 장기적인 양극화 해소에는 한계가 있었다.

주요 정책 : 분양가 상한제(2005년 도입), 종합부동산세 도입(2005년)

신규 아파트 분양가를 정부가 규제해 집값 상승을 억제했다. 다주택자와 고가 주택 소유자에게 높은 세금을 부과해 투기를 억제하려는 정책이다.

공공임대주택 확대

서민 주거 안정을 위해 임대주택 공급을 확대했다.

한계

정책이 강력했으나 시장의 반발과 정책적 일관성 부족으로 인해 효과가 제한적이었다. 집값 상승세는 다소 완화되었으나 근본적인 공급 부족 문제는 해결되지 않았다.

(5) 2000년대 후반 : 지방 균형 발전 정책

2000년대 후반에는 수도권과 지방의 격차를 줄이기 위한 혁신도시 건설, 공공기관 지방 이전, 기업도시 조성 정책이 시행되었다. 이러한 정책들은 지방 경제 활성화를 통해 부동산 양극화를 해소하려는 시도였으나, 실질적인 효과는 제한적이었다.

(6) 2010년대 : 주거복지 정책 강화와 글로벌 금융위기와 부동산 경기 부양

2010년대에는 주거복지에 초점을 맞춘 행복주택 공급, 뉴스테이(기업형 임대주택) 도입, 주거급여 확대 정책이 시행되었다. 이러한 정책들은 저소득층의 주거 안정을 도모하고 양극화를 완화하려는 노력이었다. 글로벌 금융위기의 여파로 주택 거래가 침체하자, 정부는 부동산 경기를 활성화하기 위해 다양한 완화 정책을 도입했다.

주요 정책 : LTV·DTI 완화

주택담보대출 기준을 완화해 주택 구매를 촉진했다.

임대 사업 활성화

임대주택 등록을 유도해 시장의 공급을 늘리고 서민들의 주거 안정을 도모했다.

한계

완화 정책으로 인해 집값이 다시 상승하기 시작하며, 부동산 양극화 문제가 심화하였다. 투자 목적의 부동산 거래가 늘어나면서 실수요자들의 주거 접근성이 낮아졌다.

(7) 2020년대 : 집값 폭등과 강도 높은 규제

2020년대는 코로나19 팬데믹과 유동성 확대 등의 영향으로 부동산 가격이 급등하며 사회적 갈등이 극대화된 시기다. 최근에는 부동산 시장 안정화와 공급 확대에 초점을 맞춘 3기 신도시 개발, 도심 복합개발 사업, 규제 지역 지정 및 해제, 생애 최초 주택 구매자 지원 확대 정책이 시행되고 있다. 이러한 정책들은 주택 공급을 늘리고 실수요자 중심의 시장을 만들어 양극화를 해소하려는 시도다.

주요 정책 : 3기 신도시 개발(2020년~), 임대차 3법(2020년)

주택 공급을 늘리기 위해 서울 외곽에 신도시를 개발하는 계획이 발표되었다. 전월세 상한제, 계약갱신청구권, 전월세 신고제를 도입해 임차인의 권리를 보호하려 했다.

다주택자 규제 강화

다주택자에 대한 취득세와 양도세를 대폭 인상해 투기를 억제하려는 시도가 이루어졌다.

한계

규제 정책은 투기를 억제했지만, 임대료 상승과 공급 부족 문제를 해결하지 못했다. 젊은 세대와 서민층 주택 구매 가능성이 여전히 낮은 상황이다.

투명한 부동산 거래와 데이터 기반 정책 강화

정부는 부동산 시장의 투명성을 제고하고 정확한 데이터를 활용한 정책을 추진하여 양극화 완화를 도모하고 있다.

(8) 성공 사례

실거래가 공개 시스템

부동산 거래가 이루어진 실질 가격을 투명하게 공개하여 시장 정보를 신뢰할 수 있도록 했다. 이로 인해 허위 매물이나 가격 조작이 줄어들고, 시장 참여자 간 정보 비대칭성이 완화되었다.

부동산 빅데이터 활용

부동산 시장을 실시간으로 모니터링하고, 수요와 공급을 예측하여 정책 방향을 조정하는 데 기여했다.

(9) 향후 정책 방향

부동산 전문가들은 기존의 정책만으로는 양극화 문제를 해결하기 어렵다고 지적한다. 앞으로의 정책 방향으로는 지역 특화 산업 육성을 통한 경제 기반 구축, 부동산 세제의 지역별 차등 적용, 저소득층의 부동산 시장 진입 기회 확대, 해외 인력 유치 및 이민 정책 완화 검토와 같은 제안이 있다. 이러한 다각적인 접근을 통해 부동산 양극화 문제를 해결하려는 노력이 필요할 것으로 보인다.

(10) 정책적 교훈과 향후 과제

공급과 수요의 균형

단기적인 시장 안정화보다 장기적인 주택 공급 계획이 필요하다.

주거복지 강화

서민과 취약계층을 위한 공공임대주택과 주거 지원 정책이 확대되어야 한다.

정책의 일관성

시장의 신뢰를 얻기 위해 장기적인 비전을 바탕으로 정책을 일관되게 추진해야 한다.

지방 균형 발전

수도권에 집중된 주택 수요를 완화하기 위해 지방의 주거 환경과 일자리 창출을 강화해야 한다.

결론

한국의 부동산 양극화 문제는 단순히 주택 공급 부족의 문제가 아니라 경제적, 사회적 구조의 복합적인 영향을 받는 만큼, 다각적인 접근이 필요하다. 부동산 양극화를 완화하기 위한 성공적인 정책들은 공공주택 공급 확대, 투기 억제, 주거복지 강화, 시장 투명성 제고를 주요 목표로 삼았다. 이러한 정책들은 시대별로 부동산 시장의 문제를 해결하고 실수요자를 보호하며, 서민과 중산층의 주거 안정성을 높이는 데 기여했다. 향후 이러한 성공 사례를 기반으로 지방과 수도권 모두에서 지속 가능한 주택 정책을 설계하는 것이 필요하다.

2) 세제 혜택과 부동산 양극화 해소

(1) 다주택자에 대한 세금 강화로 투기 억제

다주택 소유자는 부동산 시장의 투기적 수요를 유발하며 가격 상승의 주요 요인 중 하나로 꼽힌다. 이를 억제하기 위해 세제 혜택보다는 강력한 세금을 부과하여 양극화를 완화할 수 있다.

(2) 방안

취득세 및 보유세 강화

다주택자의 추가 부동산 취득 시 높은 취득세를 부과하고, 보유세(재산세

와 종합부동산세)를 누진적으로 강화하여 다주택 보유의 경제적 부담을 증
가시킨다.

양도세 중과 유예제도 개선

　다주택자가 주택을 매도할 때 일정 기간 양도세를 일부 완화하여 시장에
매물을 공급하도록 유도한다.

실수요자를 위한 세제 혜택 강화

　실수요자가 주택을 더 쉽게 구매하거나 유지할 수 있도록 세제 혜택을
제공하여 양극화를 완화할 수 있다.

(3) 대안

생애최초 주택 구매자 세액 공제 확대

　생애 첫 주택 구매자에게 취득세를 면제하거나 대폭 감면하여 초기 비용
부담을 줄인다.

1주택자 보유세 경감

　실거주 목적의 1주택자에게는 재산세와 종합부동산세 부담을 줄이는 혜
택을 제공해 주거 안정성을 강화한다.

신혼부부, 청년 세제 혜택

　신혼부부와 청년층이 주택을 구매할 때 취득세를 면제하거나 대출이자
에 대한 세액 공제를 확대한다.

임대주택 등록 활성화를 통한 세제 혜택

　다주택자가 임대 사업자로 등록하도록 유도하면, 시장에 임대주택 공급
이 늘어나며 서민층의 주거 안정성을 확보할 수 있다.

임대소득세 감면 확대

　등록된 임대주택 소유자에게 일정 수준의 임대소득세를 감면해 주어 임
대 등록을 장려한다.

장기 임대주택 세제 혜택

　8년 이상 장기 임대주택 제공 시 취득세 및 재산세를 면제하거나 대폭 감
면하는 방안을 도입한다.

임대료 상한 조건 강화

　세제 혜택을 받는 임대주택에 대해 임대료 인상률을 일정 수준으로 제한
하여 세입자의 부담을 줄인다.

공공임대주택 투자에 대한 세제 혜택

민간이 공공임대주택 공급에 참여하도록 유도하면 주거 공급이 늘어나며 양극화를 완화할 수 있다.

사회주택 세제 혜택 강화

비영리 법인이나 협동조합이 사회주택을 운영할 때 재산세 및 임대소득세를 면제하거나 감면한다.

토지임대부 주택 공급 지원

토지와 건물을 분리하여 소유하는 토지임대부 주택에 대한 취득세와 재산세를 감면한다.

지방 주택 구매 및 투자 세제 혜택

수도권 집중 문제를 완화하고 지방 주택 시장을 활성화하기 위해 지방 주택 구매자와 투자자에게 세제 혜택을 부여할 수 있다.

지방 이주 장려 세제 혜택

수도권에서 지방으로 이주해 주택을 구매하는 경우 일정 기간 소득세를 감면하거나 대출이자에 대한 공제를 제공한다.

공평 과세를 위한 조세 제도 개편

부동산 양극화는 조세 제도의 불평등에서 생기는 경우도 많으므로, 공평 과세를 통해 부동산 시장을 안정화할 수 있다.

시세 반영 공정 과세

공시지가를 시세에 근접하게 현실화하여 고가 주택 소유자에게 더 많은 세금을 부과한다.

소득 대비 세 부담 조정

소득이 낮은 1주택자에게는 세율을 낮추고, 소득이 높은 다주택자에게는 세율을 강화한다.

주택 보유 기간에 따른 차등 세제

부동산 투기와 단기 거래를 억제하기 위해 주택 보유 기간에 따라 세금을 차등화하는 제도를 도입할 수 있다.

단기 거래 양도세 강화

주택 보유 기간이 짧을수록 높은 양도소득세를 부과하여 단기 투기를 억제한다.

장기 보유자 세액 공제

실거주 목적의 장기 보유자에게는 양도소득세를 감면하여 안정적인 주거를 장려한다.

임대료 세액 공제 확대

저소득층의 월세 비용에 대한 세액 공제율을 높여 주거비 부담을 줄인다.

주거복지 기금 조성

다주택자와 고가 주택 소유자로부터 거둔 세금을 주거복지 기금으로 활용해 공공주택과 임대주택 공급에 투자한다.

결론

부동산 양극화를 해소하기 위해서는 다주택자에 대한 세금 강화와 실수요자 지원을 중심으로 하는 균형 잡힌 세제 정책이 필요하다. 또한, 단기적인 효과를 넘어 장기적인 주거 안정과 공평 과세 체계 확립을 목표로 해야 한다. 이를 통해 시장의 불균형을 해소하고 서민과 중산층의 주거권을 보장할 수 있을 것이다.

3) 지방 악성 미분양 문제를 해결하기 위한 정책

(1) 지방 주택 수요 확대를 위한 경제 활성화

지방의 주택 수요가 감소하는 원인 중 하나는 경제 활동과 일자리 부족하다. 지역 경제를 활성화하면 인구 유입이 늘어나고 주택 수요도 자연스럽게 증가할 수 있다.

(2) 대안

지역 거점 산업 육성

지역별 특화산업(예: 관광, 첨단 제조업, 스마트팜 등)을 육성하여 경제 활력을 불어넣고 일자리를 창출한다.

공공기관과 기업 이전 확대

수도권에 집중된 공공기관과 대기업 본사를 지방으로 이전하도록 유도해 지역 경제를 활성화한다.

지역 대학과 연계한 산업 클러스터 조성

지역 대학과 협력해 기술 혁신과 창업을 지원하는 클러스터를 구축한다.

지방 주택 구매 및 임대 활성화 정책

지방 주택 구매와 임대를 촉진할 수 있는 금융 및 세제 혜택을 강화한다.

지방 주택 구매자 특별 대출 지원

지방 주택 구매자에게 낮은 금리로 대출을 제공하거나 대출 한도를 상향한다.

지방 주택 취득세 감면

지방 주택 구매 시 취득세를 대폭 감면하거나 일정 조건에서 면제한다.

임대료 지원 프로그램 도입

지방으로 이주해 임대를 선택한 가구에 일정 기간 임대료를 지원한다.

미분양 주택의 공공 활용 확대

악성 미분양 주택을 공공 자산으로 전환하여 사회적 목적에 활용할 수 있다.

공공임대주택 전환

미분양 주택을 정부나 지자체가 매입하여 저소득층, 청년, 신혼부부 등을 위한 공공임대주택으로 활용한다.

사회주택 모델 적용

미분양 주택을 협동조합이나 비영리 단체에 매각하여 사회주택으로 운영하도록 지원한다.

공공기관 임직원 숙소 활용

지방에 이전한 공공기관이나 기업의 임직원 숙소로 미분양 주택을 제공해 주택 수요를 창출한다.

인구 유입을 위한 지방 이주 장려 정책

수도권 인구의 지방 정착을 유도하는 정책을 통해 지방 주택 수요를 늘릴 수 있다.

이주 정착금 지원

수도권에서 지방으로 이주하는 가구에 이사비와 정착금을 지원한다.

지방 정착 세제 혜택

지방으로 이주해 주택을 구매하는 가구에 소득세 감면이나 대출금 이자 공제를 제공한다.

지역 중심 생활권 구축

교통, 교육, 의료, 문화 시설 등을 확충해 지방에서도 수도권과 비슷한 수준의 생활 여건을 조성한다.

공공-민간 협력을 통한 미분양 주택 재생 사업

미분양 주택을 매입해 리모델링하거나 재활용하여 새로운 수요를 창출한다.

리모델링 후 분양

미분양 주택을 공공과 민간이 협력해 리모델링한 후 저렴한 가격으로 재분양한다.

공공-민간 매입 보증제 도입

미분양 주택을 민간에서 매입할 때 정부가 일정 부분 매입비용을 보증하여 민간 투자를 촉진한다.

폐쇄형 임대-매매 프로그램

주택 임대 기간을 일정 기간 운영한 후 임차인에게 매입 권한을 부여해 구매를 유도한다.

지역 맞춤형 주택 정책 수립

지역별 상황과 수요를 고려한 맞춤형 정책을 통해 미분양 문제를 효과적으로 해결한다.

고령화 대응형 주택 공급 조정

고령화가 심각한 지역에서는 소형 주택이나 노인 친화형 주택으로 공급을 조정한다.

농어촌 특화형 주거 지원

농어촌 지역 미분양 주택을 귀농·귀촌 가구에 저렴한 가격으로 임대하거나 분양한다.

청년 및 스타트업 주택 지원

지방에서 창업하는 청년들에게 미분양 주택을 저렴하게 제공해 지역 내 청년층을 유입한다.

미분양 주택 문제 예방을 위한 공급 조정

지방 미분양 문제는 과잉 공급에서 비롯된 경우가 많으므로, 사전적으로 공급을 조정하는 노력이 필요하다.

시장 수요 분석 기반의 공급 조정

주택 공급 계획 수립 시 지역별 수요를 정확히 분석하여 적정 공급량을 유지한다.

주택 사업 사전 평가제 도입

주택 건설 사업의 경제성과 수요를 사전에 평가하여 미분양 가능성을 낮춘다.

소규모 개발 유도

대규모 아파트 단지보다는 소규모 맞춤형 개발을 장려하여 지역 수요와 부합하는 공급을 제공한다.

결론

지방 악성 미분양 주택 문제를 해결하기 위해서는 경제 활성화, 주택 수요 확대, 공공 활용 강화, 이주 장려 정책 등 다각적인 접근이 필요하다. 특히, 단순히 주택 공급을 늘리는 것이 아니라 지역별 수요와 생활 여건을 개선하여 장기적인 주거 안정성을 도모하는 정책이 중요하다.

4) 부동산 투기 수요를 차단하기 위한 대안

(1) 다주택자 규제 강화

다주택자들이 부동산을 투기의 수단으로 삼는 것을 억제하기 위해 세제와 규제를 강화하는 방안이다.

(2) 대안

양도소득세 중과 유지 및 강화

다주택자의 부동산 매매로 인한 시세차익에 대해 높은 세율을 적용하여 투기 유인을 줄인다.

종합부동산세 강화

다주택자의 보유세를 인상하여 주택 보유 비용을 증가시킨다.

주택담보대출 제한

다주택자의 추가 대출을 엄격히 제한하여 부동산 신규 투자 진입을 차단한다.

비거주 목적 주택 보유 제한

주거 목적으로 사용하지 않는 부동산의 취득 및 보유를 규제한다.

실거주 중심의 대출 정책

대출이 투기 목적으로 사용되는 것을 방지하고 실수요자 중심으로 지원을 강화한다.

DSR(총부채원리금상환비율) 강화

개인별 상환 능력에 따라 대출 한도를 엄격히 제한하여 과도한 부채를 통한 투기를 막는다.

실거주 의무 부여

대출을 받은 주택은 일정 기간 실거주 조건을 부여하여 대출금이 투기로 사용되는 것을 차단한다.

1주택자 대출 우대 정책

무주택자와 1주택자의 대출 금리를 인하하고 한도를 상향하여 실수요자에게 유리한 환경을 제공한다.

부동산 거래 투명성 강화

허위 매물과 불법 거래를 차단하여 부동산 시장의 투명성을 높인다.

실거래가 신고 강화

모든 부동산 거래에 대해 실거래가 신고를 의무화하고 위반 시 강력한 벌금을 부과한다.

부동산 거래 전산화 확대

거래 과정을 온라인 플랫폼으로 통합하여 허위 매물, 다운계약서 작성 등을 원천 차단한다.

거래 모니터링 시스템 구축

정부가 실시간으로 거래 데이터를 분석하여 이상 거래를 신속히 탐지하고 조사한다.

공인중개사 관리 강화

공인중개사의 자격 요건과 업무를 철저히 관리해 불법적 거래를 막는다.

부동산 세제 개편을 통한 투기 억제

부동산 세제를 투기 방지 중심으로 개편하여 투기 수익을 줄인다.

단기 보유 주택 세율 인상

부동산을 단기 보유(예: 1~2년 이내)했을 때 양도소득세를 대폭 인상하여 단기 차익 목적의 거래를 억제한다.

미등기 전매 규제

등기 이전 단계에서 이루어지는 부동산 거래에 대해 강력한 세금 부과와 법적제재를 시행한다.

빈집 및 미활용 부동산 세금 부과

주거 목적 없이 장기간 방치된 주택에 대해 추가 세금을 부과하여 비효율적인 부동산 보유를 억제한다.

공공임대주택 및 공공주택 확대

투기 수요를 줄이고 주거 안정성을 강화하기 위해 공공주택 공급을 확대한다.

공공주택 매입 사업 강화

미분양 주택이나 투기적 목적의 보유 주택을 정부가 매입하여 공공임대주택으로 전환한다.

사회적 주택 도입

비영리 단체와 협력하여 저소득층을 위한 사회주택 공급을 확대한다.

결론

부동산 투기 수요를 차단하기 위해서는 다주택자 규제, 실수요자 중심의 대출 정책, 거래 투명성 강화, 세제 개편, 공공주택 공급 확대와 같은 다각적인 접근이 필요하다. 정부는 이들 정책을 조화롭게 적용해 투기 수요를 억제하고, 실수요자를 보호하며, 부동산 시장의 안정성을 유지해야 한다.

5) 세제 혜택을 통해 민간 개발사업을 촉진

(1) 취득 및 보유 단계의 세제 혜택

취득세 감면

개발사업을 위해 부동산을 취득하는 사업시행자에게 취득세를 감면하여 초기 비용 부담을 줄인다.

재산세 감면

발 중인 부동산에 대해 사업시행자에게 재산세를 감면하여 보유 비용을 경감시킨다.

종합부동산세 특례

개발사업 대상 부동산에 대해 종합부동산세 과표 공제 혜택을 제공하여 장기 보유를 유도한다.

(2) 개발 및 운영 단계의 세제 혜택

법인세/소득세 감면

개발사업에 참여하는 기업이나 개인에게 법인세 또는 소득세 감면 혜택을 제공하여 투자 유인을 높인다.

세액 공제 제도

개발사업에 투자하는 기업에 투자 금액의 일정 비율을 세액에서 공제하여 직접적인 혜택을 제공한다.

손실 준비금 제도

개발사업의 위험을 고려하여 투자 손실에 대비한 준비금 적립을 허용하고 이를 비용으로 인정한다.

(3) 양도 단계의 세제 혜택

양도소득세 감면

개발사업 대상 부동산 소유자에게 양도소득세 감면이나 과세이연 혜택을 제공하여 원활한 부지확보를 지원한다.

장기보유 특별공제

개발사업 완료 후 부동산을 장기 보유할 때 양도소득세 특별공제를 적용하여 안정적인 운영을 유도한다.

(4) 지역 특화 세제 혜택

인구감소 지역 특별 감면

인구감소 지역에서의 개발사업에 대해 추가적인 세제 혜택을 제공하여 지역 균형 발전을 도모한다.

산업 특화 감면

특정 산업(예: 그린바이오산업) 육성을 위한 개발사업에 대해 감면 업종 범위를 확대하여 전략적 투자를 유도한다.

(5) 기타 지원 방안

세제 혜택 유동화

개발 사업자가 받은 세액 공제를 유동화하여 초기 자금으로 활용할 수 있도록 지원한다.

면세채권 발행

개발사업을 위한 면세채권 발행을 허용해 저리 자금 조달을 지원한다.

투자이민제도 활용

EB-5와 같은 투자이민제도를 통해 해외자본을 유치하고 개발사업에 활용할 수 있도록 지원한다.

(6) 세제 인센티브를 통한 공공 기여 유도

민간 개발자에게 세제 혜택을 제공하면서 공공 기여를 촉진해 사회적 이익을 극대화한다.

개발 이익 환수 조정

민간 개발 사업에서 발생하는 이익의 일정 부분을 공공 기여로 환수하되, 공공주택 공급이나 인프라 개선에 기여할 경우 감면 혜택을 부여한다.

공공임대주택 건설 시 세제 혜택

민간 개발자가 일정 비율 이상의 공공임대주택을 포함할 경우, 취득세와 양도소득세를 감면한다.

기반 시설 설치 지원

민간사업자가 도로, 공원 등 공공시설을 설치하면 해당 비용의 일부를 세액 공제로 돌려준다.

(7) 지역 활성화를 위한 개발 세제 혜택

지방과 낙후 지역 개발을 촉진하기 위해 세제 혜택을 제공하여 지역 균형 발전을 유도한다.

지방 개발 감면제도

지방의 낙후 지역에서 민간 주택 개발을 진행하는 경우, 부가가치세와 취득세를 면제하거나 감면한다.

특별구역 지정 세제 혜택

인구감소 지역을 특별구역으로 지정하고, 해당 지역에서 민간 개발 사업을 추진하는 기업에 법인세 감면을 제공한다.

소규모 개발 지원

소규모 민간 개발 프로젝트에도 세제 혜택을 적용해 소외 지역 개발을 활성화한다.

(8) 친환경 개발사업 세제 지원

친환경 건축물과 지속 가능한 개발을 촉진하기 위한 세제 혜택을 강화한다.

녹색 건축물 인증 세제 혜택

친환경 기술을 적용한 주택 개발에 대해 취득세를 감면하거나 일정 금액의 세액 공제를 제공한다.

탄소중립 목표 지원

에너지 효율이 높은 건축물을 설계하거나 재생 에너지를 사용하는 주택 개발 시 추가 감면 혜택을 부여한다.

친환경 자재 사용 세제 혜택

재활용 가능하거나 환경친화적인 자재를 사용하는 민간 개발 사업에 세금 감면을 제공한다.

(9) 민간 임대 사업 활성화를 위한 세제 지원

민간 임대주택 공급을 확대하여 주거 양극화를 완화하고 서민 주거 안정을 도모한다.

임대 사업자 세제 혜택 확대

임대 사업자로 등록하면 종합부동산세를 감면하고, 일정 조건을 충족하면 양도소득세를 한시적으로 면제한다.

장기 임대주택 공급 지원

10년 이상 임대주택을 제공하는 사업자에게 세금 혜택을 확대하고, 임대 기간이 길수록 더 많은 공제를 제공한다.

소형 임대주택 우대

전용면적 85㎡ 이하 소형 주택 공급을 확대하기 위해 감가상각비 세액 공제를 도입한다.

(10) 재건축·재개발 사업 세제 인센티브 확대

도심 내 주택 공급을 촉진하기 위해 재건축 및 재개발 사업의 수익성을 높이는 세제 정책을 마련한다.

초기 비용 부담 완화

재건축·재개발 과정에서 발생하는 취득세를 감면하고, 건축비 일부를 공제한다.

용적률 인센티브와 세제 연계

용적률 상향에 따른 추가 개발 이익을 공공 기여로 환수하되, 이를 공공 임대주택 비율로 대체하면 세금 혜택을 부여한다.

조합원 분담금 세제 지원

재건축·재개발 조합원들의 분담금 부담을 줄이기 위해 부가가치세를 면제하거나 연납할 수 있도록 한다.

(11) 정책금융과 세제 혜택의 연계

민간 개발 사업의 자금 조달 부담을 줄이고 실효성을 높이기 위해 세제 혜택과 금융 지원을 결합한다.

저금리 정책금융 제공

공공임대주택을 포함한 민간 개발 사업에 대해 정부 보증 저금리 대출을 제공하고, 이에 따른 이자 비용을 세액 공제로 보전한다.

개발비용 세제 공제

토지 매입 및 건설 과정에서 발생하는 비용을 일정 비율까지 세금에서 공제할 수 있도록 한다.

세제와 금융 인센티브 병행

민간 개발 사업자의 세금 감면과 정책금융 지원을 동시에 제공해 사업성을 높인다.

(12) 주거복지 연계형 민간 개발 활성화

민간 개발과 주거복지 정책을 연계하여 양극화를 해소한다.

주거 취약계층 배려 의무화

민간 개발 프로젝트의 일정 비율을 저소득층 또는 청년층을 위한 공공주택으로 활용하도록 하고, 이에 대한 세제 혜택을 제공한다.

소셜믹스 프로젝트 지원

고급 주택과 공공주택이 혼합된 소셜믹스 개발 사업에 추가적인 세금감면 혜택을 부여한다.

임대-분양 혼합 모델 도입

임대와 분양을 혼합한 모델을 제시하고, 일정 비율 이상을 임대주택으로 제공하면 취득세와 법인세를 감면한다.

172

결론

　이러한 다양한 세제 혜택과 지원 방안을 통해 민간 개발사업의 위험을 낮추고 수익성을 높여 적극적인 참여를 유도할 수 있다. 다만, 이러한 혜택이 투기로 이어지지 않도록 적절한 규제와 모니터링이 병행되어야 할 것이다. 세제 혜택을 활용한 민간 개발 사업 촉진은 공공 기여 확대, 지역 균형 개발, 친환경 건축, 임대 사업 활성화, 재건축 지원, 정책금융 연계 등 다각적인 접근이 필요하다. 이를 통해 민간 개발자들에게 경제적 유인을 제공하면서도 부동산 양극화를 줄이고 서민과 중산층의 주거 안정을 실현할 수 있다.

6) 해외 주요 국가의 부동산 정책의 성공 사례

(1) 싱가포르
공공주택 공급을 통한 주거 안정

　공공주택 시장의 안정화를 위해 주택담보대출의 담보인정비율(LTV) 제한 강화, 첫 주택 구매 가정에 대한 CPF 주택 보조금 확대 정책을 시행했다. 이러한 정책은 높은 주택 소유율(약 90%)을 유지하고 대다수 국민의 주택 구매 가능성을 개선하는 데 성공했다. 그러나 부동산 가격 상승과 시장 투기 문제는 여전히 과제로 남아있다. 또한 정부 주도로 공공주택 공급을 대폭 확대해 부동산 양극화를 효과적으로 완화했다.

주요 정책

　HDB(주택개발청) 주택 제도 ▶ 중저소득층을 대상으로 저렴한 가격에 공공주택을 분양하거나 임대한다. 국민의 약 80%가 HDB 주택에 거주하며, 주거 안정성을 확보했다.

　중앙적립기금(CPF) 활용 ▶ 근로자가 납부한 CPF 기금을 공공주택 구매에 사용할 수 있게 하여 주택 구매 자금 부담을 완화했다.

　거주 의무 부과 ▶ 공공주택 구매자는 최소 5년간 실거주해야 하며, 이를 통해 투기 목적의 거래를 차단했다.

(2) 독일
임대료 규제와 공공임대주택 공급 확대 정책

저렴한 임대주택 공급 확대를 위해 보조금 지원 주택 건설 장려, 적정 임대료를 제공하는 임대인에 대한 재정적 혜택 제공 정책을 시행했다. 이러한 노력에도 불구하고 사회 주택의 지속적인 감소와 91만 호 이상의 주택 부족 문제가 여전히 존재하며, 저소득 가구의 임대료 부담이 증가하고 있는 상황이다. 또한 독일은 강력한 임대료 규제와 공공임대주택 확대 정책으로 부동산 양극화를 완화하고 있다.

주요 정책

임대료 상한제(Mietpreisbremse) ▶ 신규 임대 계약 시 임대료 상승률을 10% 이내로 제한하고, 급격한 임대료 상승을 억제했다.

장기 공공임대주택 프로그램 ▶ 지방정부와 협력하여 공공임대주택을 확대하고, 저소득층의 주거 문제를 해결했다.

세입자 보호법 강화 ▶ 세입자의 권리를 보호하는 법률을 제정해 강제퇴거를 제한하고 임대 계약 갱신을 보장했다.

(3) 스웨덴

주택 공유와 협동조합 모델

스웨덴은 공공주택 개혁을 통해 다양한 소득 계층의 주거 접근성을 높이는 주택 수당 제도 도입, 정부의 임대 보증 제도 시행, 다양한 소득 계층을 대상으로 하는 임대 아파트 할당 시스템 개혁 정책을 시행했다. 이러한 정책들은 도시 불평등 해소와 주택 공급 및 접근성 개선에 기여했다. 다만 지속적인 정책 개선의 필요성이 여전히 존재한다. 또한 스웨덴은 협동조합 주택 모델을 통해 주택 소유와 임대비용을 낮추고 부동산 시장의 균형을 맞추고 있다.

주요 정책

협동조합 주택(Bostadsrätt) ▶ 주택 구매자가 협동조합의 회원으로 가입해 공동 소유 형태로 주택을 보유하며, 구매 비용이 낮아 소득 계층 간 격차를 줄였다.

임대주택의 공공성 강화 ▶ 공공 임대주택 관리 기관이 임대료를 합리적으로 책정하여 시장 왜곡을 방지하고 서민층의 주거 부담을 줄였다.

주택 보조금 제도 ▶ 중저소득층을 대상으로 주택 보조금을 지원해 주택 구매와 임대 비용 부담을 완화했다.

(4) 일본

규제 완화를 통한 주택 공급 확대

일본은 규제 완화와 대규모 주택 공급을 통해 부동산 가격을 안정화하고 양극화를 줄였다.

주요 정책

용적률 완화 ▶ 도시 내 주택 공급을 늘리기 위해 건축 규제를 완화하고 고밀도 개발을 허용했다.

주택 대출 지원 프로그램 ▶ 일본 정부는 고정 금리의 장기 대출 프로그램(JHF)을 통해 중산층의 주택 구매를 지원했다.

공공임대주택 제공 ▶ 지방자치단체와 협력하여 저소득층을 위한 공공임대주택을 확대했다.

(5) 미국

저소득층 주거 지원 프로그램(LIH Tax Credit)

미국은 저소득층의 주거 안정을 위해 세제 혜택과 금융 지원을 결합한 정책을 시행하고 있다.

주요 정책

저소득층 주택 세액공제(LIHTC) ▶ 민간 개발업자가 저소득층 주택을 공급할 경우 세금 공제를 제공해 민간의 참여를 유도했다.

임대 보조금 프로그램(Section 8) ▶ 연방 정부가 저소득층 가구의 임대료 일부를 보조해 주거비 부담을 줄였다.

주택 자금 지원 ▶ 지역 주택청을 통해 저소득층에게 대출을 제공하고, 이를 통해 주거 양극화를 완화했다.

(6) 프랑스

지역 균형 발전을 위한 공공투자

프랑스는 지역별 균형 발전을 목표로 부동산 시장에 적극적으로 개입해 양극화를 줄였다.

주요 정책

사회주택 확대(Le Logement Social) ▶ 공공임대주택 비율을 20% 이상 유지하도록 법으로 규정하고, 이를 통해 저소득층의 주거 안정성을 확보했다.

분산형 도시 개발 ▶ 대도시 외곽 및 지방 중소도시에 인프라를 투자해 주택 수요를 분산하고 지역 간 불균형을 해소했다.

임대료 통제 지역 지정 ▶ 특정 지역에서 임대료 상한선을 설정해 부동산 가격 상승을 억제했다.

(7) 호주

세제 혜택과 공공 지원 결합

호주는 세제 혜택과 공공 지원을 통해 실수요자 중심의 부동산 시장을 조성했다.

주요 정책

First Home Owner Grant(FHOG) ▶ 최초 주택 구매자에게 보조금을 지원해 주택 구매 초기 비용을 낮췄다.

주택 대출 보증 프로그램 ▶ 소득이 낮은 가구가 주택을 구매할 때 정부가 대출의 일부를 보증해 접근성을 높였다.

저렴한 주택 공급 프로그램(National Rental Affordability Scheme) ▶ 민간과 공공의 협력을 통해 저소득층을 위한 임대주택 공급을 확대했다.

(8) 네덜란드

적정 임대료법 도입

임대 시장의 안정화를 위해 부동산 가치, 면적, 편의 시설 등을 고려한 포인트 기반 임대료 산정 시스템 도입, 임차인 보호 및 임대료 적정성 개선 목표를 위해 적정 임대료법'을 도입했다. 이 정책으로 인해 약 30만 가구의 평균 임대료가 190유로 감소할 것으로 예상된다. 다만 일부 임대인들이 임대 대신 매각을 선택하면서 임대 시장 공급이 감소하는 부작용도 나타났다.

결론

해외 주요국들은 각국의 경제, 사회적 여건에 맞춰 다양한 방식으로 부동산 양극화를 해소해 왔다. 싱가포르의 공공주택 중심 모델, 독일과 프랑스의 임대료 규제 및 공공임대주택 확대, 일본과 호주의 민간 참여 유도 정책은 모두 성공적인 사례로 꼽힌다. 한국도 이를 참고하여 공공과 민간의 협력 모델, 세제와 금융 지원 결합 등을 적극적으로 도입해야 부동산 양극화를 효과적으로 줄일 수 있다. 이러한 해외 사례들은 부동산 양극화 해소를 위한 다양한 접근 방식을 보여주지만, 동시에 완벽한 해결책은 없음을

시사한다. 각국의 상황에 맞는 지속적인 정책 개선과 보완이 필요함을 알
수 있다.

5장

세대 간의 이해와 화합

1 | 세대 간 갈등 현황

1) 세대 간 갈등이란

(1) 세대 간 갈등의 개념

세대 간 갈등은 특정 사회 내에서 서로 다른 세대가 가진 가치관, 신념, 이해관계, 사회적·경제적 자원의 배분 문제로 인해 발생하는 갈등을 의미한다.

(2) 세대의 의미

동일한 시대에 태어나 비슷한 경험과 환경에서 성장한 집단을 말한다. 예를 들면 베이비붐 세대, MZ 세대(밀레니얼+Z세대), X세대 등이다.

(3) 갈등의 형태

세대별로 삶의 우선순위와 자원 분배를 바라보는 관점 차이에서 발생하며, 정치적·경제적 정책이나 사회문화적 문제를 둘러싼 의견 충돌로 나타난다.

(4) 세대 간 갈등의 정의

세대 간 갈등은 경제적 자원(예: 연금, 주거, 고용)이나 사회적 권리(예: 정책적 우선순위, 복지 혜택)와 관련된 세대별 이해관계 차이로 인해 발생하는 충돌을 뜻한다.

(5) 주요 특징

세대별 경험 차이에 기반

같은 사건을 다르게 인식하고, 다양한 가치를 추구한다. 예를 들면 X 세대는 경제 성장기를 경험했지만, MZ 세대는 경제 침체기를 겪었다.

사회적 환경 변화 반영

기술 발전, 경제 변화, 정책 변화 등으로 세대 간 격차가 심화되고 있다.

주요 갈등 분야

고용, 부동산, 연금, 복지, 문화, 정치 등에서 나타나고 있다.

(6) 세대 간 갈등의 특징

서로 다른 성장 배경과 시대적 경험

세대 간 갈등의 가장 큰 특징은 서로 다른 역사적·경제적 환경에서 성장한 경험의 차이다.

기성세대

경제 성장과 사회 안정기에 성장한 세대로서 노력에 따른 성과를 기대하고, 절약과 인내를 중시한다.

청년세대

불확실성과 경쟁이 심화한 시대를 겪은 세대로서 개인의 행복과 균형을 중시하며 기존 질서에 도전적이다.

사례

주택 문제에서 기성세대는 "과거에는 어렵게 마련했으니 노력하라"는 시각을 가지며, 청년세대는 "현재는 주택 가격이 지나치게 상승했다"라는 불만을 표출하고 있다.

(7) 가치관과 우선 순위의 차이

기성세대

안정적 직장, 주택 소유, 자녀 양육 같은 '전통적 성공 모델'을 중시한다.

청년세대

워라밸(일과 삶의 균형), 개인적 성취, 자기 계발을 중시한다. 이러한 차이는 사회적 자원 분배를 둘러싼 갈등으로 이어진다. 예를 들면 공정성 이슈(채용 방식, 정부 지원 정책 등)에 대해서 기성세대는 자신들이 더 많이 기여했다고 주장하고 청년세대는 '기회의 공정성'을 요구한다.

경제적 양극화의 심화와 세대 간 격차

세대 간 갈등은 경제적 자원 격차와 밀접한 연관이 있다.

부동산

기성세대는 주택을 자산으로 축적했지만, 청년세대는 높은 집값으로 내 집 마련에 어려움을 겪고 있다.

고용

　기성세대는 안정적인 고용 환경을 누렸지만, 청년세대는 비정규직 증가와 고용 불안을 겪고 있다.

사례

　연금 개혁 문제에서, 기성세대는 자신들의 연금 축소에 반발하며, 청년세대는 '미래 부담'을 우려한다.

(8) 기술 발전과 디지털 격차

디지털 세대와 아날로그 세대의 차이

　청년세대는 디지털 환경에서 성장, 기술을 활용한 경제 활동과 소통 방식 선호한다. 기성세대는 디지털 기술에 대한 이해와 적응 속도가 느리다.

갈등 양상

　새로운 기술 도입(예: AI, 디지털 전환)에 대한 정책 우선순위를 두고 갈등 발생한다.

정치적 성향과 정책 우선순위의 차이

　세대별로 선호하는 정치적 이슈와 정책 방향이 다르다.

기성세대

　사회 안정과 안보 중심 정책을 선호한다.

청년세대

　공정성, 환경, 기술 혁신 등을 중시한다. 정치적 세대 갈등은 선거 참여와 결과에 영향을 미친다. 예를 들면 복지 정책에서 "어떤 세대가 더 많은 혜택을 받는가?"에 대한 논쟁이 벌어지고 있다.

(9) 세대 간 갈등의 특징 요약과 사회적 함의

갈등의 다차원성

　경제적, 사회적, 문화적, 정치적 요인이 복합적으로 작용한다.

세대 간 이해 부족

　상호 공감과 대화 부족이 문제를 심화시킨다.

사회적 비용 증가

　세대 갈등이 지속될 때 사회적 신뢰와 통합 저해, 경제적 효율성 저하된다. 세대 간 갈등은 단순히 세대별 차이로 끝나는 것이 아니라, 양극화 심화와 함께 사회의 지속 가능성을 위협하는 요인이 된다. 이를 해결하기 위해 상호 이해를 높이고, 공정하고 균형 잡힌 정책이 필요하다.

2) 세대 간 갈등의 구체적 양상

(1) 경제적 양상 : 소득과 자산의 불평등
소득 격차

　기성세대는 안정적 고용과 경제 성장 혜택을 누렸지만, 청년세대는 비정 규직 증가와 소득 정체를 겪고 있다. 청년세대는 '공정한 기회'를 요구하며, 기성세대는 자신들이 '경제 발전의 주역'이었다는 견해를 고수한다.

자산 격차

　기성세대는 부동산 가격 상승으로 자산을 축적했지만, 청년세대는 높은 주택 가격으로 내 집 마련이 어려웠다. 세대 간 자산의 불평등이 부의 세습 으로 이어지며 갈등을 심화한다.

사례

　청년층은 '벼락 거지'라는 용어를 사용하며, 자산을 가진 기성세대와의 격차에 대한 좌절감을 표현한다.

(2) 고용 시장에서의 세대 간 대립
취업의 어려움과 경쟁

　기성세대는 안정적인 정규직 고용 구조에서 경력을 쌓았지만, 청년세대 는 비정규직과 불안정한 고용 환경에 처해 있다. 청년층은 기성세대의 정년 연장이나 직무 연장을 '기회의 축소'로 인식한다.

퇴직자 재고용 논란

　퇴직 후 재고용되는 기성세대가 청년층의 일자리 진입 장벽으로 여겨진 다. 기성세대는 경륜과 경험을 강조하지만, 청년층은 새로운 기회 제공을 요구한다.

사례

　공공기관과 대기업의 정년 연장 논의에서 청년층과 기성세대 간의 대립 하고 있다.

(3) 복지와 연금 체계에서의 이해 충돌

연금 문제

　기성세대는 기존 연금 체계를 유지하려는 입장이 강하며, 청년세대는 '불공평한 부담'에 대해 문제를 제기한다. 청년층은 "기성세대가 충분히 혜택을 누리고 있다"라고 비판하며, 연금 개혁 필요성을 주장한다.

복지 정책

　기성세대는 노인복지 확대를 지지하지만, 청년층은 그로 인한 재정 부담 증가를 우려한다.

사례

　국민연금 개혁 논의에서 세대 간 갈등이 표면화되고 있다.

(4) 주거 문제에서의 갈등

기성세대의 자산 축적과 청년세대의 부담

　기성세대는 주택 가격 상승으로 자산을 축적했지만, 청년세대는 주택 임대료 상승과 내 집 마련의 어려움으로 고통받고 있다. 청년층은 '부동산 불평등'을 양극화의 핵심 원인으로 지적한다.

정책 반응 차이

　기성세대는 부동산 규제 완화를 지지하지만, 청년세대는 규제 강화와 공공임대 확대를 요구한다.

사례

　부동산 세금 정책이나 임대차 보호법 논의에서 견해 차이가 발생한다.

(5) 정치적 성향과 정책 우선순위 차이

정치적 의제의 우선순위

　기성세대는 안정, 전통적 가치, 국가 안보를 중시한다. 청년세대는 공정성, 환경 문제, 디지털 혁신에 관심이 있다.

정치 참여의 방식

　기성세대는 투표율이 높고 보수적인 경향을 보이지만, 청년세대는 소셜 미디어와 캠페인을 통해 의견을 표출한다.

사례

　선거에서 연령대별 투표 성향의 차이가 정책 결정에 반영되며 세대 간 갈등을 초래한다.

(6) 문화적 차이와 세대 간 소통의 어려움

가치관의 변화

기성세대는 공동체와 희생을 중시하지만, 청년세대는 개인주의와 자기계발을 중시한다. 청년층은 기성세대가 '꼰대 문화'를 강요한다고 느끼며, 기성세대는 청년층의 '책임 회피'를 지적한다.

소통 방식의 차이

청년층은 디지털 플랫폼을 통해 소통하지만, 기성세대는 전통적인 소통 방식을 선호한다.

사례

직장 내 소통 문제에서 세대 간 갈등이 두드러진다.

(7) 기술 발전과 디지털 격차

디지털 네이티브 vs. 디지털 이주민

청년세대는 기술 혁신에 빠르게 적응하지만, 기성세대는 변화에 어려움을 겪고 있다. 디지털 환경에서의 세대 간 능력 차이가 경제적·사회적 기회 차이로 이어진다.

기술 도입과 정책

기성세대는 기술 도입의 필요성을 느끼지만, 청년세대는 이를 사회 혁신의 필수 요소로 간주한다.

사례

원격 근무나 AI 기술 도입을 둘러싼 조직 내 세대 갈등이 쌓인다.

결론: 세대 간 갈등 양상의 종합적 분석과 해결 방향

세대 간 갈등은 경제, 고용, 주거, 복지, 정치, 문화 등 사회 전반에 걸쳐 다양한 양상으로 나타나며, 이는 양극화를 더욱 심화시키고 있다. 이를 해결하기 위해 세대별 이해와 공감, 균형 잡힌 정책 설계, 소통 플랫폼 구축이 필수적이다.

3) 세대 간 갈등의 주요 지표 분석

세대 간 갈등을 이해하고 완화하기 위해, 경제, 고용, 복지, 주거 등 다양한 지표를 분석하는 것은 필수적이다. 이를 통해 세대별 삶의 질과 격차를 수치로 파악하고, 근본 원인과 해결 방안을 도출할 수 있다.

(1) 소득 격차 지표/ 세대별 소득 분포

기성세대는 1990년대와 2000년대 초반의 경제 성장기와 안정적 고용 환경에서 평균 소득이 상승했다. 청년세대는 2008년 글로벌 금융위기 이후 저성장과 취업난으로 소득 증가가 정체됐다.

소득 증가율 차이

기성세대는 청년세대보다 평균적으로 높다. 청년세대는 비정규직 비율이 높고, 정규직 초봉의 상승률이 매우 낮아 소득 격차가 고착되고 있다.

사례

대졸 신입사원의 평균 초봉이 과거에 비해 크게 오르지 않으면서 물가 상승률을 따라가지 못하는 현상을 보인다.

(2) 자산 격차 지표/ 세대별 부동산 자산 보유 현황

기성세대는 2000년대 초부터 시작된 부동산 가격 상승으로 큰 자산 증식을 경험했다. 청년세대는 높은 주택 가격으로 인해 자산 형성이 어렵다.

평균 자산 규모

50대 이상의 자산은 부동산과 금융 자산이 큰 비중을 차지하는 반면, 20~30대는 부채 비율이 높다.

사례

한국은행 통계에 따르면, 20대와 30대의 가구 평균 자산은 50대 가구 자산의 절반에도 미치지 못한다.

(3) 고용 및 실업률 지표

청년 실업률

20대 실업률은 지속해 두 자릿수를 기록하며, 기성세대의 실업률보다 2~3배 높다. 경제 불황과 고용 시장의 변화로 안정적 일자리가 부족하다.

기성세대의 고용 유지

정년 연장과 재고용 정책으로 인해 고령층의 고용률은 상승하고 있다. 이는 청년층의 신규 고용 기회를 감소시키는 원인으로 지적된다.

사례

통계청 자료에 따르면, 2023년 기준 20대 실업률은 약 9.6%, 50대는

3.2%로 나타났다.

(4) 주거 안정성 지표

전세 및 월세 비중 증가

청년층의 자가 보유율은 낮고, 월세나 전세에 의존하는 비율이 높다. 주택담보대출과 전세대출을 통한 부채 증가가 가계 부담으로 작용한다.

주거비 부담률

청년세대의 주거비 부담률은 소득 대비 30% 이상으로, 기성세대의 평균 15%를 크게 웃돈다.

사례

서울의 평균 전세 보증금이 대출 한도를 초과하며 청년층이 월세로 이동하는 추세가 증가한다.

(5) 연금 및 복지 지표

국민연금 수급률과 재정 안정성

기성세대는 국민연금을 통해 노후를 비교적 안정적으로 대비한다. 청년세대는 연금 고갈 가능성과 기여금 부담 증가에 대해 불만을 제기한다.

복지 수혜 비중

고령층 대상의 복지 예산은 전체 복지 지출의 50% 이상 차지한다. 청년층은 취업 지원과 주거 복지 혜택이 상대적으로 부족하다고 느낀다.

사례

노인 일자리 사업과 청년 취업 지원 사업의 예산 비중이 비교되며 갈등이 발생한다.

(6) 정치 및 사회적 참여 지표

투표율

기성세대는 70% 이상의 높은 투표율을 보이며, 정치적 영향력이 강하다. 청년세대는 투표율이 50% 이하로 낮고, 정치 참여 방식에서 차이를 보인다. (예 : 온라인 캠페인)

정책 우선순위 차이

기성세대는 연금, 의료, 주거 안정을 중요시하지만, 청년세대는 고용, 환경, 공정성에 중점을 둔다.

사례

특정 선거에서 세대별 투표 성향이 극명하게 나뉘는 현상이다.

(7) 세대 간 지표 분석의 종합과 시사점

지표의 의미

세대 간 갈등은 소득, 자산, 고용, 복지, 정치 등 다방면으로 드러나며, 통계 지표는 이를 입증한다.

사회적 함의

세대 간 지표 격차가 지속되면 사회적 불만이 증폭되고, 세대 간 신뢰가 약화할 가능성이 높다.

정책적 대응 필요성

세대 간 균형 잡힌 정책 설계와 자원의 공정한 배분, 세대 간 대화를 통한 상호 이해가 필수적이다.

4) 세대 간 고용 및 소득 격차

(1) 심화 배경

세대 간 갈등은 고용 기회와 소득 분배에서 두드러지며, 이는 노동 시장의 구조적 변화와 경제 성장 둔화, 정책적 한계 등이 복합적으로 작용한 결과다. 이 문제는 세대 간 경제적 불평등과 신뢰 저하로 이어지고 있다.

(2) 세대 간 고용 격차의 양상 : 고령층의 고용 연장과 청년층 일자리 경쟁

고령층의 고용 증가

정년 연장과 고령자 재고용 정책은 고령층의 경제활동 참여를 증가시켰다. 예를 들어, 공공부문에서 고령층 일자리 창출 사업은 증가했지만, 이는 청년층의 신규 채용 기회를 제한하는 결과를 초래하기도 한다.

청년층의 경쟁 심화

고용 시장에서 청년층은 비정규직 증가와 고임금 정규직 진입 장벽으로 어려움을 겪고 있다. 한국의 청년층 실업률은 약 10%로, 이는 전체 실업률보다 두 배 이상 높은 수준을 기록한다.

(3) 고용 형태의 세대 간 차이

기성세대의 안정적 고용

40대 이상 기성세대는 정규직 비율이 높고, 고용 안정성을 유지하고 있다. 과거 경제 성장기 동안 창출된 양질의 일자리가 이들에게 주어졌다.

청년세대의 고용 불안

청년세대는 비정규직, 계약직, 플랫폼 노동과 같은 불안정한 고용 형태에 주로 종사하고 있다. 청년층의 평균 계약 기간은 1~2년에 불과해, 고용 안정성과 경력 개발이 어려운 실정이다.

(4) 세대 간 소득 격차의 현실 : 평균 소득의 세대별 격차

기성세대의 소득 우위

40~50대는 경력과 고용 안정성을 기반으로 한 평균 소득이 높다. 특히 대기업 및 공공기관 근무자의 경우, 경력에 따른 연봉 상승효과가 크다.

청년세대의 소득 정체

청년층의 평균 초봉은 과거에 비해 상승률이 낮고, 물가 상승률을 따라가지 못하고 있다. 비정규직의 경우, 정규직 대비 평균 소득이 약 60~70% 수준에 불과하다.

(5) 세대 간 소득 증가율 차이

기성세대의 자산 연계 소득

기성세대는 자산 기반 소득(예: 부동산 임대 수익)이 증가하며, 노동 소득 외의 추가 소득을 창출한다.

청년세대의 소득 정체

청년세대는 부동산 가격 상승으로 자산 축적 기회를 잃고, 노동 소득에 전적으로 의존한다.

(6) 세대 간 고용 및 소득 격차 심화의 주요 원인

경제 성장 둔화와 노동 시장 구조의 변화

과거와 달리, 저성장 기조가 지속되면서 양질의 일자리 창출이 줄어들고 있다. 자동화와 AI 도입 등 기술 변화가 일자리를 대체하며, 특히 청년층에 불리한 영향을 미치고 있다.

교육과 노동 시장의 미스매치

청년층은 고학력화가 진행되었지만, 이는 직업별 수요와 공급 간의 불일치로 이어지고 있다. 학력에 비해 낮은 임금의 직업을 선택하거나, 취업을 포기하는 청년층이 증가하고 있다.

정책적 지원의 불균형

고령층 대상 복지 및 고용 지원 정책에 비해 청년층을 위한 지원은 상대적으로 부족하다. 청년 취업 지원과 일자리 창출을 위한 재정 투입이 충분하지 않아 세대 간 격차가 확대되고 있다.

(7) 세대 간 고용 및 소득 격차 해소

세대 균형 잡힌 고용 정책 도입

정년 연장과 청년 고용 연계를 병행하여 정년 연장 정책을 청년 신규 채용 의무화와 연계해 고용 시장의 세대 간 균형을 맞춰야 한다.

청년층 고용 지원 강화

청년 창업 지원, 디지털 산업 중심의 새로운 일자리 창출 정책을 적극 도입해야 한다.

(8) 소득 불균형 완화를 위한 정책 개선

최저임금제와 소득 보조 확대

청년층이 겪는 소득 불평등을 완화하기 위해 최저임금 인상 및 고용 장려금 확대가 필요하다.

기성세대의 추가 소득에 대한 공정 과세

부동산 임대 소득 등에 대한 과세를 통해 조세 형평성을 강화하고, 청년 복지 재원으로 활용해야 한다.

(9) 세대 간 소통 플랫폼 구축

세대 간 대화 및 정책 참여 기회 제공

세대별 이해 차이를 좁히기 위해 사회적 대화와 협의체를 운영해 공감대를 형성해야 한다.

정책 우선순위 조율

청년과 기성세대가 정책 우선순위와 자원 배분에 대해 함께 논의하는 장을 마련해야 한다.

결론

세대 간 고용 및 소득 격차는 사회적 갈등을 심화시키는 핵심 요소로, 이를 해결하지 않으면 사회 통합이 어려워질 수 있다. 공정한 고용 기회와 소득 분배를 위한 제도적 개혁과 정책적 노력이 요구된다. 세대 간 협력과 공감이 더불어 실질적인 지원 방안을 마련해야 할 시점이다.

5) 복지 및 연금에 대한 세대별 인식

(1) 세대 간 복지 및 연금에 대한 갈등의 배경

한국의 복지 및 연금 제도는 급속한 고령화와 경제적 양극화 속에서 세대 간 갈등의 중심에 있다. 세대별로 복지와 연금에 대한 수혜 기대치와 부담 인식이 크게 차이 나며, 이는 경제적 불평등과 정치적 대립으로 이어지고 있다.

(2) 고령층의 복지와 연금에 대한 인식

수혜 중심의 사고

고령층은 국민연금을 비롯한 공적 연금과 노인복지 서비스를 삶의 안전 장치로 인식한다. 복지 혜택 확대를 강하게 요구하며, 특히 기초연금과 의료비 지원이 주요 관심사다.

기여에 대한 관점

고령층은 자신들이 경제 성장기 동안 노력하며 연금과 세금을 납부해 온 점을 강조하며, 이를 기반으로 한 수혜를 정당화한다.

우려 사항

연금 재정 고갈 가능성에 대한 우려가 있지만, 기존 수혜 수준의 축소에 대해 강한 반대 의사를 보인다.

(3) 청년층의 복지와 연금에 대한 인식

부담 중심의 사고

청년층은 국민연금 기여금이 높아지고 있지만, 연금 고갈 가능성으로 인해 노후 수혜에 대한 신뢰가 낮다. "내가 낸 돈을 돌려받을 수 있을까?"라는 의문이 청년층 전반에 퍼져있다.

불공정성에 대한 인식

고령층의 복지 혜택이 확대되면서 청년층의 부담이 증가하는 것을 불공정하게 느끼며 세대 간 형평성을 요구한다.

복지 우선순위 차이

청년층은 연금보다 주거비, 교육비 지원과 같은 단기적 복지를 더 중요시한다.

(4) 연금에 대한 세대 간 구체적 갈등 : 연금 재정 고갈 문제

고령층의 입장

연금 수급액 축소를 반대하며, 국가 재정을 통한 지속적인 연금 지원을 요구한다. 현재의 재정 문제를 국가와 미래 세대가 부담해야 한다는 인식이 강하다.

청년층의 입장

연금 재정 고갈이 자신들에게 더 큰 경제적 부담으로 이어질 것을 우려하며, 연금 개혁이 필요하다고 주장한다. 특히, 기성세대가 더 많은 기여금을 내지 않고 수혜를 누리는 점에 불만을 가지고 있다.

(5) 기초연금 및 국민연금에 대한 갈등

기초연금 확대 논란

고령층은 기초연금의 인상 및 지급 대상을 확대해야 한다고 주장한다. 반면, 청년층은 기초연금 확대가 국민연금 재정에 부정적 영향을 미칠 수 있다고 우려한다.

국민연금 개혁 방향

고령층은 현행 구조를 유지하면서 재정 지원을 늘리는 방안을 선호한다. 청년층은 기여금 부담을 줄이고, 수급 개시 연령 상향 조정과 같은 구조적 개혁을 요구한다.

복지 정책에 대한 세대 간 인식 차이 : 복지 예산 배분 문제

고령층의 요구 ▶ 고령층은 의료비 지원 확대, 노인 일자리 창출, 주거 복지 강화를 중점적으로 요구한다. 전체 복지 예산 중 노인복지가 50% 이상 차지하는 점을 긍정적으로 평가한다.

청년층의 요구 ▶ 청년층은 취업 지원, 주거비 보조, 육아 지원 등 미래 지향적 복지 예산 확대를 요구한다. 복지 예산의 세대 간 불균형을 불공정하게 느끼며, 재조정 필요성을 제기한다.

(7) 정치적 인식과 복지 선호 차이

기성세대

기성세대는 복지 확대를 위해 증세를 수용할 가능성이 높으며, 보수적인 정책 선호도가 크다.

청년세대

청년세대는 세금 인상에 민감하며, 공정성과 효율성을 기반으로 한 복지 정책을 요구한다.

(8) 연금 개혁을 통한 세대 간 형평성 확보

국민연금 구조 개편

기여금 인상과 수급액 조정, 수급 개시 연령 상향을 통해 지속 가능성을 확보해야 한다.

연금 고갈 문제 해결

청년층의 신뢰를 회복하기 위해 연금 기금 운용의 투명성을 높이고, 재정 관리 방안을 개선해야 한다.

(9) 세대 통합형 복지 정책 추진

맞춤형 복지 정책

고령층과 청년층의 복지 요구를 모두 반영하는 균형 잡힌 복지 정책이 필요하다. 예를 들면 청년층 주거비 지원 확대와 동시에 고령층 의료비 보조 유지다.

세대 간 대화 플랫폼 구축

세대별 복지 요구와 우선순위를 조율할 수 있는 공론화 장치를 마련해야 한다.

(10) 복지 재원 확보를 위한 합리적 증세 논의

세대 간 부담 분담

고령층 자산에 대한 과세 강화, 청년층 소득세 감면 등의 세제 개혁을 통해 세대 간 재정 부담을 조정해야 한다.

복지 효율성 강화

중복 복지와 비효율적 예산 사용을 줄이고, 효과적인 복지 사업에 집중해야 한다.

결론

복지 및 연금 문제는 세대 간 갈등을 초래하는 중요 요인으로, 각 세대 요구와 기대가 상충하고 있다. 이러한 갈등을 해소하기 위해서 공정하고 지속 가능한 복지 및 연금 개혁과 세대 간 소통이 필수적이다. 이는 한국 사회의 양극화를 완화하고, 사회적 신뢰를 회복하는 데 중요한 역할을 할 것이다.

2 | AI 시대의 세대 간 갈등 심화 원인

1) AI 시대 고용구조 변화와 청년 실업

(1) AI 시대 고용 구조 변화의 개요

AI와 자동화는 산업과 노동 시장에 급격한 변화를 가져오며, 새로운 일자리를 창출하는 동시에 기존 일자리를 대체하고 있다. 이러한 변화는 특히 청년층에게 영향을 미쳐 실업률 상승과 불안정 고용 문제를 야기하고 있다.

(2) 기술 발전에 따른 직업 대체와 변화

기존 일자리 대체

AI와 로봇이 단순 반복 업무와 정형화된 지식 노동을 대체하면서 기존의 전통적 일자리가 줄어들고 있다. 예를 들면 제조업, 물류, 사무 관리 분야에서 자동화가 확산하고 있다.

신규 일자리 창출

AI 기술 개발, 데이터 분석, 디지털 플랫폼 운영 등 새로운 직업군이 등장한다. 그러나 이러한 일자리는 전문 기술과 고급 디지털 역량을 요구하며, 청년층이 이를 따라가기 어려운 경우가 많다.

(3) 고용 형태의 변화

비정규직 증가

플랫폼 경제와 프리랜서 기반의 일자리 증가로 고용 형태가 유연화하고 있지만 안정적 고용이 줄어들며 청년층의 경제적 불안정성이 심화한다.

원격 근무와 디지털 노동의 확대

AI 시대에는 원격 근무와 같은 비대면 근로 형태가 확산하며 전통적 사무실 중심의 고용 구조가 변화하고 있다.

(4) 청년 실업 문제의 양상 : 청년 실업률의 증가

경제 불황과 구조적 실업

AI 기술이 전통적 산업을 대체하는 과정에서 청년층이 직업을 구하기 어려워지고 있다. 특히 대기업 중심의 고용 시장에서 신규 채용 규모가 감소하며 청년 실업률이 상승한다.

취업 경쟁 심화

학력과 경력 중심의 고용 환경이 강화되면서 청년층의 취업 진입 장벽이 높아지고 있다.

(5) 일자리 질의 저하

저임금 직종으로의 몰림

청년층은 안정적 고용보다 비정규직과 단기 계약직에 몰리며 낮은 임금을 받는 경우가 많다.

미스 매치 문제

청년들이 원하는 직업과 시장에서 요구하는 기술 및 역량 간의 불일치로 인해 실업 상태가 장기화하고 있다.

(6) AI 시대 청년 실업 문제의 주요 원인

디지털 역량, 교육과 기술 격차로 일부 청년층은 AI 기술과 디지털 활용 능력을 갖추지 못해 새로운 일자리에 접근하지 못하고 있다. 특히 교육 기회와 지역 간 디지털 격차가 문제로 대두되고 있다.

(7) 산업 구조의 변화와 노동 시장의 경직성

산업 전환 속도의 문제

전통 산업에서 신산업으로의 전환 속도에 비해 노동 시장의 유연성이 부족하여 고용 창출이 더디게 이루어지고 있다.

중소기업과 대기업 간 격차

대기업은 AI 기술을 활용해 고용 규모를 축소하는 반면, 중소기업은 기술 도입이 어려워 고용 환경을 개선하지 못하고 있다.

(8) 정책적 미비점

청년 일자리 정책의 한계

정부가 추진하는 청년 고용 정책이 일자리 수 증가보다 단기적 지원에 초점이 맞춰져 있다.

AI 산업 정책과 연계 부족

　AI 산업 발전과 청년 고용 정책 간의 연계가 부족해 신산업에서 청년 일자리를 창출하는 데 실패하고 있다.

(9) AI 시대 청년 실업 문제의 해결 방안

디지털 역량 강화 교육 확대

　AI와 데이터 분석 등 고급 디지털 기술을 청년층에게 가르치는 직업훈련 프로그램을 확대해야 한다.

산학협력을 통한 실무 중심 교육

　대학과 기업 간 협력으로 실무 중심의 AI 기술 교육을 제공하고, 현장에서 활용이 가능한 기술을 배우게 해야 한다.

새로운 일자리 창출을 위한 정책적 노력

　AI 기술 기반 신산업 육성 ▶ AI와 연계된 신산업을 적극 지원하고 청년 일자리를 창출하는 기업에 세제 혜택과 지원금을 제공한다.

　스타트업과 벤처 지원 강화 ▶ 창업과 스타트업 환경을 조성하여 청년들이 새로운 비즈니스 모델에 참여할 수 있도록 유도해야 한다.

(10) 고용 형태 개선과 노동 시장 유연화

안정적 고용 정책

　비정규직의 정규직 전환을 유도하고, 플랫폼 노동자에 대한 법적 보호를 강화해야 한다.

청년 맞춤형 고용 지원

　청년층의 취업 요구를 반영한 직업 매칭 서비스와 맞춤형 고용 지원 프로그램을 개발한다.

(11) 정책 통합과 지속 가능성 확보

AI 산업과 고용 정책 연계

　AI 산업 육성과 청년 고용 확대를 통합적으로 추진하여 일자리 문제를 해결해야 한다.

청년 고용 안정화 펀드 도입

　AI 시대 변화 속에서 청년층을 위한 고용 안정화 펀드를 마련해 지속 가능한 지원체계를 구축한다.

결론

AI 시대의 고용 구조 변화는 청년 실업 문제를 악화시키는 주요 요인이지만, 이를 기회로 삼아 새로운 산업과 일자리를 창출할 가능성도 존재한다. 청년층의 디지털 기술 역량을 강화하고, 신산업 중심의 고용 창출을 적극적으로 추진하며, 안정적인 고용 환경을 조성한다면 세대 간 갈등을 완화하고 민생경제를 활성화할 수 있을 것이다.

2) AI 시대 세대별 가치관과 문화의 차이

(1) 가치관과 문화 차이의 심화

한국 사회에서 세대 간 양극화는 점점 더 심화하고 있으며, 특히 AI 시대의 도래는 이러한 양극화를 더욱 부각하게 된다. 기술 발전과 정보화 사회의 변화는 각 세대가 경험하는 사회적 환경과 문화적 배경을 다르게 만들어 가치관의 차이를 초래했다.

(2) AI 시대의 세대별 가치관 분석

베이비붐 세대 (1946-1964) : 안정성과 전통을 중시

경제적 안정과 고용 중심의 가치관 ▶ 베이비붐 세대는 경제 성장과 고용 안정성을 중시한다. 이들은 직장에서의 안정적인 일자리와 정년 보장을 중요시하며, 사회적 지위와 명예를 중요한 가치로 삼는다.

전통과 가족 중심의 사회관 ▶ 가족과 사회의 전통적인 가치관을 중시하며, 사회적 연대와 공동체를 강조하는 경향이 있다. 이러한 가치관은 사회 변화와 새로운 트렌드에 대한 보수적인 시각을 가지는 원인이 된다.

X세대 (1965-1980) : 현실주의와 자립을 중시

경제적 자립과 생존 전략 ▶ X세대는 불확실한 경제 환경 속에서 자립을 위한 생존 전략을 갖추고 있다. 이들은 경제적 자립과 커리어 발전을 중시하며, 자신의 성공을 통해 사회적 자립을 이루고자 한다.

기술 적응과 변화에 대한 열린 태도 ▶ 이 세대는 디지털 기술과 컴퓨터 혁명으로 급변하는 시대를 경험하며 기술의 중요성을 이해하지만, 그에 대한 전면적인 적응은 밀레니얼 세대보다는 뒤처질 수 있다.

밀레니얼 세대 (1981-1996) : 개인의 자유와 다양성 중시

자기 계발과 개인 삶의 질 ▶ 밀레니얼 세대는 개인의 자유와 자기 계발을 중시하며, 일과 삶의 균형을 중시한다. 이들은 직장에서의 만족도와 의미 있는 일을 더 중요시하며, 경제적 보상보다는 일과 개인적 가치의 조화를 추구한다.

소셜미디어와 디지털 원주민 ▶ 이 세대는 디지털 환경에서 성장한 세대로서 소셜미디어와 모바일 기술에 익숙하며, 정보 공유와 사회적 연대에 능숙하다. 이는 그들의 가치관에 큰 영향을 미쳤다.

Z세대 (1997년 이후) : 혁신과 디지털 네이티브

테크놀로지와의 융합 ▶ Z세대는 태어날 때부터 디지털 기술과 함께 자라난 '디지털 네이티브'로, 인터넷과 스마트폰이 일상적인 도구다. 이들은 신기술에 대한 적응력이 뛰어나며, 혁신과 창의성을 중시한다.

사회적 가치와 문제 해결 의식 ▶ 이 세대는 사회적 문제 해결에 관심이 높으며, 환경 보호와 공정한 사회 구축 등을 중요시한다. 그들은 자신들의 목소리를 소셜미디어와 다양한 플랫폼을 통해 적극적으로 표현한다.

(3) AI 시대의 문화 차이 분석

베이비붐 세대의 전통적인 문화

정체성과 집단주의 ▶ 베이비붐 세대는 집단 중심의 문화와 강한 정체성을 유지하며, 전통적인 가치와 의식을 따른다. 이는 가정, 직장, 사회에서의 책임감을 강조하는 특징으로 나타난다.

소득과 안정성을 문화의 중심 ▶ 사회적 성취를 경제적 안정성에서 찾으며, 명예와 소속감을 중요시한다.

X세대의 중간적 문화

혼합적 가치와 실용성 ▶ X세대는 전통과 현대적 가치가 혼합된 문화적 태도를 가진다. 이들은 위기 상황에서도 현실적인 해결책을 찾으며, 공존하는 기술과 아날로그적인 가치를 동시에 중요시한다.

소셜 네트워킹의 도입 ▶ X세대는 초기 인터넷 사용과 소셜 네트워킹의 도입을 경험한 세대로, 디지털 기술에 대한 적응력이 있지만 밀레니얼과 Z세대보다는 보수적인 측면이 있다.

밀레니얼 세대의 글로벌 문화와 혁신적 사고

다양성과 글로벌 연결 ▶ 밀레니얼 세대는 글로벌 문화의 영향을 받으며 다양한 가치관을 포용하는 경향이 있다. 이들은 다양한 문화와의 교류를 자연스럽게 받아들이며, 글로벌 시민의식을 가진다.

창의성과 협력 ▶ 밀레니얼은 개인의 창의력과 협력을 중시하며, 창의적인 업무 방식과 혁신적인 사회적 문제 해결을 선호한다.

Z세대의 디지털과 실용적인 문화

디지털 문화의 본격적인 정착 ▶ Z세대는 디지털 문화가 일상적으로 자리잡은 첫 세대로, 이를 기반으로 성장한 새로운 문화적 흐름을 만든다. 이들은 '즉시성'과 '편리함'을 중시하며, 다양한 정보와 콘텐츠를 쉽게 접할 수 있다.

자기표현과 인플루언서 문화 ▶ 소셜미디어가 일상생활의 일부가 된 Z세대는 자기표현을 중시하며, 인플루언서로서의 삶을 추구하거나 다양한 플랫폼에서 자신의 목소리를 높인다.

결론 : AI 시대의 세대 간 가치관과 문화 차이를 넘어서는 방안

AI 시대의 도래는 세대 간 가치관과 문화의 차이를 심화시키고 있으며, 이를 해소하기 위해서는 공정하고 포괄적인 정책과 사회적 대화가 필요하다. 각 세대가 서로의 시각을 이해하고 존중할 수 있는 플랫폼을 마련하며, 세대별 맞춤형 접근을 통해 문화적 충돌을 완화하는 것이 중요하다. 이를 위해 교육, 고용, 정책 등 다양한 영역에서 협력적이고 융합적인 접근이 필요하다.

3) AI 시대 양극화가 세대 갈등에 미치는 영향

(1) AI 시대와 세대 간 양극화의 심화

AI 시대는 경제적, 사회적 변화를 가속하며 세대 간 갈등의 주요 원인 중 하나로 자리 잡고 있다. 기술 발전과 노동 시장 재편, 자산 불균형 등 다양한 요소가 세대 간 양극화를 심화시키며, 세대 간 신뢰와 협력을 약화하는 결과를 초래하고 있다.

(2) 디지털 기술 격차로 인한 세대 간 디지털 분열

기술 적응력 차이

젊은 세대는 AI와 디지털 기술에 더 쉽게 적응하지만, 베이비붐 세대와 X세대는 디지털 기술 활용에 상대적으로 어려움을 겪는다. 이러한 기술 격차는 일자리의 디지털화와 자동화 과정에서 세대 간 소득 및 고용 불평등을 확대한다.

디지털 소외 문제

고령 세대는 기술 변화에 소외되면서 일상생활에서의 정보 접근 및 경제 활동 참여에서 제약받고 있다.

(3) 고용 구조 변화와 세대 간 기회 불평등

AI로 인한 일자리 재편

AI는 단순 반복 업무와 저숙련 노동을 자동화하여 특정 세대(중·고령층)의 고용 기회를 감소시키고 있다. 반면, 젊은 세대는 AI 기술 관련 신규 직종에서 비교적 유리한 위치를 점하고 있다.

세대 간 소득 불평등

AI 시대의 고소득 직종은 주로 젊은 세대가 차지하고 있으며, 이는 세대 간 소득 격차를 심화시키는 요인으로 작용한다.

(4) 자산 양극화의 심화

AI 경제에서 자본 소득 집중

AI 기술의 확산은 자본을 소유한 계층에게 더 큰 이익을 제공한다. 베이비붐 세대는 기존 자산(부동산, 금융 자산)을 통해 상대적 이점을 유지하지만, 젊은 세대는 자산 형성 기회가 줄어드는 구조적 한계를 경험하고 있다.

부동산 시장의 세대 갈등

부동산 가격 상승은 고령 세대에게는 자산 가치 증대를, 젊은 세대에게는 주거 부담 증가를 가져와 세대 간 갈등을 유발한다.

(5) 복지와 연금 제도의 세대별 이해 충돌

복지 재원의 불균형

고령화가 진행됨에 따라 젊은 세대가 부담해야 할 복지 재원이 증가하고 있다. 이로 인해 세대 간 공정성에 대한 논쟁이 심화하고 있다.

연금 제도 갈등

기존 연금 체계는 고령 세대에 유리하게 설계되어 있으며, 이는 젊은 세대의 경제적 부담으로 이어지고 있다.

(6) AI 시대 양극화가 세대 갈등에 미치는 영향

세대 간 신뢰 약화와 사회적 불안정성 증가

기술 격차와 경제적 양극화는 세대 간 신뢰를 약화하며, 사회적 연대와 협력을 방해한다. 젊은 세대는 기존 세대의 자산과 권력 독점을 비판하며, 고령 세대는 젊은 세대의 가치관과 행동을 이해하지 못하는 갈등 구조가 형성한다.

정치적 양극화와 세대별 정책 요구 충돌

AI 시대의 변화는 각 세대가 선호하는 정책 방향에 대한 갈등을 심화시킨다. 예를 들어, 고령 세대는 안정적인 복지 정책을 요구하는 반면, 젊은 세대는 혁신적이고 공정한 기회를 요구한다. 이러한 세대별 정책 요구는 정치적 양극화를 강화하고 사회적 갈등을 증폭시킬 위험이 있다.

사회 통합의 저해와 갈등 구조의 고착화

세대 간 갈등은 공정성과 형평성에 대한 인식을 왜곡시키며, 지속적인 사회 통합을 방해한다. AI 기술이 세대 간 격차를 해소하기 위한 도구로 활용되지 못하면, 사회적 갈등은 더욱 고착될 가능성이 높다.

(7) AI 시대 세대 간 갈등 완화를 위한 방향

세대 간 대화와 이해 증진 프로그램 도입

세대별 가치관과 문화의 차이를 이해하고 공감대를 형성하기 위한 사회적 대화의 장을 마련해야 한다. 공공기관 및 민간 차원에서 세대 간 협력을 촉진하는 교육 및 커뮤니티 활동을 강화해야 한다.

공정한 고용 및 소득 재분배 정책 수립

세대별로 형평성을 고려한 고용 정책(예: 고령층 재교육 프로그램, 청년층 AI 기술 교육 지원)을 통해 기회의 균형을 맞춰야 한다. AI 기술 발전에 따른 소득 집중 현상을 완화하기 위해 기본소득제나 기술세 도입 등 재분배 정책을 논의해야 한다.

지속 가능한 연금 및 복지 시스템 구축

세대 간 공정성을 고려한 연금 제도 개혁이 필요하며, 젊은 세대의 부담을 완화하는 방향으로 재정 설계가 이뤄져야 한다. AI 기술을 활용한 복지 서비스의 효율화를 통해 복지 비용을 줄이고, 전 세대가 혜택을 받을 수 있는 체계를 마련해야 한다.

기술 적응력 향상을 위한 교육 혁신

고령층을 포함한 모든 세대를 대상으로 디지털 리터러시와 AI 기술 교육을 강화하여 기술 격차를 줄여야 한다. 세대 간 협력 프로젝트를 통해 기술 학습과 경험을 공유하는 환경을 조성해야 한다.

결론 : AI 시대의 세대 간 갈등 해소를 위한 지속 가능성

AI 시대의 양극화는 세대 간 갈등을 심화시키는 주요 요인으로 작용하고 있지만, 이를 해결하기 위한 노력은 사회 통합과 지속 가능한 발전을 위한 필수 과제다. 기술과 자원을 공정하게 분배하고 세대 간 이해와 협력을 강화한다면, AI 시대의 변화를 사회적 갈등 해소와 통합의 기회로 전환할 수 있을 것이다.

4) 세대 갈등이 양극화를 심화시키는 매커니즘

(1) 상관관계 개요

세대 간 갈등은 서로 다른 가치관, 경제적 이해관계, 정책적 우선순위의 차이에서 비롯되며, 이러한 갈등은 경제적·사회적 양극화를 심화시키는 주요 메커니즘으로 작용한다. 특히 한국 사회에서는 고령화와 청년 실업, 연금 제도, 주거 문제 등이 세대 간 갈등의 주요 쟁점으로 나타나고 있다.

(2) 세대 갈등과 양극화 심화의 메커니즘 분석 : 자원 분배의 불균형

청년층의 자원 부족

청년층은 주거비용, 학자금 대출, 취업 경쟁 등으로 인해 경제적 자원이 부족한 상황에 부닥쳐 있다. 반면, 고령층은 연금, 부동산 등 상대적으로 안정된 자산을 보유한 경우가 많아 자원 분배에서 불균형이 발생한다.

정책 우선순위의 편향

고령층의 투표 참여율이 높아 정치권에서 고령층 중심의 정책이 우선되며, 청년층은 정책적 배려에서 소외되기 쉽다. 예를 들면 연금 인상과 고령층 복지 강화는 청년층 세금 부담 증가로 이어져 세대 간 불만을 초래한다.

(3) 노동 시장에서의 세대 간 경쟁

고령층의 노동 시장 잔류

고령층의 은퇴 연령이 늦춰지면서 청년층이 노동 시장에 진입하는 데 어려움을 겪고 있다. 고령층이 안정된 일자리를 유지하는 반면, 청년층은 불안정한 비정규직에 머무는 양극화 현상이 나타난다.

청년층의 상대적 박탈감

청년들은 고령층이 경제적 안정성을 유지하면서도 사회적 자원을 과도하게 점유하고 있다고 느껴 세대 간 갈등이 심화된다.

(4) 부동산 문제와 세대 간 갈등

주거 비용 증가

부동산 가격 상승으로 청년층은 내 집 마련의 꿈을 이루기 어려운 상황에 처한 반면, 고령층은 부동산 자산을 통해 자산 격차를 확대하고 있다.

부동산 정책의 세대 간 상충

부동산 세제 개편이나 가격 안정화 정책은 고령층의 자산 가치 하락 우려를 낳아 반대 의견이 강하며, 이는 정책 시행의 어려움을 초래한다.

(5) 연금 및 복지 갈등

기여와 수혜의 불균형

연금 제도에서 청년층은 높은 기여하면서도 낮은 수혜를 받을 가능성이 커, 제도에 대한 신뢰가 약화한다. 고령층은 이미 연금 혜택을 받고 있어 제도 개혁에 반대, 세대 간 이해관계의 충돌이 양극화로 이어진다.

복지제도의 세대 갈등

청년층은 고령층 복지 확대에 따른 재정 부담 증가를 우려하며, 이는 세대 간 경제적 불만을 심화시킨다.

(6) 세대 갈등과 양극화의 사회적 영향

사회적 신뢰와 연대의 약화

세대 간 갈등이 심화하면서 사회적 신뢰가 약화하고, 세대 간 협력이 어려워진다. 청년층과 고령층 간 상호 불신은 사회적 연대의 기반을 약화하며 양극화를 가속한다.

정치적 양극화의 심화

세대 간 갈등은 정치적 입장의 차이로 나타나며, 이를 악용한 세대 간 분열적 정치가 양극화를 더욱 부추긴다. 정당과 정책이 특정 세대에 편향되며, 사회 전체의 균형 잡힌 발전이 저해된다.

(7) 세대 간 갈등 해결을 통한 양극화 완화 방안

균형 있는 복지 정책

연금 개혁과 복지제도를 세대 간 공평하게 설계하여 자원 배분의 균형을 맞춰야 한다. 예를 들면 고령층 복지 확대와 청년층 지원 정책을 동시에 추진한다.

세대 간 이해 조율 기구 도입

세대 간 갈등을 완화하기 위해 청년과 고령층이 함께 참여하는 협의체를 구성하고, 정책에 대해 상호 합의를 끌어낸다.

(8) 청년층 지원 강화

주거와 교육 지원 확대

청년층의 주거 안정성을 높이기 위한 공공 임대주택 확대와 교육비 지원 정책을 강화한다.

고용 기회 확대

청년층의 고용 환경을 개선하고, 일자리 창출과 직업훈련 기회를 제공하여 경제적 기반을 강화한다.

(9) 세대 간 대화와 공감 촉진

세대 간 소통 프로그램

세대 간 경험과 가치를 공유할 수 있는 소통의 장을 마련하여 상호 이해를 증진한다.

미디어와 교육을 통한 세대 간 인식 개선

세대 갈등을 부추기는 미디어 보도를 자제하고, 교육을 통해 상호 존중과 협력을 강조한다.

결론

세대 갈등은 한국 사회의 양극화를 심화시키는 중요한 요소로 작용하고 있다. 자원 분배와 정책적 우선순위, 노동 시장 구조 등 다양한 측면에서 세대 간 균형을 맞추기 위한 노력이 필요하다. 세대 간 대화를 활성화하고, 공평한 정책 설계와 사회적 신뢰 회복을 통해 양극화를 완화할 수 있다. AI 시대를 활용해 세대 간 협력을 증진하는 혁신적 방안을 모색하는 것도 중요한 과제다.

3 | 세대 간 갈등 해소를 위한 해결 방안

1) 고용 및 소득 정책의 중요성

세대 간 양극화는 고용 및 소득 분배의 불균형에서 비롯되며, 이는 사회적 안정성과 지속 가능성을 위협한다. 특히 AI 시대에는 청년층과 고령층 간의 경제적 격차가 더욱 심화될 가능성이 있어, 이를 해결하기 위한 실행 가능한 정책 마련이 중요하다.

(1) 청년층의 고용 안정화를 위한 정책 : 청년 고용 창출 프로그램

스타트업 지원 강화

청년층의 창업 지원을 확대하고, 세제 혜택 및 창업 초기 자금 지원을 통해 일자리 창출을 유도한다.

AI 기반 취업 매칭 시스템 도입

AI를 활용해 청년층의 역량과 기업의 요구를 매칭하는 시스템을 구축해 고용 효율성을 높인다.

청년 인턴십 및 직업훈련 확대

직업훈련 프로그램을 강화하고, 민간 기업과 협력하여 청년층에게 실질적인 경험을 제공한다. AI와 같은 신기술 분야에서 청년층의 경쟁력을 키우기 위한 특화된 교육을 지원한다.

(2) 고령층의 노동 시장 참여 지원

유연근무제와 시간제 일자리 확대

고령층이 자기 능력과 건강 상태에 맞게 노동 시장에 참가할 수 있도록 유연근무제 및 시간제 일자리를 확대한다.

경험 활용형 직업 재설계

고령층의 경력과 전문성을 활용할 수 있는 직업군(멘토링, 컨설팅 등)을 개발하고 활성화한다. 예를 들면 고령층이 청년층 스타트업을 지원하는 멘토 프로그램이 해당된다.

디지털 격차 해소 교육

고령층이 AI와 디지털 환경에서 업무를 수행할 수 있도록 기술 교육을 강화한다.

(3) 세대 간 고용 연계 프로그램

청년—고령층 협업 일자리 모델

청년과 고령층이 협업할 수 있는 프로젝트 기반 일자리 모델을 개발해 세대 간 협력을 촉진한다. 예를 들면 고령층의 경험과 청년층의 디지털 기술을 결합한 창의적 프로젝트가 있다.

공동체 기반 고용 창출

지역 공동체 중심으로 세대 간 협력 일자리를 창출, 지역 경제와 사회적 연대를 강화한다.

2) 세대 간 양극화 완화를 위한 소득 정책

(1) 기본소득제 도입 및 실험 확대

부분 기본소득 도입

세대 간 소득 격차를 완화하기 위해 청년층과 고령층에게 기본소득을 단계적으로 도입하여 생활 안정성을 강화한다. 소득 불균형 지역 및 세대별로 차등 적용하여 실질적인 격차를 해소한다.

지역별 기본소득 실험

소외 지역을 중심으로 기본소득 도입을 시범 운영해 효과를 분석하고 정책 도입의 근거를 마련한다.

(2) 세대 간 공평한 세제 정책

자산 기반 과세 강화

부동산과 같은 자산 기반 과세를 강화하여 고령층의 자산 불균형 문제를 완화하고, 이를 청년층 지원 정책에 활용한다. 예를 들면 부동산 양도세를 청년층 주거 지원 예산으로 환원한다.

소득세 및 상속세 개편

고소득 고령층과 저소득 청년층 간의 세금 구조를 재설계하여 세대 간 경제적 균형을 맞춘다.

(3) 주거비 지원을 통한 소득 간접 지원

청년층 주거비 지원

공공임대주택 공급 확대와 월세 지원을 통해 청년층의 경제적 부담을 완화한다.

고령층 주택 연금 활성화

고령층이 주택 자산을 활용해 소득을 창출할 수 있도록 주택 연금 제도를 개선한다. 이를 통해 고령층의 안정적 소득 기반을 마련하면서 세대 간 주택 자산 양극화를 줄인다.

(4) 정책 실행의 핵심 과제와 세대 간 협력 강화

세대 통합적 정책 설계

세대별 이해관계를 고려한 정책 설계로 자원 배분의 형평성을 확보한다. 청년과 고령층의 정책 참여 기회를 확대해 정책 신뢰도를 높인다.

(5) 세대 간 상호이해 증진을 위한 노력

공동체 소통 플랫폼 구축

세대 간 대화와 협력을 촉진할 수 있는 디지털 플랫폼 및 오프라인 프로그램 마련한다.

공감과 협력 문화 조성

세대 간 공존과 연대를 강조하는 사회적 캠페인을 추진한다.

결론

세대 간 양극화 문제를 해결하기 위해 고용 및 소득 정책은 공평성과 실행 가능성을 기반으로 설계되어야 한다. 청년층의 고용 안정화와 고령층의 노동 시장 참여 확대는 세대 간 협력을 촉진할 뿐만 아니라 경제적 균형을 유지하는 핵심 과제다. 이를 위해 정부와 민간, 지역 공동체가 함께 협력하여 지속 가능하고 포용적인 사회를 만들어야 한다.

3) 자산 형성을 지원하는 세대 맞춤형 정책

(1) 세대 간 양극화와 자산 형성의 중요성

세대 간 양극화는 경제적 기회의 불균등과 자산 형성의 격차로 심화하고 있다. 청년층은 자산 축적 기회를 박탈당하고 고령층은 자산 활용의 효율성이 떨어지는 상황에서, 세대 맞춤형 자산 형성 정책이 해법으로 주목받고 있다.

(2) 청년층의 자산 형성을 위한 맞춤형 금융 지원 정책

청년 자산 형성 계좌

정부가 일정 소득 이하 청년을 대상으로 매칭 지원금 방식으로 자산 형성 계좌를 운영한다. 예를 들면 매월 일정 금액을 저축하면 정부가 동일 금액을 매칭하여 적립한다. 목표는 초기 자산 축적을 돕고 미래를 준비할 기반을 마련한다.

저금리 대출과 채무 조정 지원

학자금 대출의 이자 부담을 낮추고 상환 기간을 연장하여 자산 축적 여력을 확보한다.

(3) 청년층 주거 안정화 지원

공공임대주택 공급 확대

청년층을 위한 저렴한 공공임대주택의 공급을 늘려 주거비 부담을 완화한다. 지역별 청년 맞춤형 임대주택 개발로 직장과의 접근성을 강화한다.

주거비 보조금 지급

월세 및 보증금을 지원해 청년층이 자산 축적에 집중할 수 있도록 지원한다.

(4) 청년 창업 지원과 자산 축적 기회 제공

스타트업 및 창업 지원 프로그램 강화

초기 창업 자금을 제공하고 세제 혜택을 통해 창업 성공률을 높인다.

청년 주식 및 투자 교육

재무 관리와 자산 증식 전략에 대한 교육을 강화하여 청년층의 금융 역량을 높인다.

(5) 고령층의 자산 활용 및 보호 정책

주택 연금 제도 활성화

주택 자산을 활용해 안정적 소득을 제공하는 주택 연금 제도를 확대한다. 제도 접근성을 높이고 절차를 간소화하여 참여율을 증대한다.

소규모 자산 관리 서비스 제공

고령층의 자산을 효율적으로 관리하고 수익화할 수 있는 전문 서비스를 제공한다.

(6) 고령층 금융 보호 및 교육 강화

금융 사기 방지 제도 강화

고령층을 대상으로 한 금융 사기와 과도한 금융 상품 가입을 방지하기 위한 제도적 장치를 마련한다.

디지털 금융 교육

고령층이 디지털 금융 서비스에 적응하고 자산을 안전하게 관리할 수 있도록 교육을 지원한다.

(7) 고령층 노동 시장 재참여 기회 확대

유연 근무 환경 조성

고령층이 보유한 경력과 전문성을 활용해 노동 시장에 재참여할 수 있는 유연한 일자리를 확대한다. 예를 들면 시간제, 프로젝트 기반 일자리를 제공한다.

고령층 사회적 기업 활성화

고령층을 중심으로 한 사회적 기업을 지원하고 지역 경제 활성화에 기여하도록 유도한다.

(8) 세대 통합적 자산 형성 정책 : 세대 간 공동 자산 프로젝트

세대 간 공존 주택

청년과 고령층이 함께 거주하며 상호 지원하는 공존형 주택을 제공한다. 예를 들면 청년이 고령층의 일상 활동을 돕는 대가로 낮은 주거비 혜택을 준다.

세대 협력형 투자 프로그램

세대 간 공동 투자 프로젝트를 통해 자산 형성과 협력 기회를 창출한다.

(9) 자산 형성을 위한 세대 간 재정 지원

세대 간 양도소득세 혜택

  고령층이 자산을 청년층에게 이전할 때 세제 혜택을 부여하여 자산 세대 간 이동을 촉진한다.

공공 기금 활용

  세대 통합 자산 형성을 목표로 공공 기금을 조성하고, 이를 자산 격차 해소에 활용한다.

(10) 지역 기반 자산 형성 지원

지역 공공사업 참여 기회 제공

  청년과 고령층이 지역 경제 활성화 프로젝트에 함께 참여하며 자산을 축적할 수 있는 기회를 제공한다. 예를 들면 지역 농업, 관광, 문화 사업 투자 기금 조성이다.

지역별 맞춤형 자산 정책

  지역 경제 상황에 맞는 자산 형성 지원 정책을 도입해 소외 지역 주민의 자산 형성 기회를 보장한다.

결론

  세대 간 양극화를 해소하기 위해서는 세대 맞춤형 자산 형성 정책이 필수적이다. 청년층에는 자산 축적의 기회를 제공하고, 고령층에는 자산 활용을 효율화하는 정책이 필요하다. 세대 통합적 접근과 정부-민간 협력 체계를 통해 세대 간 신뢰를 높이고, 양극화 문제를 해결할 수 있을 것이다.

4) AI 시대의 세대 갈등 완화를 위한 방안

(1) AI 시대의 세대 간 갈등 개요

  AI 시대는 고용 구조, 경제적 기회, 기술 활용 능력 등에서 세대 간 차이가 확대되고 있다. 이는 청년층과 고령층 간의 이해 충돌을 심화시키며, 경제적·사회적 갈등을 유발한다. 이러한 문제를 완화하기 위해서는 세대 간의 균형을 맞추고 협력을 유도할 정책이 필요하다.

(2) AI 시대 세대 간 갈등의 주요 원인

청년층의 고용 불안정

AI와 자동화로 인해 청년층의 일자리가 감소하거나 대체될 위기에 처해 있다. 청년층은 새로운 기술 습득과 노동 시장에서의 경쟁력을 갖추는 데 어려움을 겪고 있다.

고령층의 고용 연장

고령층은 경력과 경험이 있지만 디지털 기술에 대한 적응력이 부족한 경우가 많아 일자리를 찾거나 새로 고용되는 데 장애가 된다.

(3) 소득 및 자산 불균형

세대별 소득 격차

청년층은 높은 주거비와 교육비, 대출 상환 등으로 인해 소득 수준이 제한적이며, 고령층은 과거의 안정된 소득원과 자산을 기반으로 더 높은 재정적 안정성을 누린다.

부동산 자산 불균형

고령층이 보유한 부동산 자산과 청년층의 자산 축적 간의 격차가 갈등의 주요 원인이다.

(4) 디지털 격차 및 정보 접근성

청년층은 디지털 환경에 익숙하지만, 고령층은 디지털 기술을 활용하는 데 어려움을 겪는다. 이는 정보 접근과 사회적 참여에서 불평등을 초래할 수 있다.

(5) AI와 디지털 교육의 강화

디지털 역량 강화 프로그램

고령층을 대상으로 한 디지털 기초 교육과 AI 활용 교육을 강화하여 기술 격차를 줄인다. 예를 들면 온라인 플랫폼을 활용한 실시간 교육 프로그램과 오프라인 교육 센터를 설립한다.

세대 간 멘토링 프로그램 도입

청년층이 고령층을 대상으로 디지털 기술 교육을 지원하며, 상호 이해와 소통을 증진하는 프로그램을 도입한다.

(6) 고용 시장의 세대 통합 모델 개발

세대 협력형 일자리 모델

청년층과 고령층이 함께 협력해 일하는 프로젝트 기반 일자리 모델을 개발. 이를 통해 세대 간 지식과 경험을 공유하고 상생의 기회를 마련한다. 예를 들면 고령층의 전문 지식과 청년층의 디지털 기술을 결합한 창의적 산업 프로젝트다.

AI 기반 일자리 매칭 서비스

AI 알고리즘을 활용해 각 세대의 적합한 일자리를 매칭하고, 세대 간 고용 기회를 균등하게 제공한다.

(7) 사회 안전망과 복지 정책 강화

AI를 활용한 맞춤형 복지 서비스

고령층의 건강 관리와 생활 지원을 위한 맞춤형 AI 기반 복지 서비스를 강화하여 생활의 질을 높인다.

청년 지원 정책 확대

청년층의 교육비, 주거비, 창업 지원을 강화해 경제적 부담을 완화하고 자산 축적 기회를 제공한다.

(8) 세대 간 소통과 협력 증진 방안

디지털 공론장 플랫폼

AI를 활용한 온라인 공론장 플랫폼을 설계하여 청년층과 고령층이 의견을 교환하고 공동의 문제 해결을 위한 협력 체계를 형성한다.

세대별 정책 피드백 시스템

정책 시행 후 피드백을 수집하고 분석해 각 세대의 의견을 반영하는 맞춤형 정책을 수립한다.

(9) 공동 사회 프로그램 및 이벤트

세대 통합 프로그램

세대 간 이해를 높이기 위해 다양한 문화, 예술, 체육 활동을 함께할 수 있는 프로그램을 개발하고 지원한다. 예를 들면 세대별 팀을 구성해 협력하는 공동 프로젝트와 행사다.

워크숍 및 포럼 개최

청년층과 고령층이 함께 참여하는 워크숍과 포럼을 통해 서로의 경험과 의견을 나누고 상호 이해를 증진시킨다.

결론

AI 시대의 세대 간 갈등을 완화하기 위해서는 세대 맞춤형 교육과 고용 정책, 디지털 역량 강화, 사회 안전망 구축이 필수적이다. 이를 통해 세대 간 상호 이해와 협력을 증진하고, 세대 통합적 사회를 만들어갈 수 있다. 정책의 실효성을 높이기 위해 정부와 민간이 협력하여 다각적인 방안을 마련해야 한다.

5) 세대 간 갈등 해소를 위한 사회적 합의

(1) 현황 및 심각성

AI 기술 발전과 경제 변화는 세대 간 양극화를 심화시키고 있다. 청년층은 불안정한 고용 환경과 높은 생활비로 인해 경제적 어려움을 겪고 있으며, 고령층은 기술 변화에 적응하기 어렵고 과거의 자산 구조로 인해 불평등을 느끼고 있다. 이러한 상황은 세대 간 갈등을 유발하며 사회 통합을 저해한다. 해결을 위해서는 사회적 합의가 필수적이다.

(2) 사회적 합의를 위한 기본 원칙

공정성과 포용성

세대 간 불균형을 해소하기 위해 각 세대가 공평한 기회를 가질 수 있도록 정책을 설계해야 한다. 청년층과 고령층 모두를 포용하는 정책을 통해 갈등을 해소할 수 있다.

사회적 책임 강화

사회 구성원이 서로의 어려움을 이해하고 공감할 수 있는 문화 조성이 필요하다. 이를 통해 세대 간 공동체 의식을 높일 수 있다.

(3) 투명한 소통과 참여적 접근

투명한 정보 공개

정책 설계와 실행 과정에서 모든 정보는 투명하게 공개되어야 하며, 세대 간 신뢰를 구축하기 위한 기초가 된다.

참여적 정책 개발

정책을 수립할 때 청년, 고령자, 전문가 등 다양한 사회 구성원이 참여할 수 있는 의견 수렴 과정이 필요하다. 이를 통해 정책의 현실성 및 수용도를 높일 수 있다.

(4) AI 시대 세대 간 갈등 해소를 위한 세대 통합적 교육과 훈련 프로그램

디지털 기술 교육

고령층을 위한 AI 및 디지털 기술 교육을 통해 기술 격차를 줄이고 경제적 기회를 확대해야 한다.

세대 간 멘토링 프로그램

청년층이 고령층에게 최신 기술을 가르치고, 고령층은 청년층에게 경험과 지혜를 전달하는 상호 교육 프로그램이 필요하다.

(5) 고용과 일자리 정책의 혁신

세대별 맞춤형 고용 지원

청년층은 창업과 스타트업을 지원하는 정책을, 고령층은 자산 관리와 일자리 연장을 위한 정책을 통해 상생의 기회를 마련해야 한다.

AI 활용 일자리 매칭 서비스

AI 기술을 활용해 세대별 맞춤형 일자리를 매칭하고, 고용 기회를 공평하게 제공할 수 있도록 한다.

(6) 공정한 재정 및 복지 정책

세대 통합형 복지 프로그램

청년층과 고령층이 모두 혜택을 받을 수 있는 공정한 복지 프로그램을 설계한다. 예를 들어, 청년층의 주거 지원과 고령층의 건강 관리 지원을 동시에 강화한다.

재정 정책의 세대 배려

세대 간 재정 부담을 줄이기 위해 재정 정책을 세대별로 균형 있게 설계하고, 적절한 세금 정책을 도입한다.

(6) 세대 간 대화와 갈등 조정 메커니즘 구축

세대 간 소통 플랫폼 마련

AI 기술을 활용하여 다양한 세대가 참여할 수 있는 온라인 공론장을 마련하고, 세대 간 대화를 촉진한다.

세대별 의견 수렴 위원회

청년층과 고령층의 의견을 수렴할 수 있는 전담 위원회를 구성하여 정책 방향을 결정한다.

(7) 갈등 조정과 중재를 위한 제도적 장치

갈등 중재자 역할 강화

세대 간 갈등을 해결하기 위해 전문가들이 참여하는 중재 시스템을 강화하고, 정책 시행 후에도 지속적인 피드백을 수집한다.

소셜 캠페인과 미디어 활용

사회적 합의를 위한 캠페인을 통해 세대 간 갈등을 해소하는 메시지를 전달하고, 이해를 증진한다.

결론

AI 시대의 세대 간 갈등을 해소하기 위해서는 공정한 정책, 투명한 소통, 포용적인 접근이 필요하다. 세대별 맞춤형 교육과 훈련, 혁신적인 고용 정책, 공정한 재정 정책을 통해 서로 다른 세대가 상생할 수 있는 사회 구조를 만들어야 한다. 사회적 합의를 이루기 위해서는 다양한 의견을 듣고, 지속적인 피드백과 개선을 통해 갈등을 최소화하고, 공동체 의식을 강화하는 것이 필수적이다.

6) 지속 가능한 사회 통합을 위한 방향 제시

(1) 사회 통합의 필요성

한국 사회는 고령화와 디지털화, 경제적 변화 등으로 인해 세대 간 격차가 점점 심화하고 있다. 청년층은 취업과 경제적 기회 부족, 고령층은 디지털 기술의 적응 어려움과 경제적 불안정성으로 인해 갈등이 증대되고 있다. 이러한 상황을 해결하고 지속 가능한 사회 통합을 위해 다양한 정책과 접근 방식이 필요하다.

(2) 포용적 교육과 기술 훈련 프로그램

세대 맞춤형 교육 프로그램

세대별로 필요한 교육을 설계해 교육 기회를 공평하게 제공한다. 고령층을 위한 디지털 기초 교육과 청년층을 위한 직업훈련 프로그램을 강화하여 각 세대가 경쟁력을 가질 수 있도록 한다.

세대 간 멘토링과 협력 학습

청년층이 고령층에게 최신 기술을 가르치고 고령층이 청년층에게 경험과 지혜를 전수하는 멘토링 프로그램을 통해 상호 이해를 촉진한다.

(3) 세대별 고용 정책의 혁신

청년층을 위한 일자리 창출과 창업 지원

청년층의 취업 기회를 확대하기 위해 창업 지원 프로그램과 스타트업 지원 정책을 강화한다. AI 및 디지털 관련 산업의 육성을 통해 청년층의 직업 기회를 넓히는 것이 필요하다.

고령층의 재고용 및 일자리 연장 정책

고령층의 경험을 살릴 수 있는 일자리 프로그램을 개발하고, 디지털 기술 교육을 통해 재취업 기회를 제공한다. 고령층의 건강 관리와 일자리 적합성 향상을 위한 정책이 필요하다.

(4) 공정한 재정 및 복지 정책 설계

세대 통합형 복지 정책

청년층과 고령층 모두가 혜택을 받을 수 있는 복지 정책을 설계한다. 예를 들어, 청년층을 위한 주거 지원과 고령층을 위한 건강관리 및 연금 강화 정책이 필요하다.

세대별 기여와 혜택의 균형

재정 정책은 각 세대가 공평하게 기여하고 혜택을 받을 수 있도록 균형을 맞춰야 한다. 이를 위해 다양한 세대가 함께 참여할 수 있는 세대 간 소득 재분배 정책을 검토한다.

(5) 사회적 소통과 갈등 해소를 위한 플랫폼 구축

온라인 공론장 및 소셜 캠페인

세대 간 의견 교환과 소통을 위한 온라인 플랫폼과 소셜 캠페인을 운영해 서로의 처지를 이해하고 공동의 문제 해결을 위해 협력할 수 있는 공간을 만든다.

세대별 협력 및 공동 프로젝트

다양한 세대가 함께 참여하는 사회적 프로젝트를 통해 세대 간의 공동체 의식을 높이고 협력의 기반을 마련한다.

(6) 사회적 신뢰 구축을 위한 제도적 장치

중립적인 갈등 조정 기구 설립 : 세대 간 갈등 중재 위원회

세대 간 갈등을 조정하고 정책 제안과 피드백을 수집하는 중립적인 기구

를 설립하여 갈등을 완화하고 공정한 논의를 유도한다.

(7) 세대 통합 관련 법률 및 제도 개선

세대 간 균형을 고려한 정책 및 법률 제정

법률과 정책을 설계할 때 모든 세대가 공평하게 혜택을 받고 부담을 분담할 수 있도록 세대 간 균형을 고려한다.

세대 간 소득과 자산의 공정한 분배를 위한 법적 장치 마련

소득 재분배와 자산 형성을 위해 세대 간 공평한 기회를 보장할 수 있는 법적 제도와 정책이 필요하다.

(8) 교육과 훈련을 통한 역량 강화

공공과 민간의 협력 프로그램

공공기관과 민간기업이 협력해 세대별 맞춤형 교육과 훈련 프로그램을 제공한. 특히, 지역사회와 협력하여 접근성을 높이고 프로그램의 실효성을 높인다.

디지털 역량 강화

디지털 소외를 해소하고, 고령층의 디지털 기술 적응을 돕는 프로그램을 확대한다.

(9) 고용과 복지의 균형 잡힌 정책

세대별 맞춤형 고용 지원

청년층과 고령층 모두가 혜택을 받을 수 있는 고용 정책을 마련해 고용 기회를 확장한다.

사회복지 통합 서비스

청년과 고령층이 함께 이용할 수 있는 사회복지 서비스를 통합하여 자원의 효율적인 배분과 접근성을 높인다.

결론

지속 가능한 사회 통합을 위해서는 교육과 기술 훈련, 고용 및 복지 정책의 혁신, 소통과 갈등 해소를 위한 플랫폼 구축 등이 필요하다. 공정하고 포용적인 사회를 위해 모든 세대가 서로의 처지를 이해하고 협력할 수 있는 토대를 마련해야 한다. 이를 통해 세대 간 갈등을 완화하고 사회적 통합을 이루어낼 수 있다.

7) 주요 선진국에서 배우는 세대 갈등 해결 사례

세대 간 갈등은 한국 사회에서 중요한 사회적 문제로, 경제적 불평등과 사회적 기회 불균형 등이 갈등을 악화시킨다. 이를 해결하기 위해 외국의 성공적인 사례를 분석하고 한국에 맞는 정책으로 활용해야 한다.

(1) 스웨덴의 포괄적 사회 복지 정책

스웨덴은 포괄적인 사회 복지 시스템과 세대 간 소득 재분배 정책을 통해 세대 간 갈등을 완화했다.

세대별 공정한 소득 분배

스웨덴은 고령층과 젊은 세대 모두가 적절한 생활 수준을 유지할 수 있도록 소득 재분배 정책을 운용한다. 이를 위해 고연금 제도와 저소득층에 대한 지원을 강화하여 경제적 불균형을 해소한다.

국가 차원의 평생 교육과 직업훈련

스웨덴은 고령층도 계속해서 새로운 기술을 배울 기회를 제공한다. 한국도 평생 교육과 재훈련 프로그램을 확대하여 고령층의 취업 기회를 높이고, 젊은 세대와의 경제적 격차를 줄일 수 있다.

(2) 독일의 세대 간 협력 프로그램

독일은 고령층과 젊은 세대 간의 협력과 교류를 통해 사회적 갈등을 줄이고 있다.

인터제너레이셔널 워크숍과 멘토링 프로그램

독일은 다양한 프로그램을 통해 세대 간 상호 이해를 증진하고 있다. 젊은 세대는 고령층의 직장 경험을 배우고, 고령층은 젊은 세대의 최신 기술과 트렌드를 배우며 상호 보완적인 관계를 형성한다.

청년과 고령층의 공동 프로젝트

고령층과 청년이 함께 참여하는 사회적 프로젝트나 봉사 활동을 통해 세대 간의 협력을 장려한다. 한국도 이와 같은 프로그램을 도입하여 상호 존중과 이해를 높일 수 있다.

(3) 일본의 세대 간 경제 지원 정책

일본은 세대 간 경제 불평등 문제를 해결하기 위해 정책을 도입해왔다.

청년세대의 고용 지원

일본은 청년세대가 안정적인 직장을 구할 수 있도록 지원하는 정책을 강화하였다. 이를 위해 창업 지원과 인턴십 프로그램을 확대하며, 젊은 세대의 고용 기회를 높이고 있다. 한국도 청년 고용 창출을 위한 정책을 강화할 필요가 있다.

연금 개혁과 세대 간 연대

일본은 연금 제도를 개혁하여 고령층의 안정적인 소득을 보장하고, 젊은 세대의 부담을 줄이는 방안을 마련했다. 한국은 지속 가능한 연금 시스템을 위해 젊은 세대의 재정적 부담을 완화할 필요가 있다.

(4) 네덜란드의 세대 간 평등을 위한 정책

네덜란드는 세대 간 평등을 유지하기 위해 다양한 사회정책을 채택하고 있다.

유연한 노동 시장과 고령층 고용

네덜란드는 고령층의 노동 시장 참여를 촉진하기 위해 유연한 근로 환경을 제공한다. 이를 통해 고령층은 일자리를 유지하며 경제적 독립성을 유지할 수 있다. 한국도 고령층의 노동 참여를 장려하는 정책을 통해 세대 간 경제적 갈등을 줄일 수 있다.

보편적 복지 제도

네덜란드는 모든 세대가 일정 수준의 사회 복지 혜택을 받을 수 있도록 보장한다. 이러한 정책은 세대 간 불평등을 줄이고, 사회적 안정성을 높이는 데 기여할 수 있다.

(5) 핀란드의 교육과 세대 간 이해 증진 프로그램

핀란드는 교육을 통해 세대 간 이해와 갈등 해소를 위한 프로그램을 운영하고 있다.

세대 간 교육 프로그램

핀란드는 학교 교육과정에 세대 간 이해를 높이는 프로그램을 포함하여 젊은 세대가 고령층의 경험과 지혜를 존중할 수 있도록 한다. 한국은 학교와 지역사회에서 세대 간 이해를 증진하는 프로그램을 확대하여 세대 간 갈등을 해소할 수 있다.

커뮤니티 센터의 역할 강화

핀란드의 커뮤니티 센터는 다양한 세대가 함께 모여 교류하는 장소로 활용된다. 이를 통해 세대 간의 소통과 협력의 기회를 제공한다. 한국도 지역 사회의 커뮤니티 센터를 활성화하여 세대 간 소통을 강화할 수 있다.

(6) 한국에 맞는 정책 제안

세대 간 대화 프로그램 확대

전국적으로 세대 간 대화와 협력을 촉진하는 프로그램을 운영하여 서로 다른 세대의 시각과 경험을 이해하도록 한다.

청년과 고령층 고용 지원

고령층의 노동 시장 참여를 장려하고, 청년의 창업과 일자리 창출을 위한 정책을 강화하여 세대 간 경제적 격차를 줄인다.

교육과 연수 프로그램 강화

평생 교육을 통해 모든 세대가 계속해서 성장하고 배울 기회를 제공하며, 이를 통해 세대 간 상호 존중을 높인다.

사회적 보장 및 연금 제도 개혁

세대 간 연금 부담을 공평하게 나누는 제도를 마련하여 고령층의 소득 보장을 강화하고 젊은 세대의 부담을 줄인다.

세대 통합을 위한 커뮤니티 공간 조성

다양한 세대가 함께 참여하고 교류할 수 있는 공간을 마련하여 세대 간 소통과 협력을 증진한다.

결론

세대 간 갈등은 다양한 정책과 프로그램을 통해 해결할 수 있으며, 외국의 사례들은 한국의 정책 입안자들에게 유익한 교훈을 제공한다. 한국 사회에 맞는 세대 간 이해와 협력을 증진하는 정책을 추진한다면, 세대 간 갈등을 줄이고 보다 포용적인 사회를 만들어갈 수 있을 것이다.

2부 ─ 초저출생 AI 시대

해법을 찾아라

1장

한국 사회의 초저출생 현황

1 | 초저출생 현상의 정의

1) 초저출생 정의

초저출생은 특정 국가나 지역에서 출산율이 인구 유지를 위해 필요한 수준보다 지속해서 낮은 상태를 의미한다. 즉, 저출생은 출생 인구가 적은 현상을 의미한다. 이는 아이를 적게 낳아 사회 전반적으로 출산율이 감소하는 현상을 뜻한다. 일상생활에서는 '저출산'과 같은 의미로 사용되지만, 학술적으로는 약간의 차이가 있다.

2) 저출생과 저출산의 차이

(1) 저출생
특정 시기에 출생한 아기의 수가 감소한 상태를 의미하며, 단기적인 인구 변동에 더 초점을 맞춘다.

(2) 저출산
평균 출산율이 통계적으로 낮은 상태를 의미하며, 인구학적, 사회경제적 관점에서 여성이 평생 낳는 평균 자녀 수가 감소함을 지칭한다.

3) 초저출생 문제의 중요성

(1) 인구감소와 국가 경쟁력 저하
저출생은 인구감소로 이어지며, 이는 경제 성장 동력 약화와 국가 경쟁력 저하를 초래한다.

(2) 생산 가능 인구감소
경제를 지탱하는 노동력이 감소한다.

(3) 경제 규모 축소
소비 감소와 투자 위축으로 인해 경제성장률이 둔화한다.

(4) 고령화 심화와 사회적 부담 증가
저출생은 고령화 속도를 가속하며, 사회적 비용 증가를 불러온다.

(5) 노령화 지수 상승
부양할 인구 대비 노인 인구가 증가한다.

(6) 복지 비용 증가
연금, 의료비 등 사회적 부담이 심화한다.

(7) 지속 가능한 사회 유지의 위협
저출생은 사회 전반의 지속 가능성을 위협하며, 이는 사회적 불안정성을 초래할 수 있다.

(8) 지역 공동체의 붕괴
지방이 소멸 위기에 직면한다.

(9) 교육과 노동 시장의 변화
학령인구감소로 교육 기관 통폐합 및 산업 구조의 변화가 일어난다.

(10) 문화적 다양성 및 가족 가치의 약화
출생률 저하는 가족 가치의 변화 및 전통적 공동체의 약화로 이어질 수 있다.

(11) 가족 규모 축소
소규모 가족화 및 핵가족화가 심화한다.

(12) 공동체 해체
사회적 연결망이 약화한다.

(13) 저출생 문제 해결의 필요성

저출생 문제는 단순히 인구학적 문제를 넘어, 국가와 사회의 지속 가능성을 위해 반드시 해결해야 할 과제다.

(14) 미래 세대 보호

인구감소는 다음 세대의 경제적, 사회적 부담을 가중한다.

(15) 균형 있는 지역 발전

지방 소멸을 방지하고 국가 전체의 균형 발전이 필요하다.

(16) 경제 체질 개선

노동력 부족 문제를 해소하고 장기적 경제 성장 기반을 마련한다.

결론

저출생은 국가의 인구 구조, 경제적 지속 가능성, 사회적 안정성 등에 심대한 영향을 미치는 문제로, 이를 해결하지 않으면 사회 전체가 장기적으로 심각한 도전에 직면하게 된다. 저출생 문제는 한국 사회의 미래에 중대한 영향을 미치는 중요한 이슈로, 장기적이고 종합적인 대책 마련이 필요한 상황이다.

2 | 최근 출생률 트렌드

(1) 세계 최저 수준의 출산율

한국은 2023년 기준으로 합계출산율이 0.72명대로, 세계 최저 수준을 기록했다. 특히 2022년의 출생아 수는 약 24만 9천 명으로 사상 최저치를 갱신했다. 2024년 3분기 합계출산율은 0.76으로, 2023년 동기 대비 0.05 상승했다. 2024년 연간 합계출산율은 약 0.74로 예상되며, 이는 2023년보다 소폭 상승한 수치다.

(2) 출생아 수 변화

2024년 9월 출생아 수는 20,590명으로, 전년 동월 대비 1,884명(10.1%) 증가했다. 2024년 3분기 출생아 수는 61,288명으로, 전년 동기 대비 4,523명(8.0%) 증가했다. 2024년 1월부터 9월까지의 누적 출생아 수는 177,315명으로, 전년 동기 대비 0.7% 증가했다.

(3) 출산율 반등 요인

COVID-19 팬데믹 이후 결혼 증가가 출산율 상승에 영향을 미친 것으로 분석된다. 30대 초반 인구의 소폭 증가와 출산율 상승이 영향을 미쳤다. 결혼한 사람들이 자녀를 가져야 한다는 인식의 변화도 한 요인으로 지목된다.

(4) 결혼·출산 인식 변화

최근 조사에 따르면, 한국에서 젊은 세대의 결혼과 출산에 대한 인식이 크게 변화하고 있다. 경제적 부담과 개인적인 삶의 질을 중시하는 문화가 확산하면서, 결혼과 출산을 선택하지 않는 사례가 증가하고 있다. 특히, 둘째 이상의 자녀를 갖는 비율이 크게 줄어드는 '다자녀 포기' 현상이 두드러지고 있다,

(5) 주요 요인

경제적 부담과 성 등 문제

여성의 경제활동 참여 증가와 함께, 자녀 양육에 대한 경제적 부담 및 일·가정 양립의 어려움이 주요 요인으로 지목된다. 또한, 육아와 가사 노동의 성별 불평등이 여성들의 출산 결정을 저해하는 중요한 요소로 작용하고 있다.

정책적 노력과 한계

지난 18년간 저출산 대책에 380조 원 이상이 투입되었지만, 합계출산율은 오히려 하락세를 띠고 있다. 기존의 현금 지원 위주의 정책이 출산율 증가로 연결되지 못하면서, 더 근본적인 환경 개선과 구조적 접근이 필요하다는 비판이 제기되고 있다.

국제 비교

한국의 출산율은 여전히 OECD 평균인 1.51의 절반 수준에 불과하다. 한국은 OECD 회원국 중 가장 낮은 출산율을 기록하고 있다.

정부 대응

정부는 2024년 저출생 추세 반전을 위한 대책을 수립했다. 일·가정 양립, 양육, 주거 지원 등 3대 핵심분야에 집중하고 있다. 저출산 대응을 위한 새로운 정부 부처 설립을 계획하고 있다.

결론

이러한 최근 동향은 한국의 저출생 문제가 여전히 심각하지만, 소폭의 개선 조짐을 보이고 있음을 시사한다. 그러나 전문가들은 장기적인 저출산 대응 정책의 필요성을 강조하고 있다. 저출생 문제는 단순히 출산율을 높이기 위한 단기적인 대책을 넘어, 경제적 안정, 일과 가정의 균형, 성평등 문화 조성, 그리고 장기적인 사회적 변화를 필요로 하는 복합적인 과제다. 이를 해결하기 위해서는 정부, 기업, 그리고 사회 전반의 협력이 요구된다.

3 | 최근 출생률 증가 분석

(1) 단기적 반등 가능성

2024년 3분기 출생아 수가 전년 대비 8.0% 증가했고, 9월에는 10.1% 증가했다. 전문가들은 2025년 초중반까지 출생아 수 증가 추세가 이어질 것으로 예상한다.

(2) 장기적 지속 여부 불확실

반등이 계속될지, 0.7~0.8 수준에서 유지될지는 확실히 말할 수 없다. 통계청 관계자도 경제적 요인의 영향을 지켜봐야 한다고 신중한 견해를 보였다.

(3) 구조적 문제 해결 필요

전문가들은 장기적인 저출산 대응 정책의 필요성을 강조하고 있다. 일자리 불안정, 교육 개혁, 주거비 부담 완화, 지역 격차 해소 등 근본적인 문제 해결이 요구된다.

(4) 사회적 인식 변화

최근 조사에서 "결혼한 사람은 자녀를 가져야 한다"라는 인식이 증가했다. 그러나 이러한 인식 변화가 지속될지는 지켜봐야 한다.

(5) 현재 출생률 동향과 문제점

한국의 출생률은 현재 전 세계적으로 가장 낮은 수준으로, 2023년 합계 출산율이 0.72명까지 하락하며 OECD 회원국 중 최하위를 기록하고 있다. 지역별로도 서울은 0.55명으로 가장 낮은 출생률을 보였으며, 다른 지역에서도 1명대를 넘지 못하고 있다. 이러한 저출생 현상은 경제성장률 둔화와 생산가능 인구감소로 이어지고 있어, 심각한 사회경제적 영향을 초래하고 있다.

(6) 출생률 증가의 잠재적 가능성

전문가들은 최근 혼인 건수 증가와 같은 요인이 출산율에 긍정적인 영향을 미칠 가능성을 제기하고 있다. 2023년 혼인 건수가 전년 대비 약 2.9% 증가했으며, 이는 출생아 수 증가로 이어질 수 있다는 분석이 있다. 이러한 이유로 2024년 출산율이 0.79명으로 소폭 반등할 가능성이 있다고 예측된다. 하지만 이 수치 역시 여전히 낮은 수준으로, 근본적인 문제 해결에는 큰 변화가 필요하다.

(7) 증가 가능성을 제한하는 요인

출생률 증가 가능성에도 불구하고 다음과 같은 제한 요인이 존재한다.

사회적 문화 변화

결혼과 출산에 대한 가치관 변화로 출산을 꺼리는 경향이 지속되고 있다.

경제적 부담

주거비와 육아비용 상승이 출산을 저해하는 주요 요인으로 작용한다.

양육 환경의 한계

일과 가정의 양립을 지원하는 사회적 인프라가 여전히 부족한 상태다.

(8) 증가 가능성을 높이기 위한 조건

출생률 증가를 위한 정책적 조건으로는 다음이 필요하다.

육아 지원 강화

육아휴직 확대, 공공보육시설 확충 등으로 양육 부담을 줄이는 것이 중요하다.

경제적 지원

주택 지원 및 양육비 보조와 같은 실질적인 경제적 지원이 필수적이다.

사회적 인식 개선

출산이 개인뿐 아니라 사회 전체에 중요한 의미를 갖는다는 인식을 확산시킬 필요가 있다.

(9) 지속 가능한 증가 가능성

현재의 정책 변화와 더불어 장기적으로는 가족 친화적인 사회문화 조성과 양육 인프라 개선이 병행되어야 출생률 증가가 지속 가능할 것이다. 단기적 반등 가능성에도 불구하고, 사회 전반적인 구조적 개혁이 동반되지 않으면 출생률 증가 추세는 일시적일 가능성이 높다.

결론

　최근의 출생률 증가 트렌드는 긍정적인 신호이지만, 장기적인 지속 가능성은 여전히 불확실하다. 구조적인 문제 해결과 지속적인 정책적 노력이 필요할 것으로 보인다.

4 | 한국의 초저출생 선진국과의 비교

(1) 저출생 현상의 주요 배경

선진국 전반적으로 경제 발전과 더불어 출산율이 감소하는 현상이 나타났다. 이는 자녀 양육 비용 증가와 교육에 대한 투자 강화 때문이다. 하지만 한국은 이러한 경제적 요인 외에도 과도한 사교육비와 높은 주거비 부담이 출산율 저하를 심화시키는 주요 요인으로 지적된다.

(2) 여성 취업률과 출산율의 관계

유럽 국가들은 여성의 취업률이 높을수록 출산율도 높아지는 경향을 보이는 반면, 한국과 일본에서는 여성의 경제활동 증가에도 불구하고 여전히 출산율이 낮다. 이는 직장에서의 성평등 부족과 육아 및 가사 노동 분담이 미흡하기 때문이다.

(3) 사회적 안전망과 출산율

프랑스와 북유럽 국가들은 공공 보육 및 교육 지원을 통해 출산율 반등에 성공한 사례로 꼽힌다. 반면, 한국은 사교육 의존도와 불평등한 교육 환경이 이러한 공공 지원의 효과를 제한하는 것으로 보인다.

(4) 문화적 차이

한국과 일본은 전통적으로 가부장적 문화가 강해 여성의 육아 부담이 과도하다. 이는 젊은 부부들이 자녀를 갖는 데 소극적인 태도를 보이게 하는 중요한 원인으로 작용한다

(5) 정부 정책의 한계

한국 정부는 출산율 증가를 위해 다양한 정책을 시행하고 있지만, 정책의 실효성이 낮고 사회적 인식 변화가 더디게 진행되면서 결과를 만들어내지

못하고 있다. 정책 도입과 실제 혜택 간의 괴리가 문제로 지적된다. 한국의 저출생 문제는 경제적 요인 외에도 문화적, 사회적 요인이 복합적으로 작용하고 있다. 이를 해결하기 위해서는 선진국의 사례를 참고하여 정책의 실효성을 높이고 사회적 인식을 전환하는 노력이 필요하다.

2장

출생률 증가가 몰고 올
긍정적 변화

1 | 한국 사회의 변화

(1) 경제적 영향

생산가능 인구 증가로 인한 경제 활성화, 내수 시장 확대로 기업 투자 및 경제 성장 촉진, 노년 부양 비율 감소로 젊은 세대의 경제적 부담 완화다.

(2) 사회 구조의 변화

인구 고령화 속도 둔화, 세대 간 갈등 완화 가능성 증가, 다양한 가족 형태에 대한 사회적 인식 개선이다.

(3) 정책 및 제도의 변화

육아 및 교육 관련 인프라 확대 필요성 증가, 일-가정 양립을 위한 기업 문화 및 제도 개선 가속화, 주거 정책의 변화(예: 다자녀가구 혜택 확대)다.

(4) 사회 문화적 변화

결혼과 출산에 대한 긍정적 인식 확산, 양육 문화의 개선 및 사회적 지원 강화, 성 평등한 육아 참여 문화 정착이다.

(5) 인구 구조의 회복 및 경제적 안정성 강화

출생률이 지속해서 증가할 경우, 인구 피라미드가 점진적으로 안정화되며 고령화로 인한 경제적 부담이 완화될 가능성이 있다. 노동 가능 인구의 증가로 생산성이 향상되고 경제성장률이 개선될 수 있다. 특히, 청년층 비율 증가로 소비 시장이 활발해지며 내수 경제 활성화에도 기여할 것으로 예상된다.

(6) 복지 정책의 재구성

출생률 증가로 인해 보육, 교육, 청소년 복지 분야의 수요가 급증할 것이다. 이는 공공 재원을 더욱 효율적으로 배분해야 하는 과제를 동반하며, 노인복지 중심에서 균형 잡힌 복지 정책으로 전환이 필요하다. 동시에 육아 및 교육 인프라에 대한 투자가 늘어날 것으로 보인다.

(7) 교육 체계의 변화

학생 수 감소로 인한 학교 폐교 문제가 완화되며, 교육 현장에서 더 안정적인 환경이 조성될 가능성이 크다. 또한 출생률 증가에 따라 교육 정책이 개인화 학습에서 대규모 학급 관리로 다시 초점이 맞춰질 수 있다. 이 과정에서 교육 자원의 공평한 분배가 중요 과제로 떠오를 것이다.

(8) 주거 및 도시 계획 변화

젊은 세대와 자녀를 둔 가구가 증가하면서 주거 환경 개선과 신도시 개발이 활발히 진행될 수 있다. 특히, 가족 중심 주거 형태에 대한 수요가 증가하고, 도심뿐만 아니라 지방의 주택 수요도 회복되며, 지역 균형 발전에 긍정적인 영향을 줄 것이다.

(9) 여성의 사회적 역할 변화

출산율 상승으로 여성의 경력 단절 문제가 다시 주목받게 되며, 이를 해결하기 위한 사회적·정책적 노력이 강화될 가능성이 크다. 예를 들어, 유연근무제, 재택근무 활성화, 복직 지원 프로그램 등이 확산될 수 있다. 이는 출생률 증가와 함께 여성의 사회적 참여를 병행하도록 돕는 기반이 될 것이다.

(10) 사회적 가치와 문화 변화

출생률 증가가 지속되면, 가족 중심 문화가 강화되고 자녀 양육이 사회적으로 긍정적으로 평가받는 가치로 자리 잡을 가능성이 크다. 이는 결혼과 출산에 대한 부정적 인식이 점차 완화되며, 가정 친화적인 사회 분위기 조성에 기여할 것이다.

(11) 장기적 과제와 도전

출생률 증가가 모든 문제를 해결하는 것은 아니다. 지속 가능성을 확보하기 위해선 교육, 보육, 복지 정책의 강화와 더불어, 청년세대의 경제적 안정성 확보가 병행되어야 한다. 또한, 증가하는 인구가 환경 자원에 미칠 영향을 고려한 친환경 정책도 함께 논의될 필요가 있다.

결론

출생률 증가 트렌드가 지속된다면, 한국 사회는 긍정적 변화를 맞이할 가능성이 높다. 그러나 이러한 변화가 장기적으로 이어지기 위해서는 정부의 다각적인 정책 대응과 사회적 협력이 필수적이다.

2 | 노동 시장에 미치는 영향

(1) 장기적인 노동력 공급 증가

출생률 증가는 20년 후 노동 시장에 영향을 미치게 된다. 따라서 장기적으로 생산 가능 인구가 증가하여 노동력 공급이 늘어날 것이다.

(2) 경제성장률 상승

노동 공급 증가로 인해 경제성장률이 상승할 것으로 예상된다. 한국경제연구원의 분석에 따르면, 출산율 제고 시 2041~2050년 0.1%p, 2051~2060년 0.2%p, 2061~2070년 0.2%p의 경제성장률 증가가 전망된다.

(3) 여성 고용 환경 개선

출산율 증가와 함께 여성의 경제활동 참여를 높이기 위한 정책이 강화될 것으로 보인다. 일·가정 양립 지원, 경력 단절 방지를 위한 유연 근무제 확대, 육아휴직 제도 개선 등이 추진될 것이다.

(4) 고령화 속도 완화

출생률 증가는 장기적으로 인구 구조의 고령화 속도를 늦추는 효과가 있을 것이다. 이는 노동 시장의 연령 구조 변화에 영향을 미칠 것이다.

(5) 산업 구조 변화

영유아 관련 산업이 성장하고, 교육 및 보육 서비스 분야의 일자리가 증가할 것으로 예상된다.

(6) 노동 공급 증가와 고용 구조 변화

출생률 증가로 장기적으로 노동 가능 인구가 증가하며, 노동 시장의 공급이 확대된다. 이는 기업의 인력 부족 문제가 완화되고, 다양한 직종에서 인재를 확보하기 쉬워질 가능성이 크다. 특히, 고령화로 인해 증가했던 고령층 노동 의존도가 줄어들며, 젊은 세대 중심의 고용 구조가 복원될 수 있다.

(7) 산업별 고용 변화

인구 증가로 소비와 수요가 확대되면서 특정 산업군에서 고용이 증가할 것으로 예상된다. 예를 들어, 교육, 유아 관련 서비스, 주택 건설 등 인구 증가와 직접 연관된 분야에서 고용이 확대될 가능성이 있다. 또한, IT와 같은 첨단 산업에서도 새로운 세대의 기술적 적응력이 노동 시장의 경쟁력을 강화할 수 있다.

(8) 임금 변화와 노동 경쟁

노동력 공급이 증가함에 따라 단기적으로는 임금 상승 속도가 둔화될 가능성이 있다. 이는 노동 시장에서의 경쟁이 심화하기 때문이다. 그러나 장기적으로는 인구 증가가 경제 전반의 생산성과 소비를 확대해 임금 수준에도 긍정적인 영향을 미칠 수 있다.

(9) 노동 시장의 지역 간 균형 회복

출생률 증가가 특정 지역에만 국한되지 않고 균형적으로 나타날 경우, 노동력이 대도시에 집중되는 경향이 완화될 가능성이 있다. 이는 지역 간 고용 불균형 문제를 해소하고, 지역 경제 활성화에 기여할 수 있다.

(10) 노동 시장에서의 기술 혁신 가속화

젊은 노동력의 증가로 기술 활용 능력이 향상되고, 새로운 세대가 혁신적인 기술을 도입함으로써 산업의 디지털 전환 속도가 가속화될 가능성이 높다. 이로 인해 노동 시장은 자동화와 AI 도입이 더욱 활발히 이루어지는 동시에 새로운 형태의 일자리가 창출될 수 있다.

(11) 노동 시장 정책의 변화

정부와 기업은 증가하는 노동력을 효과적으로 활용하기 위한 정책을 도입해야 할 것이다. 청년 고용 촉진을 위한 직업훈련, 재교육 프로그램, 그리고 중소기업의 인력 수급 지원 같은 정책이 더욱 강조될 가능성이 높다.

(12) 세대 간 협력 강화

출생률 증가로 인한 젊은 세대의 증가가 노동 시장에 유입되면서, 다양한 세대 간 협력이 중요해질 것이다. 고령층과 젊은 층 간의 기술 및 경험 교류를 통해 생산성과 효율성이 높아질 수 있다.

결론

다만, 이러한 변화는 장기적인 관점에서 나타날 것이며, 단기적으로는 여성의 경제활동 참여 증가와 같은 다른 정책적 노력이 병행되어야 노동 시장에 긍정적인 영향을 미칠 수 있을 것이다. 출생률 증가가 노동 시장에 긍정적인 변화를 가져올 가능성은 크지만, 이러한 효과를 극대화하기 위해서는 적절한 정책적 대응과 인프라 투자가 필요하다. 균형 있는 고용 정책과 지속 가능한 경제 구조가 뒷받침될 때 노동 시장의 장기적 안정성이 확보될 수 있다.

3 | 교육 시스템에 미치는 변화

(1) 학령인구 증가로 인한 교육 인프라 확충

출생률 증가로 학령인구가 증가하면, 초등학교와 중등학교의 교실, 교사, 교육 시설의 수요가 늘어날 것이다. 이는 기존 학교의 증축 또는 신설을 요구하며, 교육 예산의 대폭 확대가 필수적이다.

(2) 지역 간 교육 자원의 재조정

도시와 농촌 지역 모두 학령인구 증가에 대비한 교육 자원 배치가 필요하다. 특히, 인구 증가율이 높은 지역에서는 공립학교 설립과 교사 배치를 강화해야 하며, 지역 간 교육 격차를 줄이기 위한 균형 발전 계획이 중요하다.

(3) 유아교육과 보육 지원 강화

출생률 증가로 유아교육과 보육 시설에 대한 수요가 급증할 것이다. 이는 공공 보육 시스템의 확대와 교사 양성 프로그램의 강화로 이어지며, 국가 차원의 예산 지원이 뒷받침되어야 한다. 아울러, 부모의 경제적 부담을 줄이는 정책적 조치도 병행되어야 한다.

(4) 디지털 학습 환경의 확대

출생률 증가로 교육의 수요가 늘어남에 따라, 물리적 학교 확충 외에도 디지털 학습 환경 구축이 중요한 대안이 될 것이다. 이는 온라인 강의, 디지털 교과서, AI 기반 개별화 학습 프로그램 등의 도입을 통해 교육의 효율성을 높이는 방향으로 나아갈 수 있다.

(5) 교육 인력 양성 및 처우 개선

교사 수요가 급증하며 교사 양성 체계가 확대될 필요가 있다. 이를 위해 교사 양성 대학과 프로그램을 증설하고, 교사의 급여와 근무 환경 개선을 통해 교육의 질을 유지해야 한다.

(6) 다양한 교육 프로그램 도입

학령인구 증가로 인해 학생들의 학업 수준과 관심사가 더욱 다양해질 가능성이 있다. 이에 따라 특성화 교육, 대안학교, 직업교육 강화 등 다양한 교육 프로그램이 필요하며, 교육 시스템의 유연성을 높여야 한다.

(7) 입시제도 개선

학령인구 증가로 대학 입시 경쟁이 심화될 수 있다. 이를 완화하기 위해 입시제도의 공정성과 다양성을 확보하는 노력이 필요하며, 대학 정원 확대 및 직업교육 강화로 대입 부담을 완화할 수 있다.

(8) 평생 교육 체계와 연계

학령인구 증가가 젊은 세대의 학습 필요성을 강조하는 것뿐만 아니라, 이를 평생교육 체계와 연결하여 지속적인 학습 환경을 조성해야 한다. 이는 세대 간 연계 교육 시스템을 구축하는 계기가 될 수 있다.

(9) 학급 규모 및 구조 변화

학생 수 증가로 인해 학급 규모가 커질 수 있다. 다양한 연령대와 배경을 가진 학생들로 구성된 학급이 늘어날 수 있다.

(10) 교육 자원 및 인프라 확대

늘어나는 학생 수에 대응하기 위해 학교 시설과 교육 자원의 확충이 필요할 것이다. 정부의 교육 예산 증액이 요구될 수 있다.

(11) 교육 정책의 변화

개별화된 교육과 혁신적인 교육 방법에 대한 수요가 증가할 수 있다. 학생들의 다양한 요구를 충족시키기 위한 맞춤형 교육 프로그램이 개발될 수 있다.

(12) 교육 투자 패턴의 변화

사교육 시장의 변화가 예상된다. 학생 수 증가로 인해 사교육 수요가 늘어날 수 있지만, 동시에 공교육 강화 정책으로 인해 사교육 의존도가 줄어들 수도 있다. 교육의 질적 향상을 위한 투자가 증가할 것으로 예상된다.

결론

이러한 변화들은 장기적인 관점에서 이루어질 것이며, 정부와 교육 기관의 적극적인 대응이 필요할 것이다. 출생률 증가로 인한 교육 시스템의 변화는 물리적, 정책적, 그리고 디지털 환경의 개선을 포함한다. 정부와 교육 당국은 미래의 학령인구 증가에 대비하여 균형 잡힌 교육 정책을 설계하고, 학부모와 지역사회의 협력을 통해 교육 자원을 효율적으로 배분해야 한다.

4 | 도시와 농촌 간 인구 변화

(1) 도시로의 유입 증가 가능성

출생률 증가로 인한 학령인구와 청년층의 증가로 인해 더 나은 교육과 취업 기회를 제공하는 도시로의 이동이 증가할 수 있다.

(2) 교육 인프라 집중

대도시 중심의 고등 교육 기관과 학원 등 교육 인프라로 인해 가족 단위의 도시 이주 가능성이 있다.

(3) 취업 기회 집중

도시 지역의 다양한 산업 및 직업군 확대로 인해 젊은 인구가 도시에 정착할 가능성이 높다.

(4) 농촌 지역 인구 유지 및 증가 가능성

정부의 균형 발전 정책과 농촌 활성화 전략에 따라 농촌 지역으로의 유입이 확대될 수도 있다.

(5) 농촌 주거 지원 확대

출생률 증가로 인해 더 넓고 저렴한 주거 공간을 찾는 가구가 농촌으로 이동할 가능성이 있다.

(6) 지역 경제 활성화

농촌 지역의 일자리 창출, 귀농·귀촌 지원 정책 등으로 청년과 가족의 농촌 정착이 촉진될 수 있다.

(7) 도시와 농촌 간 이동의 양방향화

출생률 증가로 인한 양방향 이동 현상이 나타날 가능성이 있다.

(8) 도시에서 농촌으로

삶의 질 향상과 환경적 요인(청정 지역 선호, 가족 중심 생활)을 고려한 이동 가능성이 있다.

(9) 농촌에서 도시로

학령인구와 노동 가능 인구의 도시 유입이 증가한다.

(10) 농촌 지역사회 서비스 수요 증가

농촌으로 이주하는 인구가 증가할 경우, 교육, 의료, 문화시설 등 사회 서비스에 대한 요구가 증가할 것이다.

(11) 교육 시설 확충

농촌 지역의 학교, 유아원, 보육 시설 확충이 필요하다.

(12) 생활 인프라 개선

의료 및 문화적 접근성을 높이기 위한 사회적 투자가 확대된다.

(13) 지역 간 격차 해소를 위한 정책 필요

출생률 증가로 인해 도시와 농촌 간의 격차가 더욱 두드러질 수 있으며, 이를 해소하기 위한 정책이 필요하다.

(14) 균형 발전 정책 강화

농촌 지역에 공공 서비스와 경제적 지원이 확대된다.

(15) 지방 중심 경제 활성화

농촌 지역의 산업 다변화와 기업 유치를 통한 일자리 창출이 가능하다.

(16) 농촌 지역 공동체의 변화

농촌으로의 이동이 증가할 경우, 농촌 지역 공동체가 다양한 배경의 인구로 구성되며 새로운 형태의 문화적 융합이 나타날 가능성이 있다.

(17) 다문화적 농촌 사회

도시 출신 인구와 귀농·귀촌자 간의 문화적 교류를 한다.

(18) 농촌 인프라의 현대화

새로운 인구의 요구에 따른 농촌 지역 현대화가 된다.

(19) 농촌 인구 고령화 심화

농촌 이주자의 평균 연령이 높아지고 있다. 2023년 기준으로 농업 종사를 위해 이주한 사람들의 평균 연령은 56.3세였습다. 출생률 증가가 주로 도시에서 일어날 경우, 농촌의 인구 고령화는 더욱 심화될 수 있다.

(20) 정부 정책의 중요성 증대

농촌 인구 위기에 대응하기 위해 귀농·귀촌을 장려하는 정책의 중요성이 더욱 커질 것으로 보인다. 농촌 지역의 경제적 기회와 인프라 개선이 필요할 것이다. 이러한 변화들은 장기적인 관점에서 도시와 농촌 간의 균형 있는 발전을 위한 정책적 노력이 필요함을 시사한다.

결론

　출생률 증가가 지속된다면 도시와 농촌 간의 인구 이동은 더욱 역동적으로 변화할 것이다. 농촌 지역의 활성화와 도시 집중화를 완화하려는 균형 발전 정책이 적절히 시행된다면, 이러한 변화는 도시와 농촌 모두에 긍정적인 영향을 미칠 수 있다.

5 | 사회보장시스템에 미치는 영향

(1) 연금 제도의 재정 안정화

출생률 증가로 인해 고령화 속도가 완화되면서 연금 가입자 수가 늘어나고, 재정적 안정성이 강화될 수 있다. 이는 연금 수급자 대비 납부자의 비율이 개선되며, 세대 간 부담이 완화되는 긍정적인 효과를 가져올 수 있다.

(2) 의료 시스템의 인구 구성 변화

젊은 인구 비중 증가로 고령층 의료비 비중이 감소할 가능성이 있다. 이는 의료 재정 부담을 줄이고, 예방 및 청소년 건강관리 서비스에 대한 투자가 증가하는 방향으로 시스템이 재편될 수 있다. 다만, 출산 및 육아 지원 서비스 확대가 요구될 수 있다.

(3) 아동과 가족 지원 정책 확대

출생률 증가로 인해 보육, 교육, 그리고 가족 복지 서비스에 대한 수요가 급증할 것이다. 이에 따라 정부는 공공보육시설, 유아 교육비 지원, 그리고 가족 친화적 노동 정책을 강화해야 할 필요가 있다. 일과 가정 양립을 위한 지원 정책이 더욱 강화될 가능성이 있다.

(4) 고용보험 및 실업 지원 제도의 변화

출생률 증가로 노동 시장이 확대되면서 고용보험 수입이 증가할 가능성이 크다. 그러나 초기 단계에서는 청년층 실업률을 관리하기 위해 실업 지원과 직업훈련 프로그램이 중요해질 것이다. 이러한 변화는 사회 보장 시스템의 재구조화를 요구할 수 있다.

(5) 주택 및 도시 개발 정책 변화

인구 증가로 주거 수요가 늘어나면서, 저렴한 공공임대주택 공급과 지역 균형 개발이 사회 보장 시스템의 주요 과제로 떠오를 것이다. 도시와 농촌 간 인구 이동을 조정하기 위한 사회적 기반 시설 투자도 필요할 것이다.

(6) 사회 보험료 부담의 재조정

출생률 증가로 사회 보험 가입자가 늘어나면 개별 시민의 보험료 부담이 완화될 수 있다. 이는 소비 여력 증가로 이어져 경제 활성화에도 기여할 수 있다. 그러나 단기적으로는 출산율 증가에 따른 초기 복지 비용 증가를 관리해야 한다.

(7) 세대 간 사회적 연대 강화

출생률 증가가 세대 간 소통과 협력을 촉진할 가능성이 있다. 젊은 세대의 증가로 고령층의 복지 부담이 경감되면서 세대 간 갈등이 완화되고, 서로를 지원하는 방향으로 사회 보장 시스템이 발전할 수 있다.

결론

이러한 변화들은 사회 보장 시스템의 지속 가능성을 높이고, 전반적인 삶의 질 향상에 기여할 것으로 예상된다. 다만, 출생률 증가 트렌드가 장기적으로 지속되어야 이러한 긍정적 효과가 나타날 수 있을 것이다. 출생률 증가가 사회 보장 시스템에 미치는 변화는 긍정적일 가능성이 크지만, 초기 단계에서는 투자 확대와 복지 체계의 조정이 필수적이다. 장기적으로는 재정적 안정성과 세대 간 연대 강화로 이어질 수 있으며, 이를 위해 정부의 적극적인 계획과 정책이 요구된다.

3장

초저출생이 미치는
사회·경제적 영향

1 | 사회 전반에 미치는 영향

    한국의 저출생 문제는 세계적으로도 유례가 없을 정도로 심각한 수준으로 초저출산 국가에 속하며 최근 합계출산율은 0.72명으로 인구 유지에 필요한 2.1명의 절반에도 미치지 못한다. 저출생 문제는 단순히 인구감소를 넘어, 경제, 사회, 문화 전반에 걸쳐 심대한 영향을 미친다. 이는 경제활동인구감소, 세대 갈등 심화, 복지 체계의 위기 등 다양한 문제를 야기한다.

(1) 경제활동인구감소와 성장률 둔화
    저출생 문제는 노동 가능 연령 인구의 감소를 초래하여, 한국 경제의 성장 잠재력을 심각하게 저하하게 한다. 노동력이 줄어들면 생산성이 낮아지고, 기업의 경쟁력도 약화한다. 이는 GDP 성장률 둔화로 이어지며, 경제 규모가 축소될 위험을 내포한다.

(2) 산업 구조 변화와 인력 부족
    특정 산업(제조업, 서비스업 등)에서는 인력 부족 현상이 심화될 수 있다. 노동력을 AI와 로봇으로 대체하려는 시도가 증가하지만, 자동화로 대체할 수 없는 직업군(돌봄, 교육 등)은 더욱 심각한 영향을 받을 것이다. 또한, 젊은 세대가 줄어들면서 창업과 혁신이 감소하고, 경제 역동성이 약화한다.

(3) 재정적 부담 증가
    저출생은 노인 인구 비율 증가와 맞물려 복지 재정 부담을 가중한다. 국가와 지방 정부는 연금, 의료, 요양 서비스를 제공하기 위해 막대한 재원을 필요로 하게 되며, 이는 조세 부담 증가와 국가 채무 악화를 야기할 가능성이 크다.

(4) 사회보장제도의 지속 가능성 위협

연금, 의료보험 등 사회 보장 제도의 재정 악화, 생산가능 인구 대비 부양 인구 비율 증가로 인한 세대 간 갈등 심화, 노인 건강 유지를 위한 보건 수요 증가로 정부 재정 부담이 가중된다.

(5) 교육 시스템 변화

학령인구감소로 인한 학교 통폐합 및 교원 수 감소, 대학 정원 미달 현상 심, 화, 교육 관련 산업의 구조조정이 불가피하다.

(6) 국방력 약화

병력자원 부족으로 인한 국방 체계 재편 필요성 증가, 군 병력 구조의 변화 및 첨단화 요구가 증대된다.

(7) 고령화 사회로의 가속화

저출생 문제는 한국 사회를 초고령 사회로 빠르게 진입하게 만든다. 이는 젊은 세대의 부양 부담을 크게 늘리고, 세대 간 갈등을 심화시킬 가능성이 있다. 노령 인구 증가로 인해 정치와 사회적 의제가 노인 중심으로 재편될 수 있어, 젊은 세대의 목소리가 약화할 위험도 존재한다.

(8) 지역 공동체의 붕괴

저출생과 인구감소는 지방 소멸 문제로 직결된다. 지방에서는 인구 유출이 가속화되며, 학교와 병원, 공공 서비스의 유지가 어려워지는 등 지역 공동체가 붕괴할 위기에 처한다. 이는 지역 간 격차를 더욱 심화시키며, 국토의 균형 발전에도 부정적인 영향을 미친다.

(9) 가족 구조의 변화

저출생은 핵가족화를 넘어 1인 가구 증가와 같은 새로운 가족 형태를 부각한다. 가족 구성원의 감소는 전통적 가족 지원망 약화로 이어지며, 사회적 고립과 정신적 건강 문제를 야기할 수 있다.

(10) 출생과 결혼에 대한 가치관 변화

한국의 저출생 문제는 젊은 세대의 결혼과 출산에 대한 가치관 변화에서 기인한다. 결혼을 선택하지 않거나 출산을 미루는 경향은 개인주의와 경제적 불안정에서 비롯되며, 이러한 문화적 변화는 저출생 현상을 더욱 심화시킨다.

(11) 소비와 라이프 스타일 변화

젊은 세대의 감소는 소비 시장의 구조 변화를 초래한다. 특히, 아동용품, 교육 서비스 등 특정 산업은 축소되는 반면, 1인 가구 중심의 소비 패턴이 확산한다. 이는 산업 전반의 재구조화를 요구하며, 경제적 불확실성을 증대시킨다.

(12) 저출생 문제의 정치적 영향

고령층 비율이 증가하면서, 정책 우선순위가 노인복지 중심으로 재편될 가능성이 커진다. 이는 젊은 세대의 정치적 영향력을 약화하며, 세대 간 갈등과 불균형을 심화시킬 수 있다.

(13) 사회적 불평등의 확대

저출생 문제는 교육, 주거, 노동 시장에서의 기회 불평등을 초래할 수 있다. 특히 젊은 세대가 직면하는 경제적 부담은 사회적 계층 이동을 어렵게 만들고, 양극화를 심화시킬 수 있다.

(14) 저출생 문제 해결을 위한 방향

경제적 지원 강화

주거, 육아, 교육 등 젊은 세대가 직면한 경제적 부담을 줄이기 위한 정책이 필요하다. 특히, 공공 임대주택 확대, 양질의 보육 서비스 제공, 교육비 경감 등의 정책이 효과적일 수 있다.

근로 환경 개선

일과 가정의 균형을 맞출 수 있는 근로 환경 조성이 필수적이다. 탄력근무제, 육아휴직 확대, 워라밸 문화 확산 등이 저출생 문제 해결에 기여할 수 있다.

결혼과 출산 문화의 전환

결혼과 출산에 대한 긍정적 이미지를 확산시키고, 이를 지원하는 사회적 캠페인과 프로그램이 필요하다. 특히, 다자녀 가구에 대한 지원을 확대하고, 다양한 가족 형태를 수용하는 사회적 인식 변화가 요구된다.

지역 재생과 균형 발전

저출생 문제를 지역 소멸과 연결해 해결하기 위해 지방의 정주 여건을 개선하고, 지역 경제 활성화 정책을 추진해야 한다. 이를 통해 젊은 세대가 지방에서 안정적으로 정착할 수 있는 환경을 마련해야 한다.

결론

저출생 문제는 한국 사회가 직면한 가장 중대한 과제 중 하나로, 경제적, 사회적, 문화적 차원에서 장기적인 영향을 미친다. 이를 해결하기 위해서는 종합적이고 체계적인 접근이 필요하며, 젊은 세대가 결혼과 출산을 선택할 수 있도록 지원하고, 고령화와 지역 소멸 문제를 함께 해결하려는 노력이 필수적이다. 저출생 문제를 극복하지 못하면, 한국 사회의 지속 가능성은 심각한 도전에 직면할 것이다.

2 | 초고령화에 미치는 영향

(1) 저출생과 초고령화의 연관성

　저출생은 고령화 문제와 직접 연결되어 있다. 출생률이 낮아지면 젊은 세대의 수가 줄어들어 전체 인구에서 고령층이 차지하는 비중이 자연스럽게 증가한다. 이는 인구 피라미드의 왜곡을 초래하며, 사회적, 경제적, 복지적 부담을 가중한다. 특히 한국처럼 초저출생과 빠른 고령화가 동시에 진행되는 사회에서는 이 두 현상이 서로를 강화하는 악순환 구조를 형성한다.

(2) 경제활동인구의 급격한 감소

　저출생으로 인해 젊은 세대가 줄어들면서 노동 가능 인구가 감소한다. 이로 인해 기업의 생산성과 국가 경제의 성장 잠재력이 약화하며, 노동 시장에서의 인력 부족 문제가 심화한다. 특히 숙련 노동자 부족은 산업 경쟁력 저하로 이어질 수 있다.

(3) 노년층의 경제적 의존 증가

　고령층의 비중이 증가하면, 은퇴 이후 경제적 지원이 필요한 인구가 늘어나게 된다. 이는 젊은 세대가 고령층을 부양해야 하는 부담을 가중하며, 부양비(1인당 부양해야 할 인구 비율)가 급격히 상승한다. 2023년 기준 한국의 노년 부양비는 100명당 약 25명 수준이지만, 저출생이 지속되면 이 수치가 급격히 증가할 것으로 예상된다.

(4) 복지 시스템

연금 시스템의 위기

　고령화와 저출생은 국민연금 시스템에 심각한 위기를 초래한다. 연금을 납부하는 경제활동 인구는 줄어드는 반면, 연금을 수령하는 고령층은 증가하여 연금 기금 고갈 속도가 빨라진다. 현재 구조로는 연금 제도의 지속 가능성이 위협받을 수 있으며, 개혁 논의가 필수적이다.

의료 및 돌봄 서비스 수요 증가

고령 인구 증가로 인해 의료 및 돌봄 서비스에 대한 수요가 급증한다. 그러나 저출생으로 인해 돌봄 인력과 예산이 부족해질 가능성이 높다. 특히, 노인 의료비와 장기 요양비가 증가하면서 국가와 가계의 재정 부담이 대폭 늘어날 것이다.

(5) 지방 소멸 위기

지방의 고령화 심화

저출생은 젊은 세대의 감소와 함께 지방에서의 인구 유출을 촉진한다. 이로 인해 지방은 고령층 비중이 더욱 높아지며, 지역 경제와 공동체가 붕괴하는 지방 소멸 현상이 가속된다. 예를 들어, 농촌 지역에서는 이미 고령화 비율이 50%를 넘는 곳이 많아서 지역사회의 지속 가능성이 위협받고 있다.

도시와 지방 간 격차 심화

도시로의 인구 집중이 가속화되면서, 지방은 경제적, 사회적 지원을 받기 점점 어려워지고, 이는 고령층이 더욱 열악한 환경에 놓이게 만든다. 지방 소멸은 결국 국가 전체의 균형 발전에 큰 위기를 초래할 것이다.

(6) 세대 갈등의 심화

젊은 세대의 부양 부담 증가

저출생은 젊은 세대가 노인 세대를 부양해야 하는 부담을 크게 늘린다. 경제적으로는 연금, 세금, 의료비 등에서의 부담 증가로 이어지며, 심리적으로는 "왜 우리가 더 많은 부담을 져야 하는가?"라는 세대 간 불만을 유발한다.

정치적 갈등의 심화

고령층이 정치적으로 강력한 영향력을 행사하면서 젊은 세대의 목소리가 정책 결정에서 배제될 가능성이 커진다. 이는 세대 간 정치적 갈등과 사회적 분열을 심화시키는 원인으로 작용할 수 있다.

(7) 사회적 자원의 재배분 압력

노인복지에 치우친 자원 배분

고령화로 인해 노인복지에 대한 국가 자원 배분이 증가하면서, 젊은 세대의 교육, 취업, 주거 지원 등 다른 사회적 투자가 줄어드는 경향이 있다. 이는 사회 전반의 불균형을 초래하며, 젊은 세대의 불만을 가중한다.

출산 장려와 고령화 문제 간 정책 충돌

저출생과 고령화 문제는 서로 다른 정책적 접근이 요구되지만, 한정된 자원으로 두 문제를 동시에 해결하기 어려운 상황이 발생한다. 출산 장려 정책과 고령층 복지 확대의 우선순위 충돌은 정책 딜레마를 초래할 수 있다.

(8) 한국 초고령화 문제 해결을 위한 방향

출산율 제고를 위한 종합 대책

저출생 문제를 해결하지 않으면 고령화 문제도 해결할 수 없다. 이를 위해 육아 지원, 주거 안정, 양질의 일자리 제공 등 젊은 세대가 결혼과 출산을 선택할 수 있도록 지원하는 포괄적 정책이 필요하다.

노인복지 시스템의 혁신

효율적이고 지속 가능한 복지 시스템을 설계하여 연금, 의료비 등의 부담을 줄이는 동시에, 고령층이 경제활동에 참여할 수 있는 기회를 확대해야 한다. 예를 들어, 고령층 재취업 지원, 세대 간 협력 프로젝트 등을 통해 사회적 자원의 효율성을 높일 수 있다.

지역 균형 발전 정책 강화

지방 소멸을 막고 지역 경제를 활성화하기 위해, 지방으로의 인구 유입을 유도하는 정책이 필요하다. 지방의 정주 여건 개선, 교통 인프라 확충, 일자리 창출 등이 중요한 대안이 될 수 있다.

세대 간 공존을 위한 사회적 합의

세대 간 갈등을 완화하고, 공존과 협력을 촉진하는 사회적 대화가 필요하다. 특히, 세대별 이해관계를 조정하고, 모두가 공감할 수 있는 미래 비전을 제시하는 리더십이 중요하다.

결론

저출생 문제는 고령화를 가속하며, 한국 사회의 경제적, 사회적, 복지적 안정성을 위협하는 주요 요인이다. 이 두 문제는 서로 밀접하게 연결되어 있으며, 단순히 한쪽을 해결하려는 노력만으로는 효과를 거두기 어렵다. 지속 가능성을 보장하기 위해 종합적이고 장기적인 접근이 필요하며, 세대 간 협력을 바탕으로 한 사회적 합의와 정책적 노력이 필수적이다.

3 | 주거 문제에 미치는 영향

(1) 저출생 문제와 미래 주거 환경의 상관관계

저출생은 인구 구조와 사회적 요구를 변화시켜 주거 환경에도 심대한 영향을 미친다. 인구감소와 고령화가 맞물리면서, 주거 공간의 수요와 형태가 변화하고, 도시와 지방의 주거 격차, 공실 문제 등이 새로운 사회적 과제로 대두되고 있다. 저출생은 단순히 인구수의 감소에 그치지 않고, 주거 환경의 전반적인 패러다임 변화를 요구한다.

(2) 주택 수요 감소와 시장의 변화

주택 수요의 감소

저출생은 인구감소를 유발하며, 장기적으로 주택 수요 감소를 초래한다. 특히 가족 규모가 축소되면서 대형 아파트나 다가구 주택의 수요는 줄고, 1~2인 가구를 위한 소형 주택 수요가 증가할 것으로 보인다. 이는 주택 시장의 구조적 변화를 일으키며, 주거 유형의 다양화를 요구한다.

부동산 가격 안정화 또는 하락 가능성

인구가 감소하고 수요가 줄어들면 부동산 가격의 하락 가능성이 커진다. 특히 지방과 고령화가 심한 지역에서는 주택 가격이 급락하거나, 매매 자체가 어려운 미분양 주택이 늘어날 위험이 크다. 도시에서는 저출생으로 인해 중산층 이상의 대규모 주택 구매 수요가 줄어들어, 부동산 가격 안정화 또는 하락 가능성을 배제할 수 없다.

(3) 공실 증가와 도시 공동체의 변화

빈집 문제의 확대

저출생과 인구감소는 공실 문제를 심화시킨다. 특히 지방과 농어촌 지역에서는 빈집이 대규모로 발생할 가능성이 크며, 이는 지역사회의 쇠퇴를 가속한다. 도시에서도 일부 낙후된 지역에서는 공실 증가가 발생해 도시의 빈부 격차가 확대될 수 있다.

도시 공동체의 약화

공실과 인구감소는 도시 내 공동체 형성에도 부정적인 영향을 미친다. 거주민이 줄어들면서 지역 경제활동이 위축되고, 공공시설 유지가 어려워져 도시 환경이 악화할 수 있다. 이는 도심 슬럼화 가능성을 높이고, 장기적으로 사회적 비용을 증가시킨다.

(4) 주거 형태의 변화와 소형 주택의 증가

1~2인 가구 중심의 주택 수요

저출생과 가족 규모 축소로 인해, 1~2인 가구가 한국 사회의 주된 가구 형태로 자리 잡고 있다. 이에 따라 소형 아파트, 원룸, 공유 주택과 같은 주거 형태의 수요가 증가할 것이다. 이는 기존의 대규모 주택 공급 체계를 재검토하고, 새로운 형태의 주거 공간을 설계할 필요성을 제기한다.

노년층 주거 수요의 증가

저출생과 고령화가 맞물리면서, 노년층에 적합한 주택(예: 무장애 설계, 노인 공동체 주택 등)의 수요가 증가할 것이다. 기존 주택의 리모델링 또는 새로운 형태의 노년 친화적 주거 공간 개발이 필요하다.

(5) 도시와 지방 간 주거 격차 심화

도시 집중화와 지방 소멸

저출생은 지방에서의 인구감소를 가속화하고, 젊은 세대는 교육과 일자리의 기회를 찾아 도시로 이동한다. 이로 인해 지방에서는 빈집 문제가 심각해지고, 주거 환경이 열악해지는 반면, 도시는 주거 과밀과 소형 주택 부족 문제가 발생할 가능성이 높아진다.

지방의 주거 환경 악화

지방에서는 인구 유출과 저출생이 맞물리면서 기존 주거 환경의 유지가 어려워진다. 노후 주택이 방치되거나 관리되지 않아 지역 전체의 주거 환경이 악화할 가능성이 크다. 이는 지방 소멸 문제를 더욱 심화시키는 요인으로 작용할 것이다.

(6) 정부의 주거 정책에 미치는 영향

주택 공급 정책의 전환

저출생 문제는 정부가 기존의 대규모 주택 공급 정책을 재검토하도록 요구한다. 대규모 택지 개발보다 소규모, 지역 맞춤형 주택 개발로 전환해야 할 필요성이 높아진다. 또한, 노후 주택을 재활용하거나 리모델링하는 정책이 더 중요해질 것이다.

공공 임대주택의 확대

저출생으로 인해 공공 임대주택의 수요가 증가할 가능성이 크다. 특히 1~2인 가구와 노년층을 위한 저렴하고 질 높은 공공 임대주택 공급이 필수적이다. 이는 주거 복지 향상뿐만 아니라, 사회적 불평등 완화에도 기여할 수 있다.

(7) 친환경 및 스마트 주거 환경 요구 증가

에너지 효율 중심의 주거 공간

인구감소는 에너지와 자원의 사용량에도 영향을 미친다. 저출생 시대에는 에너지 효율적인 주거 공간 설계가 더욱 중요해질 것이다. 친환경 건축 기술과 재생 에너지 활용이 필수 요소로 자리 잡을 가능성이 높다.

스마트 홈 기술의 도입

인구 구조 변화에 따라 스마트 주거 환경에 대한 수요도 증가할 것이다. 특히 고령층을 위한 IoT 기반의 안전 및 건강 관리 시스템이 포함된 스마트 홈 기술이 보편화될 가능성이 크다.

(8) 저출생 문제 극복을 위한 주거 환경 개선 방향

지역 맞춤형 주거 정책 개발

저출생과 지방 소멸 문제를 동시에 해결하기 위해 지역 맞춤형 주거 정책이 필요하다. 지방의 인구 유입을 유도하기 위한 정주 여건 개선과 함께, 지역별 특성에 맞는 주택 공급이 이루어져야 한다.

세대 통합형 주거 모델 개발

고령층과 젊은 세대가 공존할 수 있는 세대 통합형 주거 모델이 필요하다. 이를 통해 세대 간 교류와 협력을 촉진하고, 주거 문제를 사회적 차원에서 해결할 수 있다.

공공 및 민간 협력을 통한 주거 혁신

공공과 민간이 협력하여 주거 공간을 혁신하고, 저출생 시대에 적합한 새로운 주거 형태를 개발해야 한다. 특히, 사회적 약자를 위한 주거 복지 강화와 빈집 활용 방안 마련이 중요하다.

결론

저출생 문제는 한국의 미래 주거 환경에 다양한 방식으로 영향을 미치며, 주택 수요 감소, 공실 문제 확대, 주거 형태 변화 등을 초래한다. 이러한 변화는 기존의 주거 정책과 시장 구조를 재검토하고, 새로운 대안을 모색해야 할 필요성을 제기한다. 친환경적이고 스마트한 주거 환경, 세대 통합형 주택, 지역 맞춤형 정책 등 종합적인 노력이 저출생 시대의 주거 문제 해결에 기여할 것이다.

4 | 저출생이 인구감소에 미치는 영향

　저출생은 인구감소의 핵심 요인으로 작용하며, 장기적으로 사회 전반에 걸쳐 심각한 부작용을 초래한다. 출생아 수의 감소는 곧바로 인구 자연 감소로 이어지고, 이는 경제, 사회, 문화적 문제를 가속화하며 인구감소의 악순환을 형성한다. 특히, 저출생과 고령화가 동반되는 경우, 인구감소는 더욱 빠르게 진행된다.

(1) 경제 성장 잠재력 감소
노동 가능 인구의 급격한 감소
　저출생은 노동 시장의 주축인 젊은 세대의 감소를 초래하며, 국가의 생산성과 경쟁력을 약화한다. 인구감소는 노동력 부족을 불러오고, 이는 경제 성장 잠재력을 저하하게 만든다. 특히 제조업과 서비스업에서 숙련된 인력을 확보하기 어려워지면서 산업 전반의 발전 속도가 느려질 수 있다.
소비 시장 축소
　인구감소는 소비 인구감소로 이어지며, 기업의 내수 시장이 위축된다. 이는 기업의 투자 감소와 폐업 증가를 초래하고, 국가 경제 전반에 걸쳐 장기적 불황을 유발할 가능성이 크다.

(2) 사회적 부담 증가
세대 간 부양 부담 가중
　저출생으로 경제활동 인구가 줄어드는 반면, 고령층 인구는 증가하기 때문에 젊은 세대가 노년층을 부양해야 하는 부담이 커진다. 이는 국민연금, 건강보험, 세금 부담 증가로 이어지며, 사회적 불만과 세대 간 갈등을 유발할 수 있다.

복지 시스템의 지속 가능성 위협

저출생과 인구감소는 복지 시스템에 심각한 압박을 가한다. 노령화가 진행되면서 의료비와 연금 지출이 증가하지만, 이를 지탱할 경제활동 인구가 부족해 재정 고갈이 우려된다. 특히, 지속 가능한 연금 및 복지 구조 개혁이 지연되면 사회적 위기가 가속화될 수 있다.

(3) 지역사회의 붕괴와 지방 소멸 위기

지방 인구감소 심화

저출생은 지방에서의 인구감소를 가속한다. 특히 젊은 세대의 수도권 및 대도시 유입이 지속되면서 지방은 고령화와 함께 인구 소멸 위험에 직면한다. 이는 지방 경제를 약화하고, 공공 서비스 유지가 어려워져 지역사회가 붕괴할 가능성을 높인다.

빈집 및 유휴 자원의 증가

인구감소로 인해 지방에서는 빈집과 유휴 토지가 증가하며, 이는 지역 경제 및 주거 환경의 악화를 초래한다. 지방 소멸 위기는 국가의 균형 발전을 저해하고, 경제적, 사회적 비용을 증가시킬 수 있다.

(4) 교육 및 군사력에 미치는 영향

학생 수 감소와 교육 구조 변화

저출생으로 인해 학생 수가 급격히 줄어들면서 학교 통폐합이 이루어지고, 교육의 질과 접근성이 저하될 수 있다. 특히 지방에서는 학교가 사라지면서 지역 공동체 기능이 약화하고, 교육 격차가 심화할 우려가 크다.

군사력 약화

저출생과 인구감소는 징병제 국가인 한국에서 군 병력 확보에 어려움을 초래할 수 있다. 병역 자원의 부족은 군사력 유지와 안보 전략에 부정적인 영향을 미치며, 이는 국가 안보에 위협이 될 수 있다.

(5) 사회적 연결망과 공동체의 약화

가족 구조 변화

저출생으로 인해 핵가족화가 더욱 심화하고, 가족의 규모가 축소된다. 이는 가족 내 역할 분담과 사회적 지원체계가 약화하게 되어, 노인과 어린이 등 취약 계층이 더 큰 어려움에 직면할 가능성이 크다.

공동체의 약화

인구감소는 지역사회와 공동체를 약화하고, 사람들 간의 연결망을 축소한다. 이는 사회적 고립과 소외감을 증가시키며, 심리적 문제와 사회적 불안을 가중할 수 있다.

(6) 문화적 다양성 및 혁신 저하

인구감소와 문화 축소

저출생으로 인해 사회가 젊은 세대의 문화를 창출하거나 발전시키는 능력이 약화할 수 있다. 젊은 세대가 줄어들면 혁신적이고 창의적인 아이디어와 새로운 트렌드가 감소하며, 이는 문화적 다양성과 역동성을 저해한다.

이민 의존도 증가

인구감소 문제를 해결하기 위해 이민 정책이 확대될 가능성이 있지만, 이는 새로운 사회적 갈등과 문화적 충돌을 유발할 수 있다. 특히, 급격한 이민 증가가 기존 사회에 적응하지 못할 경우, 사회 통합 문제가 심화할 수 있다.

(7) 국제 경쟁력 약화

경제적 경쟁력 하락

저출생은 국가 경제의 성장 동력을 약화하며, 글로벌 시장에서의 경쟁력을 저하하게 만들 수 있다. 특히, 첨단 기술과 지식 산업에서 인재 부족 문제가 발생해 장기적으로 국가의 산업 경쟁력이 약화할 가능성이 크다.

외교적 입지 약화

인구는 국가의 정치적, 경제적 힘을 구성하는 중요한 요소다. 저출생으로 인구 규모가 축소되면 한국의 국제적 영향력과 협상력이 약화할 수 있다.

(8) 미래 세대의 기회 감소

경제적 부담 가중

저출생으로 인해 미래 세대는 현재보다 더 많은 경제적 부담(세금, 복지 기금)을 질 가능성이 높다. 이는 젊은 세대가 자기 삶의 질을 높이기 위한 선택을 하기 어렵게 만들 수 있다.

사회적 갈등 심화

세대 간 불평등이 확대되면서, 미래 세대는 정치적, 사회적 갈등에 더 취약해질 수 있다. 이는 사회 통합의 어려움을 증가시키고, 안정적인 사회 발전을 저해할 가능성이 크다.

결론

저출생과 인구감소에 대한 종합적 대응이 필요하다. 저출생으로 인한 인구감소는 한국 사회의 경제적, 사회적, 문화적 기반을 약화하는 심각한 문제다. 이 문제를 해결하기 위해서는 출산율 제고를 위한 포괄적인 정책(일자리 안정, 육아 지원, 주거 안정 등)이 필요하며, 초고령화 사회에 대비한 복지 구조 개혁과 함께 인구감소로 인한 사회적 부작용을 최소화하기 위한 장기적인 전략이 요구된다. 또한, 이민 정책과 기술 혁신 등을 활용해 인구감소의 영향을 완화하는 방안도 적극적으로 모색해야 한다.

5 | AI 시대 노동 시장에 미치는 영향

(1) 저출생과 AI 시대의 노동 시장

저출생 문제는 노동 시장의 구조와 운영 방식을 근본적으로 바꾸고 있다. 특히 AI 기술의 발전이 저출생으로 인한 노동력 부족 문제를 완화하거나 새로운 도전을 제기할 가능성이 크다. AI 시대의 노동 시장은 인구감소와 기술 발전이라는 두 가지 축이 복합적으로 작용하며 전통적 노동 시장의 형태를 재편하게 될 것이다.

(2) 노동력 감소와 AI 대체의 가속화

노동 가능 인구의 급격한 감소

저출생은 청년층과 생산 가능 인구의 감소를 초래하며, 노동력 공급이 부족해지는 상황을 가속한다. 기업은 인력을 대체하기 위해 AI와 자동화 기술에 더욱 의존하게 될 것이다. 특히 단순 반복 업무는 AI가 대체하며, 노동 시장 내 인간 노동의 역할이 변한다.

AI 기술로 인한 직무 구조 재편

노동력 부족 문제를 해결하기 위해 AI와 로봇 기술이 제조업, 서비스업, 물류업 등 다양한 분야에 도입될 것이다. 이는 전통적 일자리를 줄이는 동시에, AI 개발 및 운영과 관련된 첨단 기술 직업군의 수요를 증가시킬 것이다.

(3) 생산성 향상과 경제 구조의 변화

AI를 통한 생산성 극대화

노동력 부족을 보완하기 위해 AI와 자동화가 생산성 향상에 기여한다. AI 기술은 24시간 가동이 가능하며, 인간보다 정확하고 효율적으로 작업을 수행할 수 있어 경제 효율성을 높인다. 특히, 제조업과 같은 전통 산업은 생산성을 유지하거나 심지어 증가시킬 수 있다.

산업 구조의 변화

AI 도입은 노동 집약적 산업에서 기술 집약적 산업으로 전환을 가속한다. 저출생과 노동력 감소는 기업들이 기술 중심으로 전환하도록 압력을 가하며, 서비스업, 의료, 교육 등 여러 산업에서 AI의 역할이 확대된다.

(4) AI와 인간 노동의 공존: 직업 변화의 양상

기존 직업의 감소

단순 반복적인 업무나 예측이 가능한 직무는 AI와 자동화로 대체된다. 예를 들어, 고객 서비스, 물류 관리, 회계 등은 AI 도입으로 인력이 감소할 가능성이 높다. 이는 저출생으로 인한 노동력 부족 문제를 완화하는 동시에, 일자리 상실 문제를 초래할 수 있다.

신규 직업의 창출

AI 기술의 발전은 새로운 형태의 직업을 창출한다. 예를 들어, AI 설계자, 데이터 분석가, 머신러닝 엔지니어 등 AI 관련 전문 직업군이 증가할 것이다. 또한, 인간의 창의성과 감성을 요구하는 분야(예: 디자인, 예술, 상담)는 AI와 상호 보완적으로 성장할 가능성이 크다.

(5) 고령화 노동력의 확대와 AI의 지원

고령 인구의 노동 시장 참여 확대

저출생으로 인한 노동력 부족을 보완하기 위해 고령 인구가 노동 시장에 더 오래 머물 가능성이 높다. AI 기술은 고령 근로자들이 업무를 더 효율적으로 수행할 수 있도록 지원할 수 있다. 예를 들어, 물리적 노동이 요구되는 직무에서는 로봇 공학이, 복잡한 정보 처리가 필요한 업무에서는 AI 시스템이 보조 역할을 할 것이다.

노년층 친화적인 직업 설계

AI를 활용하여 노년층이 수행할 수 있는 직업군이 새롭게 등장할 것이다. 이는 노동 시장 내 세대 간 불균형을 완화하고, 고령화 사회에서도 생산성을 유지하는 데 기여할 수 있다.

(6) 교육 및 훈련의 필요성 증가

AI와 관련된 새로운 기술 습득 요구

저출생으로 인해 한정된 노동력을 최대한 활용하기 위해 고급 기술 습득이 필수적이다. 특히, AI 개발, 데이터 관리, 디지털 기술 등과 관련된 교육 프로그램의 필요성이 커질 것이다. 정부와 기업은 직업 재교육과 평생 교육을 통해 노동자들이 변화하는 노동 시장에 적응할 수 있도록 지원해야 한다.

교육 격차로 인한 노동 시장 불균형

AI 시대에는 고급 기술을 습득한 소수의 노동자가 높은 보상을 받는 반면, 기술 습득 기회가 부족한 노동자들은 노동 시장에서 소외될 위험이 있다. 이는 경제적 양극화와 직업 불평등을 심화시킬 수 있으므로, 포괄적인 교육 정책이 필수적이다.

(7) AI와 저출생 문제의 융합적 해결 가능성

AI를 활용한 일자리 창출

AI 기술은 새로운 산업을 창출하거나 기존 산업의 효율성을 극대화하여 저출생 문제를 해결하는 데 기여할 수 있다. 예를 들어, 헬스케어 분야에서는 AI를 활용한 원격 진료, 맞춤형 치료 등 새로운 서비스가 확대될 것이다.

AI를 통한 노동 효율성 제고

AI는 노동 시장 내 노동력 부족 문제를 완화하는 동시에, 생산성을 높여 저출생으로 인한 경제적 영향을 최소화할 수 있다. 예를 들어, 물류, 제조, 농업 등에서 AI 기반의 자동화 시스템은 노동력 감소 영향을 줄일 수 있다.

(8) 사회적 부작용과 대응 과제

일자리 격차와 경제적 불평등 심화

AI 기술 도입이 노동 시장을 효율적으로 변화시키는 동시에, 숙련된 기술을 가진 노동자와 그렇지 못한 노동자 간의 격차를 확대할 가능성이 있다. 이는 경제적 양극화와 사회적 갈등을 초래할 수 있다.

정책적 대응 필요성

정부는 AI 시대에 적합한 노동 정책을 수립해야 한다. 특히, 노동 시장의 변화를 반영한 재교육 프로그램, 소득 안전망 강화, 그리고 AI 기술의 윤리적 사용을 위한 규제와 정책이 필요하다.

결론 : AI와 함께 재구성되는 노동 시장

저출생 문제는 AI 시대의 노동 시장에 복합적인 영향을 미친다. AI는 노동력 감소 문제를 보완할 잠재력을 지니고 있으나, 동시에 새로운 도전 과제를 제기한다. 정부와 기업은 AI와 인간 노동의 조화를 추구하며, 교육과 정책을 통해 기술 발전과 사회적 안정성을 동시에 확보해야 한다. 이 과정에서 AI는 저출생 시대의 노동 시장에 긍정적인 변화를 가져올 중요한 열쇠가 될 것이다.

6 | 복지와 공공 서비스에 미치는 영향

(1) 초저출생 문제와 AI 시대

사회 복지와 공공 서비스의 새로운 도전

저출생 문제는 사회 복지와 공공 서비스의 기반을 약화하며, 이를 보완하기 위해 AI 기술의 활용이 필수적이다. AI 시대는 공공 서비스의 효율성을 높이고, 저출생과 고령화로 인한 사회적 부담을 줄일 가능성을 제공하지만, 동시에 새로운 도전 과제를 수반한다.

맞춤형 출산·양육 지원 서비스

AI를 활용하여 개인별 상황에 맞는 출산·양육 지원 정보를 제공하고, 관련 서비스를 연계하는 시스템을 구축할 수 있다.

일·가정 양립 지원 강화

AI 기술을 활용한 유연 근무 시스템 구축 등을 통해서 일·가정 양립 환경 조성을 지원할 수 있다.

(2) 복지 수요 증가와 서비스 공급 부족

초고령화로 인한 복지 수요 폭증

저출생과 고령화가 동반되면서 의료, 연금, 돌봄 서비스 등 복지 수요가 급격히 증가한다. 노령화 사회에서는 의료비와 돌봄 서비스 제공의 부담이 커지며, 이는 정부 재정과 공공 서비스 공급망에 큰 압박을 가한다.

복지 인력 부족

저출생으로 인해 복지 서비스 제공을 담당할 인력이 감소한다. 특히 간호사, 요양보호사, 사회복지사 등 고령층을 직접 지원하는 직업군의 인력 부족이 심화될 가능성이 크다.

(3) AI를 활용한 복지 시스템의 효율화

복지 사각지대 해소

AI 기술을 활용하여 복지 사각지대를 발굴하고 지원할 수 있다. AI 초기 상담정보시스템은 지자체 복지 현장의 사각지대 발굴 업무를 지원한다.

효율적인 복지 상담 서비스

AI 챗봇을 통해 초기 복지상담 과정을 지원함으로써, 사회복지 공무원들이 위기가구에 더 집중적인 케어를 제공할 수 있게 된다

복지 행정의 자동화

AI 기술은 복지 서비스 제공 과정에서 행정 절차를 자동화하여 효율성을 극대화할 수 있다. 예를 들어, 복지 대상자의 자격 심사와 지급 절차를 AI가 처리하면 행정 비용이 절감되고 처리 속도가 빨라질 수 있다.

개인 맞춤형 복지 서비스 제공

AI를 활용하면 개인별 데이터 분석을 통해 맞춤형 복지 서비스를 제공할 수 있다. 예를 들어, 건강 상태와 생활환경에 따라 의료 지원, 식사, 상담 서비스 등을 최적화할 수 있다.

(4) 돌봄 서비스의 AI화

로봇과 AI를 통한 돌봄 지원

AI 기반 로봇과 디지털 도우미는 고령자와 취약 계층에게 돌봄 서비스를 제공할 수 있다. 예를 들어, 의료 로봇은 환자의 상태를 모니터링하고, 스마트 홈 기술은 고령자의 안전을 보장할 수 있다. 이는 복지 인력 부족 문제를 완화하며, 돌봄 서비스의 질을 향상할 수 있다.

심리적 지원

AI 기반 챗봇과 감정 분석 기술은 고립된 노인들에게 심리적 지원을 제공할 수 있다. 이 기술은 정서적 교감을 통해 외로움을 줄이고, 필요한 경우 신속히 전문가에게 연결할 수 있도록 돕는다.

(5) 공공 의료 시스템과 AI

원격 의료와 건강관리

AI 기술은 저출생과 고령화로 인한 의료 부담을 줄이기 위해 원격 의료를 강화할 수 있다. 원격 진단 및 처방 시스템은 의료 접근성을 높이며, 특히 지방의 의료 인프라 부족 문제를 해결하는 데 기여할 수 있다.

의료 데이터 분석

AI는 환자의 건강 데이터를 분석하여 조기 진단과 예방적 치료를 가능하게 한다. 이는 공공 의료비를 절감하고, 노령화 사회에서 의료 시스템의 지속 가능성을 높일 수 있다.

(6) AI 기반의 공공 서비스 혁신

스마트 행정 서비스

AI 기술은 공공 서비스의 운영 방식을 혁신하여, 더 빠르고 정확한 행정 서비스를 제공한다. 예를 들어, 챗봇을 활용한 민원 처리, 데이터 분석을 통한 정책 설계 등이 가능해진다.

공공 안전과 응급 대응

AI 기술은 공공 안전 분야에서도 중요한 역할을 한다. 예를 들어, 실시간 위험 감지와 재난 상황 예측을 통해 긴급 대응 능력을 향상할 수 있다. 이는 고령층과 취약 계층을 위한 안전망을 강화하는 데 기여한다.

(7) 복지 재정 문제와 AI 활용의 한계

복지 재정 악화

저출생으로 인해 경제활동 인구가 감소하면서 복지 재정을 뒷받침할 세금 수입이 줄어들고, AI 기술 도입에도 초기 투자 비용이 많다는 점에서 한계가 있다.

기술 격차와 소외 문제

AI 기술이 복지와 공공 서비스에 도입되더라도, 디지털 기술에 익숙하지 않은 고령층과 취약 계층이 소외될 가능성이 있다. 이는 복지 서비스의 불평등을 초래할 수 있으므로, 기술 도입과 함께 디지털 접근성을 보장하는 정책이 필요하다.

(8) 복지와 AI의 융합을 위한 정책적 방향

AI 기반 복지의 정책적 지원

AI 기술을 사회 복지와 공공 서비스에 성공적으로 통합하려면 정부의 적극적인 지원이 필요하다. 예를 들어, AI 기술 개발에 대한 투자, 디지털 격차 해소를 위한 교육, AI 윤리 기준 확립 등이 요구된다.

포괄적 복지 모델 설계

저출생 문제를 해결하면서 AI를 활용한 복지 시스템을 설계하려면, 사회적 포용성을 고려한 정책과 프로그램이 필요하다. 특히, 소외 계층에 대한 지원을 강화하며, 인간과 AI가 협력하는 모델을 구축해야 한다.

(9) 인구 구조 변화에 따른 복지 정책 재편

노인복지 서비스 확대

저출생과 인구 고령화로 노인복지 서비스에 대한 수요가 증가할 것이다. AI 기술을 활용한 노인 돌봄 서비스 개발이 필요할 것으로 예상된다.

아동 복지 서비스 재구조화

아동 인구감소로 인해 기존의 아동 복지 서비스를 재구조화해야 할 필요성이 있다. 질 높은 맞춤형 서비스 제공이 더욱 중요해질 것이다.

결론 : AI와 함께 진화하는 복지와 공공 서비스

저출생 문제는 사회 복지와 공공 서비스에 심각한 부담을 가하지만, AI 기술은 이를 해결할 중요한 열쇠가 될 수 있다. AI는 복지 서비스의 효율성을 높이고, 맞춤형 지원을 제공하며, 복지 인력 부족 문제를 완화하는 데 기여할 수 있다. 그러나 AI 기술의 도입이 모든 문제를 해결하는 것은 아니며, 디지털 접근성과 사회적 포용성을 고려한 종합적인 접근이 필요하다. AI 시대에 적합한 복지 시스템을 설계함으로써, 저출생과 고령화로 인한 사회적 도전에 효과적으로 대응할 수 있을 것이다. 저출생 문제는 한국 사회의 복지와 공공 서비스 전반에 큰 영향을 미칠 것이다. 그러나 AI 기술의 적극적인 활용을 통해 이러한 변화에 효과적으로 대응하고, 더 나은 서비스를 제공할 수 있는 기회가 될 수 있다. 정부와 관련 기관들은 AI 기술을 활용한 혁신적인 복지 및 공공 서비스 모델을 개발하고 적용하는 데 주력해야 할 것이다.

4장

AI 시대를 바꾸는
초저출생 해소의 길

1 | AI 활용한 일·가정 양립 환경 개선 방안

(1) 정책적 지원 강화

육아휴직 확대 및 소득대체율 개선

육아휴직의 월 급여 상한액을 인상하여 소득대체율을 높임으로써 특히 남성들의 육아휴직 사용을 활성화할 수 있다. 정부는 육아휴직 월 급여 상한을 150만 원에서 최대 250만 원으로 상향하는 계획을 발표했다.

AI 활용 가정에 대한 경제적 지원

국가 차원에서 AI 기반 돌봄 서비스와 업무 자동화 시스템을 활용하는 가정에 대해 보육 서비스 비용 지원금이나 세금 감면 혜택을 제공하여 AI 서비스 이용에 대한 부담을 줄일 수 있다.

(2) AI 기반 유연한 근무 환경 구축

스마트 근무 시간 관리 시스템

AI는 직원의 근무 패턴과 생산성을 분석하여 보다 유연한 근무 환경을 제공한다. 예를 들어, AI는 직원의 생체 리듬이나 일하는 시간대의 생산성을 분석해 가장 효율적인 근무 시간을 제안한다. 이러한 유연한 근무 시간 관리는 부모들이 육아와 일을 병행하는 데 필요한 시간 조정에 도움을 줄 수 있다.

자동화된 업무 지원 및 협업 도구

AI 기반의 자동화 도구는 반복적인 업무를 자동으로 처리하고, 협업을 지원하여 업무 효율을 높인다. 이를 통해 직원들은 더 적은 시간에 더 많은 업무를 처리할 수 있으며, 가정과 일의 균형을 유지할 수 있도록 한다. 직장 내 스마트 회의 시스템과 AI 비서가 일정 관리와 회의 기록을 지원함으로써 부모들이 육아와 관련된 의사소통에 더욱 집중할 수 있게 한다.

(3) AI를 활용한 맞춤형 직장 내 육아 지원 프로그램

AI 기반 육아 지원 상담 및 교육 프로그램

AI는 직장 내 육아 지원 상담과 교육을 자동화하고 맞춤형으로 제공한다. 예를 들어, 직장 내 직원들에게 육아 관련 정보를 제공하는 AI 챗봇을 활용해 육아 지식, 건강관리, 교육 정보 등을 시기별로 제공할 수 있다. 이렇게 직장에서 육아 관련 교육을 받을 수 있는 환경이 조성되면 부모들이 더욱 자신감을 가지고 육아와 업무를 병행할 수 있다.

디지털 육아 지원 시스템

AI를 통해 육아 지원을 위해 디지털 플랫폼을 구축하고, 부모들이 쉽게 사용할 수 있도록 한다. 이 플랫폼은 직장에서 직원들이 필요한 육아 지원을 신청하거나, 육아휴직과 같은 제도를 간편하게 신청할 수 있는 기능을 제공한다. 또한, AI는 육아와 관련된 규정이나 정책을 자동으로 업데이트하고 알림을 보내준다.

(4) AI 기반 일·가정 양립을 위한 정책 분석 및 개선

정책 효과 분석 및 최적화

AI는 일·가정 양립을 위한 정책이 실제로 부모에게 긍정적인 영향을 미치는지 분석할 수 있다. 정책 시행 후 부모의 만족도나 업무 효율성을 실시간으로 모니터링하여, 문제점을 파악하고 정책을 개선할 수 있는 데이터를 제공한다. 이로 인해 정부와 기업은 더 효과적인 일·가정 양립 정책을 설계하고 실행할 수 있다.

사회적 인식 개선을 위한 AI 홍보 전략

AI는 다양한 대중 인식 분석 도구를 활용해 일·가정 양립 정책에 대한 사회적 인식을 파악하고, 이를 개선할 수 있는 맞춤형 홍보 전략을 제공한다. 예를 들어, 부모들이 일과 가정의 균형을 유지하기 위해 정부의 지원 정책을 더 많이 알고 참여할 수 있도록 홍보 캠페인을 자동으로 설계하고 실행할 수 있다.

성별 격차 해소

노동 시장 내 성별 격차 문제를 해소하기 위해 여성의 경력단절 방지와 이공계 진출 확대 등을 지원하는 정책을 강화해야 한다. AI 기술을 활용한 재교육 프로그램과 경력 관리 시스템은 이러한 노력을 뒷받침할 수 있다.

(5) AI 기반 재택근무 환경 최적화

스마트 홈 기술과 AI의 연계

AI는 재택근무 환경을 최적화하기 위해 스마트 홈 기술과 연계될 수 있다. AI 스피커, 스마트 가전기기, 자동화된 보안 시스템 등을 통해 부모들이 집에서도 효율적으로 업무를 수행할 수 있도록 지원한다. 이러한 기술은 부모들이 일과 가정을 더 원활하게 병행할 수 있는 환경을 만들어 준다.

재택근무 생산성 도구

AI 기반의 생산성 도구는 재택근무 시 직장과의 원활한 소통을 돕고, 업무를 효율적으로 처리할 수 있는 지원을 제공한다. 예를 들어, 회의록 자동 생성, 프로젝트 진행 상황 모니터링, 자동 일정 조율 등 기능은 부모들이 업무 효율성을 높이고 가족과 더 많은 시간을 보낼 수 있도록 한다.

(6) AI와 커뮤니티 기반 지원 시스템

지역사회 네트워크와 AI 연계

AI는 지역사회에서 일·가정 양립을 지원하기 위한 커뮤니티 네트워크를 구축하고 관리하는 데 기여할 수 있다. 부모들이 같은 지역 내에서 육아 경험과 정보를 교환할 수 있는 커뮤니티를 AI가 매칭하고, 필요한 경우 지역 내 지원 기관과 연결한다.

공동 육아 지원 프로그램 개발

AI는 부모들이 자녀를 공동으로 돌볼 수 있는 프로그램을 제안하고 관리한다. AI는 부모들이 자신의 근무 시간과 자녀의 일정에 맞춰 공동 육아를 할 수 있도록 스케줄을 최적화하고, 주변 부모들과의 연결을 돕는다. 이렇게 하면 부모들이 서로 도움을 주고받으며 일·가정 양립을 더 쉽게 할 수 있다.

AI를 통한 직장 내 문화 변화 촉진

AI는 직장에서 일·가정 양립을 위한 문화가 어떻게 자리 잡고 있는지를 분석하고, 이를 개선하기 위한 제안을 제공한다. AI는 직원들의 피드백과 설문조사를 분석해 특정 기업이나 조직 내에서 일·가정 양립을 위한 문화가 부족한 부분을 찾아내고 개선 방안을 제시한다. 기업과 사회 전반에 걸쳐 일과 가정의 양립을 중요시하는 문화를 조성하고, AI 기술을 활용하여 이를 지원하는 환경을 만들어야 한다. AI를 활용한 업무 효율화와 유연한 근무 환경 조성은 이러한 문화 변화를 촉진할 수 있다. 이러한 방안들을 통해 AI 기술을 활용, 일·가정 양립 환경을 개선하고, 궁극적으로 저출생 문제 해소에 기여할 수 있을 것이다. 다만, AI 기술 도입과 함께 개인정보 보호, 윤리적 사용 등에 대한 고려도 함께 이루어져야 할 것이다.

AI 기반의 교육과 워크숍

AI는 일·가정 양립의 중요성과 관련된 교육 프로그램을 자동으로 설계하여 직원들에게 제공한다. 직장 내 직원들이 일·가정 양립을 원활하게 할 수 있도록 교육을 통해 균형 잡힌 업무 환경을 조성하고, 저출생 문제 해결에 기여할 수 있다.

결론 : AI 기반 일·가정 양립 환경의 혁신적 접근

AI 기술은 일·가정 양립 환경을 효율적이고 편리하게 만들 수 있는 다양한 방안을 제공한다. 스마트 근무 시간 관리, 자동화된 지원 시스템, 정책 분석과 홍보, 재택근무 최적화, 커뮤니티 네트워크의 활용 등 다양한 측면에서 AI는 부모들이 일과 가정을 병행하는 데 필요한 지원을 제공한다. 이러한 AI 기반의 환경 조성은 저출생 문제 해결을 위한 일·가정 양립을 촉진하고, 부모들의 삶의 질을 높이는 데 중요한 역할을 할 것이다.

2 | AI 시대 저출생 문제 해결의 핵심은 정책의 지속성

(1) 장기적 관점의 정책 수립

단기 성과주의 탈피

초저출생 문제는 단기간에 해결될 수 없는 복합적인 사회 문제다. 따라서 정책 입안자들은 단기적인 성과에 집중하기보다는 장기적인 관점에서 정책을 수립해야 한다. 이를 위해 정권 교체와 무관하게 지속될 수 있는 초당적 합의가 필요하다.

세대를 아우르는 정책 설계

초저출생 문제는 현재 세대뿐만 아니라 미래 세대에게도 영향을 미치는 문제다. 따라서 정책 설계 시 여러 세대의 니즈를 고려하고, 세대 간 형평성을 유지하는 것이 중요하다.

(2) AI 기술을 활용한 정책 효과성 제고

데이터 기반 정책 수립

AI 기술을 활용하여 방대한 인구 통계 데이터를 분석하고, 이를 바탕으로 더욱 정교하고 효과적인 정책을 수립할 수 있다. 이는 정책의 타당성을 높이고 지속성을 확보하는 데 도움이 될 것이다.

실시간 정책 모니터링 및 개선

AI 시스템을 통해 정책 실행 과정과 결과를 실시간으로 모니터링하고, 필요한 경우 신속하게 정책을 개선할 수 있다. 이러한 유연성은 정책의 지속성을 높이는 데 기여할 것이다.

(3) 사회적 합의 도출

다양한 이해관계자 참여

저출생 정책의 지속성을 확보하기 위해서는 정부, 기업, 시민사회 등 다양한 이해관계자들의 참여와 협력이 필요하다. AI 기술을 활용한 온라인 플랫폼을 통해 더 많은 시민의 의견을 수렴하고 사회적 합의를 도출할 수 있다.

정책 투명성 확보

AI 기술을 활용하여 정책 수립 과정과 집행 결과를 투명하게 공개함으로써 국민들의 신뢰를 얻고 정책의 지속성을 높일 수 있다.

(4) 재정적 지속 가능성 확보

AI 기반 재정 예측 및 관리

AI 기술을 활용하여 장기적인 재정 예측을 수행하고, 효율적인 예산 배분을 통해 정책의 재정적 지속 가능성을 확보할 수 있다.

민간 자원의 효과적 활용

정부 재정만으로는 저출생 문제 해결에 한계가 있다. AI 기술을 활용하여 민간기업과의 협력 모델을 개발하고, 민간 자원을 효과적으로 활용하는 방안을 모색해야 한다.

(5) 글로벌 협력 강화

국제적 정책 공유 및 학습

AI 기술을 활용하여 다른 국가들의 저출생 대책 사례를 분석하고, 성공적인 정책을 우리나라 상황에 맞게 적용할 수 있다. 이를 통해 정책의 효과성과 지속성을 높일 수 있다.

초국가적 문제 해결 노력

저출생 문제는 많은 선진국들이 공통으로 겪고 있는 문제다. AI 기술을 활용한 국제 협력 플랫폼을 구축하여 공동의 해결책을 모색하는 것도 정책의 지속성을 높이는 방안이 될 수 있다. 이러한 다각적인 접근을 통해 AI 시대의 저출생 문제 해결을 위한 정책의 지속성을 확보할 수 있을 것이다. 그러나 이를 위해서는 정부, 기업, 시민사회 등 모든 구성원의 지속적인 관심과 노력이 필요하다.

(6) 정책 지속성을 위한 데이터 기반 정책 설계

AI 분석을 통한 실시간 정책 피드백

AI는 출산 및 육아와 관련된 정책이 실제로 효과를 발휘하는지 실시간으로 분석할 수 있다. 예를 들어, 출산율, 육아휴직 신청률, 지원금 사용 현황

등을 모니터링하여 정책의 효과성을 평가하고, 필요한 경우 개선 방향을 제시한다. 이러한 데이터 기반 피드백은 정책의 신뢰도를 높이고, 정책이 지속해 발전하도록 만든다.

개인 맞춤형 정책 추천 시스템 구축

AI는 국민의 다양한 상황과 필요를 분석하여 개인 맞춤형 정책 지원을 제공한다. 예를 들어, 가정별로 필요한 지원금을 맞춤형으로 추천하거나, 복지 혜택을 간소화하여 접근성을 높이는 시스템을 구현한다. 이러한 맞춤형 접근은 국민의 정책 참여율을 높이고, 장기적으로 정책의 지속 가능성을 강화한다.

(7) 사회적 합의를 기반으로 한 AI 정책 운용

AI를 활용한 공론화 과정 투명화

AI는 저출생 문제 해결을 위한 정책 수립 과정에서 다양한 의견을 통합하고 투명성을 제공할 수 있다. 예를 들어, 정책과 관련된 다양한 이해관계자들의 의견을 수집, 분석하고 이를 기반으로 정책 대안을 제시한다. 이는 사회적 합의를 도출하는 데 도움을 주며, 정책에 대한 지지를 높여 장기적 실행 가능성을 보장한다.

정책 영향 예측 및 시뮬레이션

AI는 정책 시행 전에 다양한 시뮬레이션을 통해 정책의 장기적 영향을 예측할 수 있다. 예를 들어, 특정 출산 장려 정책이 경제, 사회, 인구 구조에 미치는 영향을 미리 분석하여 정책의 장기적 효과를 최적화한다. 이는 불필요한 자원 낭비를 방지하고 지속 가능한 정책 운용을 가능하게 한다.

(8) AI 기반 재정 효율화와 지속 가능성 강화

재정 자원 관리 최적화

AI는 정책 실행에 필요한 재정을 효율적으로 관리할 수 있다. 예를 들어, 지원금의 사용 패턴을 분석하여 불필요한 지출을 줄이고, 자원을 효과적으로 배분하도록 돕는다. 이로 인해 정책은 지속 가능하고 안정적인 재정 기반을 바탕으로 운영될 수 있다.

효율적인 정책 예산 산출

AI는 다양한 시나리오를 고려해 정책 예산을 자동으로 산출하고, 예산이 효과적으로 사용되도록 지원한다. 이는 재정 부족으로 인해 정책이 중단되는 상황을 방지하고, 장기적인 정책 지속 가능성을 보장한다.

(9) 정책 통합과 협업 촉진

지역 맞춤형 정책 설계와 실행

AI는 여러 정부 부처가 협업하여 저출생 문제를 해결하는 데 중요한 역할을 할 수 있다. 예를 들어, 보건복지부, 교육부, 국토교통부 등의 데이터와 정책을 통합적으로 분석하여 일관된 정책 방향을 제시한다. 이러한 협업은 정책의 효율성을 높이고 지속 가능성을 강화한다.

지역 맞춤형 정책 설계와 실행

AI는 지역별 저출생 문제의 원인을 분석하고, 해당 지역에 특화된 맞춤형 정책을 제안할 수 있다. 예를 들어, 농어촌 지역과 도시 지역의 출산율 차이를 고려한 지원 프로그램을 설계하고, 지역 맞춤형 정책을 실행함으로써 지역 불균형을 해소할 수 있다.

(10) 정책 실행 과정의 투명성 확보

정책 데이터 공개와 참여 유도

AI는 정책 실행 과정에서 생성되는 데이터를 시각화하여 국민에게 투명하게 공개한다. 예를 들어, 정책이 얼마나 많은 사람들에게 혜택을 주고 있는지, 또는 어떤 부분이 개선이 필요한지 쉽게 확인할 수 있도록 돕는다. 이런 투명성은 국민의 신뢰를 높이고, 지속 가능한 정책 환경을 조성한다.

정책 피드백 채널 활성화

AI 기반 피드백 시스템을 통해 국민이 정책에 대해 실시간으로 의견을 제시할 수 있는 환경을 조성한다. 예를 들어, 국민의 정책 제안이나 불편 사항을 AI가 자동으로 분류하고 분석하여 정책 개선에 반영한다. 이는 국민과 정부 간 소통을 강화하여 정책의 지속 가능성을 높이는 데 기여한다.

(11) 미래 변화 대응을 위한 AI 기반 정책 업데이트

미래 사회 변화에 대한 예측 및 대응

AI는 저출생 문제와 관련된 장기적인 사회 변화, 기술 발전, 경제 상황 등을 예측하여 정책을 업데이트한다. 예를 들어, 고령화 속도와 노동 시장 변화에 맞춰 저출생 문제 해결 정책을 유연하게 조정한다. 이는 정책이 시대에 뒤떨어지지 않고 지속해서 발전할 수 있도록 한다.

정책 유지 및 확대를 위한 단계적 실행 계획

AI는 정책의 실행 단계를 설계하고, 각 단계의 결과를 실시간으로 분석하여 점진적으로 정책을 확대한다. 예를 들어, 초기 단계에서 소규모로 시행한 정책이 성공적으로 평가되면 이를 전국적으로 확산하는 방식으로 운영한다. 이러한 점진적 실행은 정책의 위험을 최소화하고 지속성을 높인다.

결론 : AI를 통한 지속 가능한 정책 환경 조성

AI 기술은 저출생 문제 해결을 위한 정책이 지속 가능하도록 다양한 방식으로 지원할 수 있다. 데이터 기반 정책 설계, 재정 효율화, 투명한 실행 과정, 협업 강화, 미래 변화 대응 등은 정책이 장기적으로 실행되고 발전할 수 있는 기반을 마련한다. 이는 한국 사회가 AI 시대의 도전에 대응하며 저출생 문제를 해결하고, 인구 구조 안정화를 이루는 데 중요한 역할을 할 것이다.

3 | AI 활용한 저출생 문제 해결책은 어떤 것들이 있을까

(1) AI 기반의 출산 및 육아 지원 시스템 구축

맞춤형 출산 및 육아 정보 제공

　AI 기술을 활용해 개인별 상황에 맞는 맞춤형 출산 및 육아 정보를 제공할 수 있다. 예를 들어, 부모의 경제 상황, 건강 상태, 거주 지역의 복지 혜택 등을 분석하여 최적의 지원책과 정보를 제안한다. 이는 출산과 육아에 대한 불확실성을 줄이고 부모들의 부담을 덜어준다.

AI 육아 도우미

　AI 기반의 가상 도우미는 부모들에게 실시간으로 육아 조언을 제공하고, 아이들의 건강 및 발달 상태를 모니터링할 수 있다. 특히, 부모가 초보일 경우 적절한 돌봄 방식을 제안하거나 응급 상황에 대처할 수 있도록 돕는다.

(2) AI를 활용한 육아 비용 절감

유아 교육 및 돌봄 자동화

　AI와 로봇 기술을 활용하여 유아 교육과 돌봄 서비스를 제공할 수 있다. 예를 들어, AI 로봇은 아이들과 상호작용하며 학습을 돕고, 부모의 육아 부담을 줄이는 데 기여한다. 이는 전통적 유아 돌봄 서비스의 비용을 절감하고, 양질의 서비스를 더 저렴하게 제공할 수 있다.

공공 지원 효율화

　AI는 육아 지원금, 보조금 등 복지 시스템의 효율성을 높일 수 있다. 가구 소득과 생활환경을 분석하여 적절한 금액을 자동으로 산정하거나, 부모들이 지원금을 쉽게 신청할 수 있도록 프로세스를 간소화한다.

(3) AI를 통한 직장-가정 양립 지원

유연 근무 시스템 최적화

　　AI는 근로자들의 업무 패턴을 분석하여 직장과 가정을 병행할 수 있는 최적의 근무 조건을 설계할 수 있다. 이를 통해 재택근무, 유연근무, 시간제 근무 등의 활용도를 높여 부모들이 일과 육아를 병행할 수 있는 환경을 제공한다.

직장 내 AI 육아 지원 프로그램

　　AI 기술을 활용해 직장 내 육아 지원 프로그램을 운영할 수 있다. 예를 들어, 회사 내 스마트 보육 센터는 부모들이 업무 중에도 자녀의 상태를 실시간으로 확인하고, 필요할 때 AI 도우미와 상담할 수 있는 환경을 제공한다.

(4) AI 기반의 출산율 제고 캠페인

데이터 기반 출산 캠페인

　　AI는 인구 데이터를 분석하여 특정 지역이나 계층에 적합한 출산 장려 캠페인을 설계할 수 있다. 예를 들어, 저출산 지역에서는 경제적 지원과 혜택을 강조하는 캠페인을, 젊은 계층에게는 육아와 일상의 균형을 강조하는 메시지를 전달할 수 있다.

심리적 장벽 해소

　　AI 기반 심리 상담 도구는 아이를 가지는 것에 대한 두려움이나 걱정을 가진 부부들에게 정서적 지원을 제공한다. 이는 출산에 대한 긍정적인 인식을 확산시키고, 심리적 장벽을 낮추는 데 기여할 수 있다.

(5) AI와 스마트 도시를 활용한 육아 친화적 환경 조성

스마트 육아 인프라 구축

　　AI 기술을 활용한 스마트 도시 인프라는 육아 환경을 크게 개선할 수 있다. 예를 들어, 스마트 교통 시스템은 어린 자녀를 동반한 부모들이 더 안전하고 편리하게 이동할 수 있도록 돕는다. 또한, 지역 내 육아 시설, 놀이터, 학습 센터 등에 대한 정보를 제공하여 부모들의 생활 편의성을 높인다.

육아 시설 최적화

　　AI는 지역별 인구 데이터를 분석하여 육아 시설의 위치와 자원을 최적화할 수 있다. 이를 통해 필요한 곳에 적절한 수의 보육 시설을 제공하고, 부모들이 쉽게 접근할 수 있도록 한다.

(6) AI 기반의 건강관리와 생식 의료 지원

생식 건강 모니터링

AI는 부부의 건강 데이터를 분석하여 출산 가능성을 높이기 위한 맞춤형 의료 지원을 제공한다. 예를 들어, AI는 생식 건강 상태를 실시간으로 모니터링하고, 적절한 치료나 건강관리를 제안할 수 있다.

불임 치료와 AI

AI는 불임 치료 과정에서 혁신적인 역할을 할 수 있다. 예를 들어, AI를 활용해 맞춤형 체외수정(IVF) 계획을 세우거나, 최적의 배아를 선택하여 성공률을 높이는 데 기여할 수 있다.

(7) AI를 활용한 교육 비용 절감

AI 기반 가상 교육 플랫폼

AI를 활용한 가상 학습 플랫폼은 아이들의 교육 비용을 낮추는 데 기여한다. 부모들은 비용이 많이 드는 사교육 대신, AI 튜터를 통해 아이들의 학습을 지원할 수 있다. 특히, 개인 맞춤형 학습이 가능하여 아이의 수준과 흥미에 맞는 교육을 제공한다.

공공 AI 학습 도구 보급

정부는 AI 학습 도구를 공공화하여 부모들이 저비용으로 자녀 교육에 접근할 수 있도록 지원할 수 있다. 예를 들어, AI 기반 무료 학습 프로그램을 제공하거나, 공립학교에 AI 학습 시스템을 도입할 수 있다.

(8) AI와 함께하는 출산과 육아 정책 혁신

실시간 정책 모니터링

AI는 정책 효과를 실시간으로 분석하고, 필요한 경우 즉각적으로 수정할 수 있도록 돕는다. 이는 저출생 문제를 해결하기 위한 정책이 효과적으로 시행되도록 지원하며, 낭비를 줄이고 효율성을 높인다.

데이터 기반 의사결정

AI는 인구 동향과 경제 데이터를 분석하여 정부가 저출생 문제를 해결하기 위한 최적의 정책을 설계하도록 돕는다. 예를 들어, 출산율이 낮은 지역에 추가 혜택을 제공하거나, 특정 계층을 대상으로 하는 지원책을 강화할 수 있다.

결론 : AI로 열어가는 저출생 해결의 미래

AI는 저출생 문제를 해결하기 위한 다양한 도구와 방법을 제공한다. 육아 부담 경감, 복지 효율화, 경제적 지원 강화 등 다양한 분야에서 AI는 혁신적인 역할을 할 수 있다. 다만, AI 기술을 활용하는 과정에서 기술 격차와 소외 계층 문제를 해결하고, 사회적 합의를 통해 공정성과 포용성을 확보하는 것이 중요하다. AI 시대를 맞이한 한국 사회는 이러한 혁신을 통해 저출생 문제를 극복하고, 지속 가능한 미래를 만들어갈 수 있을 것이다.

4 | AI 기술이 주거 문제 해결에 어떻게 기여할 수 있을까

(1) AI 기반 주거 수요 예측과 효율적 주택 공급

인구 변화 분석을 통한 주택 수요 예측

AI는 저출생과 고령화로 인한 인구감소 및 가구 형태 변화를 분석하여, 미래 주거 수요를 예측할 수 있다. 예를 들어, 1인 가구와 소형 가구 증가에 맞춘 소형 아파트나 공유 주택 개발을 제안하고, 수요 과잉 지역의 공급 과잉을 방지할 수 있다.

지역별 맞춤형 주거 정책 설계

AI는 지역별 인구감소, 경제 수준, 이동 패턴 등을 분석하여, 주택 개발과 인프라 구축을 최적화할 수 있다. 이는 저출생 지역의 공동화 현상을 줄이고, 해당 지역에 적합한 주거 환경을 조성하는 데 기여한다.

(2) AI와 스마트 주거 환경 구축

육아 친화적 스마트 홈 설계

AI 기반 스마트 홈 기술은 부모와 아이들에게 편리한 환경을 제공한다. 예를 들어, 집안 내 IoT 기기와 AI를 결합해 아이의 안전을 모니터링하거나, 부모의 육아 부담을 덜어주는 자동화된 가사 지원 시스템을 구축할 수 있다.

주거 관리 효율화

AI는 에너지 사용 패턴과 주거 환경 데이터를 분석해 난방, 냉방, 전력 소비를 최적화함으로써 주거비를 절감할 수 있다. 이는 젊은 세대와 신혼부부의 주거 비용 부담을 줄이고, 경제적 여유를 확보할 수 있게 한다.

(3) AI를 통한 주거비 부담 완화

맞춤형 주거 지원 추천 시스템

AI는 가구의 소득, 지출, 자산 정보를 분석해 출산·육아 가정에 적합한 주거 지원 프로그램을 제안할 수 있다. 예를 들어, 정부가 제공하는 주택 보조금, 임대료 지원, 공공 임대 주택 등 다양한 옵션을 효율적으로 추천한다.

임대 시장 투명성 강화

AI는 부동산 임대 데이터를 분석해 불합리한 가격 책정을 방지하고, 젊은 세대와 신혼부부가 합리적인 가격으로 주택을 임대받을 수 있도록 지원한다. 이는 주거 불안을 해소하고, 출산을 계획할 수 있는 안정된 기반을 제공한다.

(4) AI 기반 주거 지역 활성화 전략

지역 활성화를 위한 재생 프로젝트 제안

AI는 저출생으로 인해 쇠퇴한 지역의 재생 가능성을 분석하고, 주민들의 정착을 유도할 맞춤형 전략을 제시할 수 있다. 예를 들어, 공공시설, 육아 지원 센터, 직장과 가까운 주거 공간 등을 중심으로 주거 환경을 개선할 수 있다.

지역 맞춤형 공유 주택 활성화

AI는 젊은 세대와 가족들이 함께 거주하며 비용을 절감할 수 있는 공유 주택 모델을 설계할 수 있다. 이는 특히 주거비 부담이 큰 대도시에서 효과적이며, 육아 환경과 공동체 의식을 강화할 방안이 된다.

(5) AI와 연계된 공공주택 정책 개선

효율적 공공주택 배분

AI는 공공 임대 주택 신청자들의 소득, 가족 구성, 필요조건 등을 분석해 적합한 주택을 배정하는 데 활용될 수 있다. 이로써 지원이 필요한 계층에게 공정하고 효율적으로 주택을 제공할 수 있다.

주거 환경 개선 모니터링

AI는 거주 환경의 데이터를 지속해 수집하고 분석하여, 주거지의 안전성, 편리성, 육아 친화성을 개선하는 데 기여할 수 있다. 예를 들어, 인구가 감소한 지역에서도 최적의 거주 환경을 유지하도록 도시 계획을 개선할 수 있다.

(6) AI를 활용한 미래 주거 환경 설계

출산·육아 가구를 위한 맞춤형 커뮤니티 조성

AI는 젊은 부부와 육아 가정을 위한 커뮤니티 설계에 기여할 수 있다. 육아와 교육 시설, 일자리 접근성, 생활 편의 시설이 통합된 복합 커뮤니티를 제안하여 삶의 질을 높이고 출산율 증가를 유도한다.

고령층과 젊은 세대가 공존하는 주거 모델

AI는 고령화와 저출생 문제를 동시에 해결할 수 있는 세대 통합형 주거 모델을 설계할 수 있다. 이는 젊은 가구와 고령 가구가 상호 지원하며 함께 살아가는 환경을 조성하여, 주거 문제와 사회적 고립을 동시에 완화할 수 있다.

(7) AI로 지원되는 디지털 주거 플랫폼 개발

주거 문제 해결을 위한 통합 플랫폼 제공

AI 기반 디지털 플랫폼은 주거 검색, 정책 정보 제공, 지원금 신청 등을 한 곳에서 처리할 수 있는 통합 서비스를 제공한다. 이는 정보 접근성을 높이고, 젊은 세대가 쉽게 주거 문제를 해결할 수 있도록 지원한다.

실시간 주거 데이터 공유와 의사결정 지원

AI는 부동산 시장과 인구 데이터를 실시간으로 분석하여 정부와 민간의 정책 결정에 활용할 수 있는 정확한 정보를 제공한다. 이는 주거 정책의 효과를 높이고, 신속한 대응을 가능하게 한다.

결론 : AI를 통한 저출생 문제와 주거 문제의 동시 해결

AI 기술은 저출생 문제 해결을 위해 주거 문제를 완화하는 데 중요한 역할을 한다. 수요 예측, 스마트 주거 환경 구축, 비용 절감, 지역 활성화 등 다양한 방면에서 AI는 주거 정책을 혁신적으로 개선할 수 있다. 이를 통해 젊은 세대와 육아 가정이 안정적인 주거 환경을 확보하고, 저출생 문제를 해결하는 데 기여할 수 있을 것이다.

5 | AI 시대 사회 인식 변화를 위한 효과적인 방법은 있을까

(1) AI 기반 데이터 활용으로 저출생 문제 인식 제고

데이터 시각화를 통한 현실적 문제 제시

AI를 활용해 저출생이 초래하는 인구감소, 고령화, 경제적 부담 등을 시각적으로 이해하기 쉽게 표현할 수 있다. 예를 들어, 시뮬레이션 그래프나 미래 예측 시나리오를 통해 저출생이 초래할 사회적 영향을 구체적으로 제시하면, 일반 대중의 경각심을 높이고 문제 해결의 필요성을 효과적으로 전달할 수 있다.

지역별 데이터 기반 맞춤형 캠페인

AI는 지역별 출생률, 인구 구조, 경제 수준을 분석하여 맞춤형 인식 개선 캠페인을 설계할 수 있다. 저출생이 심각한 지역에 적합한 메시지와 정책을 강조함으로써 효과적인 지역별 대응이 가능하다.

(2) AI를 활용한 출산과 육아의 긍정적 이미지 확산

AI 기반 개인화된 긍정 메시지 전달

AI는 개인의 관심사와 생활 패턴을 분석해 출산과 육아의 긍정적인 면을 강조하는 메시지를 전달할 수 있다. 예를 들어, 소셜미디어와 모바일 앱에서 맞춤형 광고나 콘텐츠를 제공해, 출산과 육아에 대한 긍정적 인식을 확산시킬 수 있다.

가상 현실(VR)을 통한 육아 체험 제공

AI와 VR 기술을 결합해 부모가 되는 경험을 가상으로 제공할 수 있다. 이는 육아의 보람과 즐거움을 체험적으로 전달하여, 출산과 육아에 대한 긍정적 이미지를 형성하는 데 도움이 된다.

(3) AI 기반 공정성과 평등성을 강조한 메시지 전파
성평등 육아 캠페인 설계

AI는 성별 역할에 대한 인식을 분석하고, 부모의 성 평등 육아를 촉진하는 캠페인을 설계할 수 있다. 이를 통해 육아가 여성만의 책임이 아니라 가정 전체의 책임이라는 메시지를 강조하고, 부담을 공평하게 분담하는 문화를 조성할 수 있다.

소외 계층을 위한 맞춤형 접근

AI는 소외 계층(저소득층, 청년층 등)의 인식 데이터를 분석해 적합한 메시지를 전달할 수 있다. 특히, 육아나 출산이 경제적 부담으로만 인식되지 않도록, 맞춤형 지원책과 함께 긍정적인 메시지를 병행할 수 있다.

(4) AI를 활용한 가족 중심의 사회적 가치 확산
사회적 연결 증진 플랫폼 개발

AI는 부모들 간 네트워크를 형성할 수 있는 플랫폼을 개발하여, 육아의 고립감을 줄이고 공동체 의식을 강화할 수 있다. 이 플랫폼은 자녀 교육 정보, 육아 팁, 정부 지원 혜택을 공유하는 허브 역할을 할 수 있다.

가족 친화적 문화 조성

AI는 기업과 지역사회의 문화 데이터를 분석해 가족 친화적인 환경을 조성하는 데 기여할 수 있다. 예를 들어, 가족 참여 활동을 강화하거나, 가족 중심 이벤트를 설계하고 홍보하여 가족 가치의 중요성을 부각할 수 있다.

(5) AI와 미디어의 협력을 통한 효과적인 커뮤니케이션
AI 기반 맞춤형 콘텐츠 제작

AI는 다양한 미디어 플랫폼에서 저출생 문제를 해결하기 위한 감성적이고 공감이 가능한 콘텐츠를 제작할 수 있다. 예를 들어, 영화, 드라마, 유튜브 채널 등에서 육아와 가족의 긍정적인 측면을 부각하는 스토리를 개발할 수 있다.

AI 챗봇을 활용한 소통 강화

AI 챗봇은 출산과 육아에 관한 질문에 실시간으로 답변하며, 대중과의 소통을 강화할 수 있다. 이는 특히 젊은 세대가 궁금해하는 경제적 지원, 정책 정보 등을 손쉽게 제공하여 인식 개선을 도울 수 있다.

(6) AI를 활용한 정책 홍보와 신뢰 구축

정부 정책의 신뢰성 제고

AI는 출산 및 육아 정책의 효과를 실시간으로 분석하고 대중에게 신뢰할 만한 데이터를 제공할 수 있다. 정책이 실제로 어떻게 도움이 되는지를 투명하게 공개하면, 정책에 대한 신뢰와 참여도가 높아질 수 있다.

정책 체감도를 높이는 캠페인

AI는 출산 및 육아 지원 정책이 개인에게 미칠 긍정적 영향을 시뮬레이션하여 보여줄 수 있다. 예를 들어, 정부 지원금을 받았을 때의 재정적 안정성을 데이터로 시각화하여 대중이 정책의 효용성을 체감하도록 돕는다.

(7) AI와 교육을 활용한 사회적 변화 유도

학교와 교육 프로그램 내 출산과 가족의 가치 교육

AI는 교육 커리큘럼을 설계하여, 청소년과 젊은 세대에게 가족과 출산의 중요성을 자연스럽게 학습시키는 프로그램을 개발할 수 있다. 이는 장기적으로 출산과 육아에 대한 긍정적인 사회적 인식을 형성하는 데 기여한다.

AI와 함께하는 기업 교육

기업 내에서 AI를 활용한 가족 친화적 워크숍과 교육 프로그램을 운영하여 직원들이 출산과 육아를 병행할 방법을 배우고, 기업 차원에서 이를 지원하는 문화를 확산시킬 수 있다.

(8) AI로 접근성을 높인 대중 참여 플랫폼 구축

대중 참여형 인식 개선 플랫폼 개발

AI를 기반으로 저출생 문제를 주제로 한 참여형 플랫폼을 개발하여 대중의 의견을 수집하고, 공감과 이해를 증진하는 커뮤니티 공간을 조성할 수 있다.

문제 해결형 게임과 시뮬레이션 제공

AI를 활용한 저출생 문제 해결 시뮬레이션 게임을 통해 대중이 문제의 심각성을 재미있고 몰입감 있게 체험하도록 유도할 수 있다. 이는 특히 젊은 세대가 문제를 인식하고, 해결 방안을 함께 고민하는 데 도움이 된다.

결론 : AI를 활용한 사회적 변화와 저출생 문제 극복

AI는 저출생 문제 해결을 위한 사회적 인식 변화의 강력한 도구가 될 수 있다. 데이터 분석, 맞춤형 캠페인, 가족 친화적 환경 조성, 정책 홍보 등 다양한 분야에서 AI는 기존의 접근 방식을 혁신적으로 개선할 수 있다. 이를 통해 출산과 육아에 대한 긍정적 이미지를 확산시키고, 저출생 문제를 극복하기 위한 사회적 공감대를 형성할 수 있다. 궁극적으로, AI는 기술적 도구를 넘어, 더 나은 사회로의 변화를 촉진하는 중요한 역할을 할 것이다.

6 | AI 활용한 양육 지원 시스템은 어떻게 운영될 수 있을까

(1) AI 기반 맞춤형 육아 지원 서비스

개인화된 육아 정보 제공

AI는 부모의 요구와 아이의 발달 단계에 맞춘 맞춤형 육아 정보를 실시간으로 제공할 수 있다. 예를 들어, 부모가 육아 질문을 입력하면 AI는 학습된 데이터를 기반으로 신뢰할 수 있는 정보를 제공하거나, 관련 콘텐츠를 추천하여 육아에 필요한 자료에 쉽게 접근하도록 지원한다. 이는 부모들이 실시간으로 필요에 따라 맞춤형 정보를 얻어 육아 스트레스를 줄일 수 있게 한다.

육아 상담과 지원을 위한 AI 챗봇

AI 챗봇은 부모가 언제 어디서든 쉽게 육아에 관한 상담을 받을 수 있도록 한다. 예를 들어, 아기 돌보기와 관련된 간단한 질문에서부터 초보 부모의 불안감을 해소하는 정서적 지원까지 다양한 상담 기능을 제공한다. 이를 통해 부모는 전문가와의 직접 상담이 어려운 상황에서도 즉각적인 도움을 받을 수 있다.

(2) AI 기반 스마트 가정 관리 시스템

가정 내 IoT와 AI 연동으로 육아 환경 최적화

AI는 IoT 기기와 연동하여 아기나 어린이의 안전을 실시간으로 모니터링하고, 위험 상황 발생 시 부모에게 즉시 알림을 전송한다. 예를 들어, 아기가 잠자는 동안 온도와 습도를 조절하거나, 아기의 울음소리를 인식해 부모에게 알림을 보내는 기능을 제공할 수 있다. 이와 같은 기술은 부모의 육아 부담을 줄이고, 더 나은 양육 환경을 조성하는 데 기여할 수 있다.

스마트 가전과 연계한 육아 보조 기능

AI는 스마트 가전제품과 연계하여 육아 보조 기능을 제공한다. 예를 들어, 스마트 냉장고는 아기에게 필요한 영양식이나 이유식의 재고를 관리하고, 필요한 경우 자동으로 주문을 돕는 기능을 가질 수 있다. 이러한 자동화는 부모의 일상적인 육아 업무를 줄이고, 효율적인 가사 관리를 가능하게 한다.

(3) AI 활용 건강 모니터링 시스템

실시간 건강 상태 체크

AI 기반의 웨어러블 기기나 스마트 모니터링 시스템을 통해 아이의 체온, 심박수, 수면 패턴 등을 실시간으로 모니터링할 수 있다. 이는 부모의 불안감을 줄이고 아이의 건강을 효과적으로 관리하는 데 도움이 된다.

발달 단계 분석 및 조기 개입

AI 기술을 활용하여 아이의 행동과 발달 상태를 분석하고, 필요한 경우 조기 개입을 제안할 수 있다. 이는 발달 지연이나 문제를 조기에 발견하고 대응하는 데 큰 도움이 될 수 있다.

(4) AI 기반 육아 및 교육 프로그램 지원

개인 맞춤형 교육 콘텐츠 추천

AI는 아동의 연령대와 발달 수준에 맞춘 교육 콘텐츠를 자동으로 추천하고 제공한다. 예를 들어, 어린이의 인지 발달을 돕는 놀이 활동이나 교육 애플리케이션을 추천하여 부모가 육아와 교육을 동시에 효율적으로 할 수 있도록 한다. 이는 아이의 창의성과 학습 능력을 촉진할 수 있다.

언어 학습과 발음 교정을 위한 AI 도우미

AI는 발음 인식 기술을 활용하여 아동의 언어 학습을 지원할 수 있다. 부모가 아동과 함께 언어 학습을 진행할 때 AI가 실시간으로 발음을 분석하고 교정하는 피드백을 제공한다. 이 기술은 아이의 언어 발달을 촉진하며, 부모가 언어 교육을 더 쉽게 할 수 있도록 도와준다.

(5) AI 기반 육아 자동화 시스템

스마트 홈 연동 육아 지원

AI와 IoT 기술을 결합하여 집안의 온도, 습도, 조명 등을 아이의 상태에 맞게 자동으로 조절할 수 있다. 이는 아이에게 최적의 환경을 제공하면서 부모의 노력을 줄여줄 수 있다.

AI 육아 로봇 활용

자동화된 유모차나 아기 요람 로봇 등 AI 기반의 육아 보조 기기를 활용하여 부모의 육체적 부담을 덜어줄 수 있다. 이러한 기기는 아이를 달래거나 재우는 데 도움을 줄 수 있다.

(6) AI 기반 출산 및 육아 금융 지원 시스템

AI로 분석된 개인 맞춤형 육아 지원금 추천

AI는 부모의 소득 수준과 가정환경을 분석하여 적절한 육아 지원금을 추천할 수 있다. 정부와 지자체의 복지 프로그램 중에서 부모에게 가장 적합한 지원을 자동으로 제안하고, 신청 절차를 간소화하여 육아에 필요한 재정적 부담을 줄일 수 있다.

예산 관리 도구로 육아 비용 절감

AI는 가정의 지출 패턴을 분석하고, 부모에게 육아 비용을 절감하는 방법을 제안할 수 있다. 예를 들어, 아기용품이나 식료품을 최적의 가격으로 구매할 수 있는 시기나 할인 정보를 알려주는 기능이 있다. 이는 가정의 경제적 안정성을 높이고, 출산과 육아를 위한 비용 부담을 완화하는 데 기여할 수 있다.

(7) AI 기반 육아 커뮤니티 및 네트워크 지원

육아 커뮤니티 매칭 및 소통 지원

AI는 부모들의 관심사와 요구에 맞는 육아 커뮤니티를 자동으로 매칭해 준다. 예를 들어, 비슷한 연령대의 자녀를 둔 부모들끼리 정보를 공유하거나 경험을 나눌 수 있도록 돕는다. 이러한 커뮤니티는 부모의 정서적 지원과 정보 교류를 촉진하여 육아에 대한 불안감을 해소할 수 있다.

전문가와의 연결 지원

AI는 육아 전문가나 관련 상담 전문가와 부모를 쉽게 연결해 주는 역할을 할 수 있다. 예를 들어, 아동 발달 전문가나 심리 상담사를 빠르게 찾고 예약할 수 있는 기능이 부모들에게 제공되어, 필요한 경우 전문가의 도움을 즉각 받을 수 있다.

(8) AI 기술을 통한 정책 연계와 보조 기능 강화

출산 장려 정책과 육아 지원 통합

AI는 출산 장려와 관련된 정책을 부모들에게 적극적으로 안내하고, 관련 혜택을 통합적으로 관리하는 기능을 제공한다. 출산 후 다양한 정부 혜택을 수월하게 신청하고 관리할 수 있도록 돕는 시스템은 출산과 육아에 대한 부담을 줄이는 데 기여할 수 있다.

육아 정보의 실시간 업데이트와 홍보

AI는 육아 관련 정책이나 최신 정보를 부모에게 자동으로 알림을 통해 제공할 수 있다. 이것은 부모가 시기적절한 정보를 쉽게 얻을 수 있도록 하며, 출산과 육아에 대한 사회적 지원을 강화할 수 있다.

(9) AI 기반 복지 서비스 연계 시스템

맞춤형 복지 정보 제공

AI가 각 가정의 상황을 분석하여 이용이 가능한 복지 서비스와 지원 정책을 자동으로 추천해 준다. 이를 통해 부모들은 필요한 지원을 더 쉽게 받을 수 있게 된다.

복지 사각지대 발굴

AI를 활용하여 복지 지원이 필요한데 아직 발견되지 않은 가정을 찾아내고, 적절한 지원을 연계해 줄 수 있다. 이는 더 많은 가정이 필요한 도움을 받을 수 있게 한다.

결론 : AI를 통한 효율적인 양육 지원 시스템 운영

AI 기술은 부모와 가정의 육아를 더 효율적으로 지원하는 환경으로 변화시킬 수 있다. 개인 맞춤형 정보 제공, 스마트 가정 관리, 육아 교육 프로그램 지원, 재정적 지원 등 다양한 분야에서 AI는 부모들이 더 편리하고 안정적인 양육을 할 수 있도록 돕는다. 이는 저출생 문제 해결을 위해 가족의 삶의 질을 높이고, 출산을 장려하는 데 중요한 기여를 할 것이다. 이러한 AI 기반 양육 지원 시스템은 부모들의 육아 부담을 크게 줄이고, 아이들에게 더 나은 성장 환경을 제공할 수 있다. 그러나 이러한 시스템의 성공적인 운영을 위해서는 개인정보 보호, 윤리적 사용, 그리고 기술에 대한 접근성 등의 문제도 함께 고려해야 할 것이다. 또한, AI 시스템은 인간의 돌봄을 완전히 대체하는 것이 아니라 보완하는 역할을 해야 한다는 점을 명심해야 한다.

7 | AI 기술이 복지 사각지대 해소에 어떻게 기여할 수 있을까

(1) AI 기반 복지 수혜자 발굴과 맞춤형 지원

데이터 분석을 통한 취약 계층 식별

AI는 다양한 공공 데이터와 사회경제적 지표를 분석하여 복지 사각지대에 놓인 가구나 개인을 식별할 수 있다. 저출생과 관련해 경제적 어려움을 겪는 젊은 가구나 저소득층의 육아 가정을 발굴하고, 이들이 필요한 지원을 정확히 파악하여 맞춤형 복지 서비스를 제공한다.

실시간 지원 필요성 평가

AI는 실시간으로 소득, 생활비, 교육비 등의 변화를 모니터링하여 복지 지원이 필요한 상황을 즉각적으로 감지할 수 있다. 이렇게 신속한 대응이 가능하면 복지 사각지대에서 누락된 가구를 빠르게 지원할 수 있으며, 출산과 육아에 필요한 정부와 민간 지원을 자동으로 연계할 수 있다.

(2) AI 기반 사회 복지 서비스의 접근성과 효율성 증대

AI 챗봇과 가상 상담 서비스

AI는 챗봇을 활용해 복지 서비스에 대한 정보를 24시간 제공하고, 사용자와의 대화를 통해 복지 신청을 돕는 역할을 할 수 있다. 특히 출산과 육아 관련 정보를 빠르고 쉽게 제공하여, 지원이 필요한 가구가 효율적으로 필요한 서비스를 찾을 수 있도록 지원한다.

AI 기반 자원 배분 최적화

AI는 지역별 인구 데이터와 복지 수요를 분석하여 자원의 효율적인 배분을 지원할 수 있다. 이를 통해 복지 사각지대에 있는 지역이나 가구를 파악하고, 적절한 시점에 자원을 적절히 분배하여 지원의 공정성을 높인다.

(3) AI로 저출생 문제와 관련된 정책 효율성 증대

정책 효과 분석과 개선 제안

AI는 복지 정책의 시행 결과를 분석하고, 정책의 효과를 평가하여 필요한 개선점을 도출할 수 있다. 이를 통해 출산 장려를 위한 정책이 사회 전반에 제대로 작용하고 있는지 모니터링하고, 저출생 문제를 해결하기 위한 복지 정책을 지속해서 조정할 수 있다.

정책 접근성 개선을 위한 개인화된 알림 서비스

AI는 복지 수혜자에게 필요한 정보와 정책을 개인화하여 알림 서비스를 제공할 수 있다. 예를 들어, 육아 지원금을 신청할 시기가 다가오면 자동으로 알림을 보내는 방식으로, 정책의 수혜를 누리지 못하는 복지 사각지대를 줄일 수 있다.

(4) AI와 커뮤니티 기반의 복지 서비스 강화

AI를 통한 지역 커뮤니티 네트워크 강화

AI는 지역 커뮤니티의 활동을 분석하여 지역사회에서 지원이 필요한 가구와 단체를 매칭시킬 수 있다. 이로써 복지 서비스와 지역사회가 협력하여 복지 사각지대의 해소를 위해 공동체 차원에서 더 효과적인 지원을 제공한다.

모바일 앱과 온라인 플랫폼의 개발

AI를 활용한 모바일 앱과 온라인 플랫폼은 다양한 복지 서비스를 통합하여 사용자 친화적인 환경을 제공한다. 이 플랫폼은 부모와 청년층에게 맞춤형 복지 지원 정보와 서비스 접근 방법을 안내하고, 복지 사각지대에 있는 사람들을 쉽게 지원할 수 있게 한다.

(5) AI 기반 복지 사각지대 해소를 위한 교육과 홍보

복지 교육 프로그램의 개인화

AI는 사용자 데이터를 분석하여 복지 교육 프로그램을 개인 맞춤형으로 제공할 수 있다. 특히, 출산과 육아를 고려하는 가구를 위한 교육 콘텐츠를 설계해 복지 정책의 이해도를 높이고, 이를 통해 복지 사각지대에서 제외되는 사람들을 줄일 수 있다.

AI를 통한 홍보 캠페인 강화

AI는 대중의 관심과 인식에 맞춘 복지 정책 홍보 캠페인을 분석하고 설계할 수 있다. 예를 들어, 저출생 문제와 육아 지원 정책을 소셜미디어와 다양한 플랫폼을 통해 적시에 전달함으로써 정책의 인지도를 높이고, 필요한 지원을 받지 못했던 가구가 도움을 받을 수 있도록 유도할 수 있다.

(6) AI 기반 사회 복지 업무의 효율화와 자동화

복지 신청 절차 자동화

AI는 복지 신청 과정에서 필요한 서류 검토와 절차를 자동으로 처리할 수 있다. 복잡한 서류 작업과 행정 절차를 AI가 대체하면, 신청자의 부담이 줄어들고, 복지 서비스 접근성이 커진다.

복지 서비스 모니터링과 리포트 생성

AI는 복지 서비스의 시행 상황을 모니터링하고, 자동으로 리포트를 생성하여 정책 담당자에게 실시간 피드백을 제공한다. 이로써 문제를 조기에 식별하고, 복지 사각지대에 있는 사람들에게 적시에 지원할 수 있다.

(7) AI를 활용한 복지 사각지대 발굴

효율적인 초기 상담 시스템

AI 기술을 활용한 초기 상담 정보 시스템은 복지 사각지대 발굴에 큰 도움을 줄 수 있다. 이 시스템은 지자체 공무원들의 업무 부담을 줄이고, 더 많은 위기가구를 식별할 수 있게 한다. AI가 초기 복지상담 과정을 지원함으로써 공무원들은 위기가구에 더 집중적인 케어를 제공할 수 있게 된다.

데이터 분석을 통한 예측

AI는 방대한 데이터를 분석하여 잠재적인 복지 대상자를 예측하고 식별할 수 있다. 이를 통해 기존의 방식으로는 발견하기 어려웠던 복지 사각지대를 찾아낼 수 있다.

(8) AI 기반 맞춤형 복지 서비스

개인화된 복지 정보 제공

AI는 개인의 상황과 필요를 분석하여 맞춤형 복지 정보를 제공할 수 있다. 이는 복잡한 복지 시스템을 쉽게 이해하고 접근할 수 있게 도와준다.

24/7 지원 시스템

AI 챗봇이나 가상 비서는 24시간 연중무휴로 복지 관련 질문에 답변하고 정보를 제공할 수 있다. 이는 시간과 장소의 제약 없이 필요한 지원을 받을 수 있게 한다.

(9) 육아 및 가족 지원

AI 육아 도우미

AI 기반의 육아 도우미 시스템은 부모들의 육아 부담을 덜어줄 수 있다. 아기의 수면 패턴 모니터링, 건강 상태 체크, 육아 조언 제공 등 다양한 기능을 통해 부모들을 지원한다.

가족 재무 관리

AI 기반 재무 계획 앱은 가족의 수입과 지출을 분석하여 미래의 육아 비용을 예상하고, 자녀 양육비를 체계적으로 관리할 수 있도록 돕는다.

(10) 노인 케어 서비스

AI 기반 건강 모니터링

AI 기술을 활용한 스마트 홈 시스템은 노인의 건강 상태를 실시간으로 모니터링하고, 응급 상황을 감지하여 신속한 대응을 가능하게 한다.

맞춤형 노인복지 서비스

AI는 노인 개개인의 건강 상태, 생활 패턴, 선호도 등을 분석하여 맞춤형 복지 서비스를 제안할 수 있다. 이는 노인들의 삶의 질을 향상하고 독립적인 생활을 지원한다.

(11) 정책 수립 지원

데이터 기반 정책 결정

AI는 방대한 데이터를 분석하여 정책 입안자들에게 객관적이고 과학적인 근거를 제공할 수 있다. 이를 통해 더 효과적인 저출생 대응 정책을 수립할 수 있다.

효과 예측 및 평가

AI 모델을 활용하여 다양한 정책 시나리오의 효과를 시뮬레이션하고 예측할 수 있다. 이는 정책의 실효성을 사전에 평가하고 개선하는 데 도움을 준다. 이러한 AI 기술의 활용은 한국 사회의 저출생 문제 해결과 복지 사각지대 해소에 큰 도움이 될 수 있다. 그러나 이를 위해서는 정부의 정책적 지원과 사회적 합의가 필요하다. AI 기술을 효과적으로 활용하면서도 개인정보 보호와 윤리적 문제에 대한 고려도 함께 이루어져야 할 것이다.

결론 : AI 기술로 저출생 문제와 복지 사각지대의 해결을 선도

AI 기술은 저출생 문제 해결을 위한 복지 사각지대 해소에 중요한 역할을 할 수 있다. 데이터 분석, 맞춤형 지원, 교육과 홍보 강화, 복지 정책 효율화 등을 통해, 복지 사각지대에서 소외된 가구와 개인을 더 효과적으로 지원하고, 사회적 불평등을 줄일 수 있다. 이를 통해 저출생 문제를 완화하는 데 중요한 기여를 할 수 있을 것이다.

5장

출생률 회복을 위한
글로벌 사례

1 | 싱가포르

1) 저출생 정책의 전개

(1) 저출생 위기의 원인

싱가포르는 1960년대 이후 강력한 가족계획 정책으로 인구 증가를 억제했으나, 1980년대부터 출산율이 급격히 감소했다. 고학력 여성의 증가, 높은 생활비, 육아 비용 부담, 개인주의적 문화 확산 등이 주요 원인으로 지목된다. 싱가포르의 합계출산율은 현재 1.2명 이하로 OECD 평균을 크게 밑돌고 있다.

(2) 정부의 저출생 극복 노력

정부는 출산 장려를 위해 다양한 정책을 시행하고 있다. 예를 들어, 금전적 지원(출산 보너스, 세제 혜택), 육아 지원 인프라 확대, 일·가정 양립 정책 등을 도입했지만 효과는 미미한 상태다.

(3) 교회와 정부의 협력 관계 : 역할과 실행

교회의 사회적 역할 확대

싱가포르 교회는 가족과 공동체의 중요성을 강조하며 저출생 문제 해결에 참여하고 있다. 교회는 신도들에게 결혼과 출산의 가치를 전파하고, 육아와 가정생활을 지원하는 프로그램을 운영한다. 이러한 활동은 신앙을 기반으로 한 공동체 정신을 강화하고, 젊은 세대의 가족 형성을 장려한다.

정부와 교회의 협력 사례

싱가포르 정부는 종교 단체와 협력하여 출산 장려 캠페인을 공동으로 운영하고 있다. 예를 들어, 교회는 정부의 출산 장려 정책에 대한 홍보를 돕거나, 신도들에게 관련 프로그램 참여를 권장한다. 이와 함께, 교회는 신도들이 육아와 관련된 심리적 부담을 줄일 수 있도록 상담과 지원 서비스를 제공한다.

(4) 싱가포르 저출생 정책의 주요 한계

금전적 지원의 효과 한계

정부의 출산 보너스나 육아 비용 지원은 단기적인 금전적 혜택을 제공하지만, 근본적인 문제를 해결하기에는 부족하다. 예를 들어, 높은 주거비와 교육비 부담은 여전히 젊은 부부가 자녀를 갖는 데 걸림돌로 작용하고 있다.

문화적·사회적 요인의 간과

출산율 감소의 배경에는 개인주의적 문화, 젊은 세대의 가치관 변화, 커리어 우선주의 등이 자리하고 있다. 그러나 정부 정책은 이러한 문화적 요인을 충분히 고려하지 않고, 주로 경제적 지원에 초점을 맞추고 있어 실질적인 효과가 미미하다.

일·가정 양립의 어려움

싱가포르의 기업 문화는 여전히 긴 노동 시간을 요구하며, 여성들이 육아와 경력을 병행하기 어려운 환경을 제공한다. 육아휴직이나 유연 근무제와 같은 정책이 존재하지만, 실제로 사용률이 낮아 정책이 현실에 적용되지 않는 문제가 발생하고 있다.

(5) 교회와 정부 협력의 한계와 도전 과제

종교의 제한적 영향력

교회의 활동은 주로 신도들에게 한정되며, 종교적 신념이 없는 사람들에게는 영향을 미치기 어렵다. 특히, 싱가포르와 같은 다문화·다종교 사회에서는 특정 종교 단체의 메시지가 모든 계층에 효과적으로 전달되지 않을 가능성이 있다.

정부와 교회의 역할 분담 문제

정부와 교회 간의 협력이 이루어지고 있지만, 역할 분담과 책임 소재가 명확하지 않아 비효율적인 결과를 초래할 수 있다. 예를 들어, 정책 홍보와 같은 영역에서 중복되는 활동이 발생하거나, 자원의 비효율적 배분이 문제가 될 수 있다.

장기적인 전략 부족

정부와 교회가 시행하는 출산 장려 프로그램은 단기적인 이벤트나 캠페인에 치중하는 경향이 있다. 그러나 출산율 감소는 장기적인 사회적 문제이기 때문에 지속 가능하고 체계적인 접근이 필요하다.

2) 싱가포르 사례의 시사점 : 한국에의 교훈

(1) 다양한 이해관계자의 협력 필요성

싱가포르의 사례는 저출생 문제 해결을 위해 정부뿐만 아니라 종교 단체, 지역사회, 기업 등 다양한 이해관계자의 협력이 중요함을 보여준다. 한국에서도 정부와 비정부 단체, 지역 공동체 간의 긴밀한 협력이 필요하다.

(2) 정책의 문화적·사회적 적응성 확보

싱가포르의 한계는 경제적 지원 중심의 정책이 사회적·문화적 요인을 충분히 고려하지 않았다는 점에서 발생했다. 한국은 저출생 문제의 근본 원인을 파악하고, 이를 반영한 정책 설계를 통해 보다 효과적인 접근 방식을 모색해야 한다.

(3) 장기적이고 지속 가능한 접근 필요

싱가포르의 단기적 캠페인 위주의 접근은 출산율 증가에 큰 영향을 미치지 못했다. 따라서 한국은 장기적인 계획과 일관된 실행을 통해 저출생 문제를 해결하려는 노력이 필요하다.

3) 정부와 교회 협력의 의미와 방향성

싱가포르의 저출생 문제 해결을 위한 정부와 교회의 협력은 공동체의 역할과 정부 정책의 결합 가능성을 보여준다. 그러나 협력의 한계와 도전 과제 역시 분명하며, 지속 가능하고 문화적 적응성이 높은 정책이 필요하다. 한국은 싱가포르의 경험을 참고하여, 종교와 공동체의 협력을 강화하면서도 보다 포괄적이고 장기적인 접근을 통해 저출생 문제를 해결할 방안을 모색해야 할 것이다.

2 | 일본

1) 지자체의 저출생 극복 성공 사례

(1) 일본 저출생 문제의 심각성

일본은 세계에서 가장 낮은 출산율을 가진 국가 중 하나로, 평균 합계출산율은 1.3명 이하다. 저출생으로 인해 인구감소와 고령화가 가속화되며, 지방 경제와 사회 구조에 심각한 영향을 미치고 있다.

지자체의 역할 부각

중앙정부의 출산 장려 정책이 효과를 발휘하지 못하자, 일본의 여러 지자체는 지역 특성에 맞는 맞춤형 정책을 시행하고 있다. 지자체는 지역사회와 밀접하게 연계된 정책을 통해 출산율을 끌어올리는 데 주력하고 있다.

(2) 도쿠시마현 가미카쓰 : 지역 재생과 결합한 출산 장려

지역 소멸 위기를 기회로 활용

가미카쓰는 인구감소와 고령화로 소멸 위기에 처했던 지역 중 하나로, 지역 활성화와 출산율 증대를 결합한 정책을 시행했다. 지속 가능한 농업과 생활환경 조성을 통해 젊은 세대의 유입을 유도하고, 가족 친화적인 환경을 구축했다.

출산·육아 친화적 인프라 구축

가미카쓰는 지역 내 보육 시설 확대, 육아 상담 센터 설립, 유연 근무 환경 조성을 통해 출산과 육아를 적극 지원했다. 지역 내 일자리와 주거 지원을 연계하여 젊은 가정이 안정적으로 정착할 수 있는 환경을 만들었다.

(3) 도야마현 : 가족 중심 정책의 성공 사례

'가족 중심 도시' 비전 제시

도야마현은 출산과 육아가 부담스럽지 않은 환경을 조성하는 것을 목표로, 가족 친화 정책을 중심으로 한 종합적인 계획을 수립했다. 특히, 다자녀 가구를 위한 재정적 혜택과 주택 지원을 확대했다.

무료 의료와 보육 서비스

도야마현은 18세 이하의 아동 의료비를 전액 지원하고, 보육 시설 이용료를 대폭 낮췄다. 이러한 정책은 부모의 경제적 부담을 줄이고, 출산과 육아를 장려하는 데 기여했다.

지역 커뮤니티 강화

도야마현은 지역 주민 간의 네트워크를 강화하여 육아 경험을 공유하고, 가족 간 상호 지원 체계를 구축했다. 이러한 커뮤니티 기반의 정책은 심리적 안정감을 제공하여 출산율 증가로 이어졌다.

(4) 후쿠이현 : 종합적 지원과 맞춤형 대책

일·가정 양립을 위한 환경 조성

후쿠이현은 일과 가정의 균형을 맞추기 위한 정책에 주력했다. 유연 근무제와 함께 장시간 근무 관행을 개선하고, 육아휴직 사용률을 높이는 노력을 통해 부모들이 더 많은 시간을 가족과 보낼 수 있도록 지원했다.

육아 지원 패키지

후쿠이현은 출산 지원금 지급, 보육 서비스의 질 향상, 무료 학습 지원 등 다각적인 정책을 시행했다. 특히, 다자녀 가구에 대한 주거비 지원과 장학금 프로그램을 통해 장기적인 육아 부담을 경감했다.

부부 워크숍 프로그램

후쿠이현은 결혼 생활을 지원하기 위한 워크숍과 세미나를 운영하여 부부 간의 관계를 강화하고, 안정적인 가정을 구축할 수 있도록 도왔다. 이러한 프로그램은 젊은 부부들에게 결혼과 출산에 대한 긍정적인 이미지를 심어주었다.

5) 일본 지자체 성공 사례의 공통점

지역 맞춤형 접근

성공 사례는 중앙정부 정책을 단순히 따르는 것이 아니라, 각 지역의 특성과 주민의 요구를 반영한 맞춤형 접근을 통해 이루어졌다. 예를 들어, 농촌 지역은 귀농·귀촌 지원과 같은 정책을, 도시 지역은 주거비와 육아비 부담 경감을 중심으로 한 정책을 추진했다.

일상적 육아 지원 강화

보육 서비스, 의료 지원, 주거 혜택 등 일상에서 느낄 수 있는 구체적인 지원이 출산율 증가에 중요한 역할을 했다. 이는 경제적 부담을 줄이고, 육아에 대한 긍정적인 경험을 제공한 결과다.

지역 공동체의 활용

지자체는 지역 내 공동체 네트워크를 적극 활용하여 육아 지원을 강화하고, 부모들 간의 유대감을 높였다. 이는 가족 친화적 환경 조성과 더불어 사회적 지지를 제공하는 효과를 가져왔다.

3) 한국에의 교훈

(1) 지역 주도의 자율적 접근 필요

한국은 일본 지자체 사례를 참고하여 중앙정부의 지원과 함께 지역 특성에 맞는 자율적 정책을 시행해야 한다. 특히, 지역 내 청년 인구 유입과 정착을 유도하기 위한 맞춤형 대책이 중요하다.

(2) 포괄적인 육아 지원 확대

보육 서비스의 질 향상과 의료비 부담 경감, 다자녀 가구 지원 등 육아와 관련된 구체적이고 포괄적인 정책이 필요하다. 한국도 이러한 접근을 통해 젊은 세대가 육아에 대한 부담을 덜 느끼게 해야 한다.

(3) 커뮤니티 중심의 육아 지원 활성화

일본 사례처럼 지역사회 내에서 육아를 함께할 수 있는 공동체를 활성화하고, 부모들에게 심리적 안정감을 제공할 필요가 있다. 이를 위해 지역 커뮤니티 센터와 같은 육아 지원 시설을 강화해야 한다.

(4) 지역 차원의 저출생 대책의 중요성

일본 지자체의 성공 사례는 중앙정부의 정책만으로 저출생 문제를 해결하기 어렵다는 점을 보여준다. 지역 맞춤형 정책, 지속 가능한 지원체계, 공동체 기반 접근은 저출생 문제 해결에 중요한 요소다. 한국도 일본 사례를 참고하여, 지역사회와의 협력을 강화하고 지역 주민의 삶의 질을 향상하는데 초점을 맞춘 정책을 개발해야 할 것이다.

3 | 캐나다

1) 퀘벡주의 사례

(1) 퀘벡주의 저출생 극복 배경과 문제의식
퀘벡주의 저출생 문제

퀘벡주는 1980년대 초반 합계출산율이 1.3명 이하로 떨어지며 인구감소와 경제적 불안정을 겪기 시작했다. 저출생 문제는 지역 경제에 직접적인 영향을 미쳤고, 특히 고령화로 인한 노동력 부족과 사회 복지 부담 증가가 심화했다.

정부의 적극적인 대응 필요성

퀘벡주는 이 문제를 해결하기 위해 사회적, 경제적, 문화적 접근을 결합한 출산 장려 정책을 도입했다. 특히, 젊은 세대의 삶의 질 향상과 일·가정 양립 환경 조성을 목표로 한 정책이 주목받았다.

(2) 퀘벡주의 주요 출산 장려 정책
가족수당 (Family Allowance) 도입

퀘벡주는 출산과 양육에 따른 경제적 부담을 줄이기 위해 가족수당 제도를 도입했다. 모든 가구에 대해 자녀 수와 소득 수준에 따라 매월 지원금을 지급하며, 다자녀 가구에 대한 혜택이 특히 강화되었다. 이 제도는 부모들에게 안정적인 경제적 지원을 제공함으로써 출산 의욕을 높이는 데 기여했다.

저렴한 보육 서비스 제공

퀘벡주의 가장 큰 성공 요인 중 하나는 저렴하고 질 높은 보육 서비스를 제공한 점이다. 1997년 도입된 유아교육 및 보육 서비스는 하루 약 5~8캐나다 달러 수준의 비용으로 운영되었으며, 부모의 경제적 부담을 크게 줄였다. 또한, 보육 시설 접근성을 높이고, 아이들이 안전하고 질 높은 교육을 받을 수 있도록 지원했다.

유급 육아휴직 제도 확대

퀘벡주는 부모에게 유급 육아휴직을 제공하여 일·가정 양립 환경을 조성했다. 특히, 아버지를 대상으로 한 육아휴직 기간을 별도로 배정해 남성도 육아에 적극 참여할 수 있도록 유도했다. 이는 여성의 경력 단절을 방지하고, 부부 공동 육아 문화를 확산하는 데 기여했다.

(3) 퀘벡주의 정책 효과와 성공 요인

출산율 상승

퀘벡주는 출산 장려 정책 시행 이후 합계출산율이 1.7명 이상으로 증가하는 성과를 거두었다. 이는 캐나다 평균 출산율(1.5명)을 웃도는 수치로, 저출생 문제 해결의 모범 사례로 평가받고 있다.

여성 경제활동 참여율 증가

보육 서비스와 유급 육아휴직 제도의 도입은 여성의 경제활동 참여를 촉진했다. 퀘벡주의 여성 고용률은 캐나다 내 다른 지역에 비해 높은 수준을 유지하며, 이는 경제 성장에도 긍정적인 영향을 미쳤다.

사회적 지원체계 강화

퀘벡주는 출산율 증가뿐만 아니라 가정의 안정성과 아이들의 복지 수준을 높이는 데 성공했다. 이러한 사회적 지원체계는 부모들이 육아를 부담이 아닌 긍정적인 경험으로 받아들이도록 도왔다.

(4) 퀘벡주의 저출생 정책이 가진 한계

높은 재정 부담

보육 서비스와 가족수당 제도는 정부 예산에 큰 부담을 주었다. 퀘벡주는 이를 위해 세금을 인상했으며, 이는 일부 주민들로부터 비판을 받았다. 장기적으로 지속 가능한 재정 모델을 마련하는 것이 과제로 남아있다.

서비스 품질 문제

보육 시설의 확대와 수요 증가로 인해 일부 지역에서는 서비스 품질이 낮아지는 문제가 발생했다. 특히, 숙련된 보육교사 부족과 시설 과밀 문제가 지적되었다.

문화적 한계

출산 장려 정책이 모든 인구 계층에 동일한 효과를 발휘하지는 못했다. 일부 젊은 세대는 출산 자체에 관한 관심이 낮아, 정책이 생활 방식 변화에 직접적인 영향을 미치지 못했다.

2) 한국에의 시사점 : 퀘벡 사례의 교훈

(1) 경제적 지원과 실질적 혜택 결합

퀘벡의 가족수당과 보육 서비스는 경제적 부담 완화와 실질적인 혜택 제공이 출산율 증가로 이어질 수 있음을 보여준다. 한국도 출산과 양육에 대한 포괄적인 지원체계를 마련해야 한다.

(2) 일·가정 양립 환경 조성

퀘벡주의 유급 육아휴직 제도와 보육 서비스는 일·가정 양립이 출산율에 미치는 긍정적 영향을 잘 보여준다. 한국은 특히 아버지의 육아 참여를 독려하는 정책을 강화할 필요가 있다.

(3) 지속 가능한 재정 모델 개발

퀘벡의 사례는 강력한 출산 장려 정책이 높은 재정 부담을 동반한다는 점에서 경고를 제공한다. 한국은 재정의 지속 가능성을 확보하기 위한 세부적인 계획이 필요하다.

(4) 문화적 변화와 병행

퀘벡 사례에서 나타난 문화적 한계는 출산 장려 정책이 경제적 지원을 넘어, 젊은 세대의 가치관과 라이프스타일 변화에 대응해야 함을 시사한다. 한국도 출산과 육아의 긍정적인 이미지를 확산하는 사회적 캠페인을 병행해야 한다.

(5) 퀘벡주의 사례에서 배울 점과 향후 과제

퀘벡주는 포괄적인 출산 장려 정책을 통해 저출생 문제 해결의 가능성을 보여준 모범 사례다. 한국은 퀘벡의 성공 요인을 참고하여, 경제적 지원, 육아 서비스, 일·가정 양립 정책을 결합한 체계적인 접근을 마련해야 한다. 또한, 장기적인 지속 가능성과 문화적 적응력을 고려한 정책 설계가 필요하다. 퀘벡의 사례는 저출생 문제 해결이 단순한 정책 시행이 아니라, 사회적 구조와 문화를 함께 변화시켜야 가능함을 보여준다.

4 | 미국

1) 저출생 극복을 위한 정부와 기업

(1) 미국의 저출생 문제 심화

미국의 출산율은 최근 수십 년간 지속해서 감소하며 2020년 기준 합계 출산율이 1.6명까지 하락했다. 이는 노동력 부족, 고령화, 경제 성장 둔화 등 심각한 사회적·경제적 문제로 이어질 가능성을 예고하고 있다.

(2) 정부와 기업의 공동 대응 필요성

정부 단독으로 저출생 문제를 해결하기에는 재정적·정책적 한계가 있어, 민간기업의 협력이 필수적이다. 기업은 고용주의 역할을 통해 출산과 양육을 지원할 수 있는 중요한 위치에 있으며, 정부와 협력하여 더 나은 환경을 조성할 수 있다.

2) 기업의 역할

(1) 일·가정 양립 지원

유연 근무제와 원격 근무 도입

많은 미국 기업은 직원들이 육아와 일을 병행할 수 있도록 유연 근무제와 원격 근무를 도입하고 있다. 예를 들어, IBM과 구글은 직원들이 근무 시간을 조정하거나 집에서 일할 수 있는 환경을 제공해 육아 부담을 줄였다.

유급 육아휴직 제공

미국 정부가 법적으로 보장하는 육아휴직은 무급으로 제공되지만, 많은 대기업은 자체적으로 유급 육아휴직을 지원하고 있다. 예를 들어, 넷플릭스는 부모들에게 최대 1년간의 유급 육아휴직을 제공하며, 이를 통해 가족 친화적 이미지를 구축했다.

보육 서비스 지원

일부 기업은 사내 보육 시설을 운영하거나 보육 비용을 보조해 직원들의 육아 부담을 덜어준다. 애플과 마이크로소프트는 직장 내 보육 시설을 통해 부모들이 일터에서도 안심하고 자녀를 돌볼 수 있도록 지원한다.

3) 정부의 역할

(1) 정책적 기반 제공

세제 혜택과 보조금 지급

미국 정부는 기업이 보육 시설을 제공하거나 유급 휴직 정책을 시행할 때 세제 혜택을 제공하는 정책을 운용 중이다. 또한, 저소득층 가정을 대상으로 보육비 지원금을 확대하며 부모들의 출산과 양육 부담을 줄이고 있다.

육아 지원 프로그램 확대

미국 연방 정부는 보육 서비스 접근성을 확대하기 위해 예산을 늘리고, 지역사회 기반의 육아 지원 프로그램을 운영한다. 예를 들어, 'Head Start' 프로그램은 저소득층 가정의 아이들에게 무료 보육과 교육을 제공한다.

기업과의 파트너십 장려

정부는 기업과 협력해 가족 친화적인 정책을 강화하고 있다. 특히, 대기업과의 협약을 통해 유급 육아휴직과 유연 근무제를 확산시키고 있다.

(2) 정부·기업 협력 사례

패밀리 리브 앤드 메디컬 리브 확장 사례

캘리포니아주는 가족 휴직 보장을 확대하기 위해 민간기업과 협력하여 유급 육아휴직 제도를 지원했다. 이를 통해 기업이 부담하는 휴직 비용의 일부를 주 정부가 지원하며, 더 많은 기업이 가족 친화적인 정책을 채택하도록 유도하고 있다.

공공-민간 파트너십(PPP) 활용

미국 정부는 공공-민간 파트너십을 통해 지역사회의 육아 지원 시설을 확충하고, 기업의 재정적 기여를 독려하고 있다. 이러한 협력은 특히 소규모 기업이 보육 지원 정책을 시행할 수 있는 환경을 만드는 데 기여한다.

기술 기반의 육아 지원

정부와 테크 기업은 디지털 기술을 활용해 육아 정보를 제공하는 플랫폼을 공동 개발했다. 예를 들어, 특정 지역의 육아 서비스나 보육 시설 정보를 제공하는 앱은 부모들이 양육 관련 선택을 쉽게 할 수 있도록 돕는다.

(3) 협력의 효과: 저출생 문제 해결을 위한 긍정적 변화

출산율 상승의 간접적 효과

정부와 기업의 협력으로 가족 친화적 환경이 조성되면서 출산에 대한 긍정적 인식이 확산하고 있다. 특히, 젊은 세대가 육아를 부담이 아닌 가능성으로 느낄 수 있도록 지원하는 것이 효과적이었다.

노동 시장 안정성 강화

유급 육아휴직과 유연 근무제는 여성의 경력 단절을 줄이고, 부모들이 경제 활동을 지속할 수 있도록 도왔다. 이는 노동 시장 참여율 증가로 이어져 경제 성장에도 긍정적인 영향을 미쳤다.

기업의 경쟁력 제고

가족 친화적 정책을 시행하는 기업은 직원 만족도와 충성도를 높이며, 우수 인재를 유치하는 데 성공했다. 이로 인해 기업의 장기적인 경쟁력이 강화되고 있다.

4) 미국 사례에서 한국에 주는 시사점

(1) 공공-민간 협력 모델 도입

한국도 미국처럼 정부와 기업 간의 협력을 강화하여 가족 친화적인 정책을 시행할 필요가 있다. 예를 들어, 대기업뿐 아니라 중소기업도 참여할 수 있는 재정 지원 프로그램을 운영해야 한다.

(2) 유연 근무제 확산

미국 기업의 유연 근무제와 원격 근무 도입 사례는 한국에서도 충분히 활용될 수 있다. 특히, 디지털 기술을 활용한 근무 환경 개선이 출산율 증가에 기여할 수 있다.

(3) 사회적 인식 변화 촉진

정부와 기업의 협력을 통해 육아와 출산에 대한 사회적 인식을 긍정적으로 바꾸는 캠페인을 병행해야 한다. 미국의 사례처럼 가족 친화 정책을 홍보하고, 출산과 양육이 사회적 가치로 존중받는 문화를 조성해야 한다.

결론: 지속 가능한 협력의 중요성

미국 정부와 기업의 협력은 저출생 문제 해결을 위한 중요한 모델을 제시한다. 한국은 미국의 사례를 참고하여 정책적 기반과 민간의 참여를 결합한 접근 방식을 개발해야 한다. 이를 통해 저출생 문제를 장기적으로 해결하고, 사회적·경제적 안정을 확보할 수 있을 것이다.

5 | 노르웨이

1) 교회와 돌봄

(1) 노르웨이의 저출생 문제와 돌봄 시스템의 도입 배경
저출생 문제의 시작

노르웨이는 다른 유럽 국가들과 마찬가지로 출산율 저하와 인구 고령화 문제에 직면했다. 2000년대 초반 출산율은 비교적 높았으나 이후 경제적 부담, 여성의 경력 단절 문제, 삶의 질 우선 경향이 강화되면서 출산율이 감소했다.

돌봄 시스템과 교회의 역할에 주목

노르웨이는 저출생 문제 해결을 위해 돌봄 시스템을 강화했으며, 교회가 가족 지원 네트워크의 핵심적인 역할을 하게 되었다. 이 모델은 사회적 자원을 활용해 공동체 중심의 육아 지원 환경을 조성하는 데 중점을 두고 있다.

2) 교회의 역할

(1) 공동체 기반 육아 지원
가족 지원 네트워크 구축

노르웨이의 교회는 지역 공동체의 중심 역할을 하며, 부모들에게 정서적·사회적 지원을 제공한다. 교회는 육아와 관련된 워크숍, 부모 교육 프로그램, 상담 서비스를 통해 부모들이 육아에 대한 부담을 덜 수 있도록 돕는다.

아이 돌봄 프로그램 운영

교회는 방과 후 돌봄 프로그램과 같은 아이들을 위한 활동을 제공하여 부모의 돌봄 부담을 줄였다. 특히, 이러한 프로그램은 저소득층 가정이나 한부모 가정을 대상으로 무료 또는 저비용으로 운영된다.

가치 중심의 육아 환경 제공

교회는 가족의 중요성을 강조하는 가치 중심의 교육을 통해 출산과 육아를 긍정적으로 바라보는 사회적 분위기를 형성한다. 이를 통해 아이를 키우는 과정이 단순한 책임이 아닌 공동체적 가치로 여겨지도록 장려한다.

3) 돌봄 시스템의 특징과 주요 내용

(1) 국가 지원 보육 시스템

노르웨이의 돌봄 시스템은 중앙정부의 지원 아래 운영되며, 모든 아이가 보육 시설에 접근할 수 있도록 보장한다. 부모들은 저렴한 비용으로 보육 서비스를 이용할 수 있으며, 이는 부모의 경제적 부담을 크게 완화한다.

(2) 보육 시설과 교회의 협력

교회는 지역 보육 시설과 협력하여 아이들이 종교적·문화적 가치를 존중받는 환경에서 자랄 수 있도록 돕는다. 이를 통해 부모들은 아이들이 안전하고 신뢰할 수 있는 공간에서 성장하고 있다는 확신을 가질 수 있다.

(3) 유연한 근무와 육아 병행 지원

노르웨이의 돌봄 시스템은 부모들이 육아와 직장 생활을 병행할 수 있도록 유연 근무제를 지원하며, 아이 돌봄 시간을 부모의 일정에 맞추어 조정한다. 이는 부모가 경력 단절 없이 안정적인 삶을 유지할 수 있도록 돕는다.

4) 정부와 교회의 협력 사례

(1) 지역 기반 육아 네트워크 구축

노르웨이 정부는 지역 교회와 협력하여 가족 지원 네트워크를 구축했다.

이를 통해 부모들은 교회와 지역 기관의 협력 아래 육아 지원을 받으며, 지역사회 전체가 아이를 키우는 데 참여하는 문화를 형성했다.

(2) 보조금과 재정 지원

정부는 교회가 운영하는 돌봄 프로그램에 보조금을 제공하여 부모들의 재정적 부담을 줄이고 프로그램의 질을 높였다. 이러한 재정적 지원은 돌봄 시스템이 모든 가정에 균등하게 접근할 수 있도록 보장한다.

5) 교회와 돌봄 시스템이 출산율에 미친 영향

(1) 출산율 증가

노르웨이의 돌봄 시스템과 교회의 협력은 출산율 안정화에 기여했다. 출산율은 유럽 평균을 상회하는 수준을 유지하고 있으며, 이는 가족 친화적 환경 조성의 결과로 평가된다.

(2) 육아에 대한 사회적 부담 완화

교회와 돌봄 시스템은 육아를 가족 단독의 책임이 아니라 사회 전체의 역할로 재정의하는 데 성공했다. 부모들은 육아에 대한 심리적, 경제적 부담이 줄어들며 출산을 고려하는 경우가 늘어났다.

(3) 지역사회 강화

이 협력 모델은 지역사회의 유대감을 강화하고, 육아와 관련된 문제를 공동체 차원에서 해결하도록 유도했다. 이로 인해 부모들은 육아 과정에서의 고립감을 줄이고, 지역사회로부터 실질적인 도움을 받게 되었다.

6) 노르웨이 사례가 주는 시사점

(1) 한국에서의 교회 역할 확대 가능성

노르웨이의 사례는 교회가 가족 지원의 중심이 될 수 있음을 보여준다. 한국에서도 교회가 부모 교육, 상담, 돌봄 서비스를 통해 육아 지원 네트워크를 형성할 수 있는 잠재력을 지니고 있다.

(2) 정부와 교회의 협력 모델 도입

노르웨이처럼 정부와 교회가 협력하여 보육 시설을 지원하고, 지역 공동체를 강화하는 모델은 한국에서도 효과적일 수 있다. 특히, 돌봄 시설 접근성을 높이고 재정 지원을 병행해야 한다.

(3) 공동체 기반 육아 문화 조성

노르웨이 사례는 육아를 공동체의 책임으로 인식하는 사회적 변화를 강조한다. 이는 한국에서도 육아 부담을 사회적으로 분담하는 문화를 형성하는 데 중요한 시사점을 제공한다.

결론 : 교회와 돌봄 시스템 협력의 중요성

노르웨이의 교회와 돌봄 시스템 협력 모델은 저출생 문제 해결의 실질적 방안을 제시한다. 이 모델은 경제적 지원을 넘어, 공동체 중심의 육아 환경을 조성함으로써 출산과 양육에 대한 긍정적 인식을 확산시켰다. 한국도 이 사례를 참고하여 정부와 민간, 종교 단체의 협력을 통해 저출생 문제 해결에 나설 필요가 있다.

6 | 스웨덴

1) 막스탁사(Maxtaxa) 보육비 상한제·아빠 할당제

(1) 스웨덴의 저출생 문제와 대응 배경

스웨덴의 저출생 위기와 인구 구조 변화

1980~1990년대 스웨덴은 출산율 감소와 인구 고령화로 인해 노동력 부족과 경제 성장 둔화 가능성을 우려했다. 사회적 불평등과 높은 육아비용이 저출생의 주요 원인으로 지목되었다.

가족 친화적 정책의 필요성 인식

스웨덴 정부는 출산율 회복을 위해 부모의 육아 부담을 줄이고, 일과 가정의 양립을 돕는 가족 친화적 정책의 중요성을 깨달았다. 이에 따라 막스탁사(Maxtaxa) 보육비 상한제와 아빠 할당제가 도입되었다.

(2) 막스탁사(Maxtaxa) 보육비 상한제의 도입 배경

1990년대까지 스웨덴에서는 지역에 따라 보육비용이 달라, 일부 가정은 높은 비용으로 큰 부담을 겪었다. 이를 해결하기 위해 2002년막스탁사가 도입되었으며, 모든 가정이 저렴하고 질 높은 보육 서비스를 이용할 수 있게 되었다.

(3) 제도의 주요 내용

보육비 상한선 설정

가구 소득의 일정 비율(최대 약 3%)까지만 보육비로 지출하도록 제한했다. 이는 저소득층뿐 아니라 중산층 가정에도 큰 혜택을 주었다.

보육의 보편적 접근성

모든 가정이 동일한 비용으로 보육 서비스를 이용할 수 있어, 지역 간 격차를 해소했다.

질 높은 보육 제공

상한제 시행 후에도 보육 시설의 질을 유지하기 위해 정부가 추가 예산을 투입했다.

(4) 막스탁사의 효과

경제적 부담 완화

부모의 육아비용 부담이 줄어들어 가계 경제가 안정되었다.

여성의 경제활동 증가

저렴한 보육비용 덕분에 부모, 특히 어머니가 경력 단절 없이 경제활동에 복귀할 수 있었다.

출산율 상승

막스탁사 도입 이후 스웨덴의 합계출산율은 유럽 평균을 상회하며 안정세를 보였다.

2) 남성 육아 참여 강화 정책 '아빠 할당제'

(1) 아빠 할당제의 도입 배경

스웨덴은 부모 중 주로 어머니가 육아를 전담하면서, 여성의 경력 단절과 양성평등 문제를 겪었다. 이를 해결하기 위해 1995년 세계 최초로 아빠 할당제(Pappamånad)를 도입했다.

(2) 제도의 주요 내용

부모 육아휴직의 성별 할당

육아휴직 기간 중 일정 기간(현재는 약 90일)을 반드시 아버지가 사용하도록 의무화했다. 사용하지 않을 때 해당 기간은 소멸하도록 설계해 남성의 육아 참여를 유도했다.

재정적 지원

육아휴직 중에는 부모 소득의 최대 80%를 보장하며, 남성이 경제적 부담 없이 육아에 참여할 수 있도록 했다.

아빠 할당제의 효과

남성의 육아 참여 확대

　제도 도입 후 아버지의 육아휴직 사용률이 급격히 증가했다.

양성평등 진전

　어머니와 아버지가 육아를 공동으로 책임지며 여성의 경력 단절 문제가 완화되었다.

가족 내 역할 변화

　아버지가 육아 과정에 적극적으로 참여하면서 부모 간 유대감이 강화되고, 자녀 양육의 질이 향상되었다.

(3) 막스탁사와 아빠 할당제의 상호작용

가족 친화적 환경 조성

　막스탁사로 경제적 부담을 줄이고, 아빠 할당제를 통해 부모 양측의 육아 참여를 독려하며, 출산 및 양육에 대한 긍정적 인식을 확대했다.

출산과 경력 병행의 가능성

　저렴한 보육비와 아빠의 육아 참여는 부모 모두가 경력을 유지하면서도 자녀를 양육할 수 있는 환경을 조성했다. 이는 특히 여성의 사회적·경제적 참여를 활성화하는 데 기여했다.

3) 스웨덴 사례가 한국에 주는 시사점

(1) 보육비 부담 완화 정책 도입

　막스탁사 제도는 한국에서도 저출생 문제 해결을 위해 참고할 수 있는 성공 사례이다. 보육비 상한제를 도입하면 부모들의 경제적 부담을 줄이고, 보육 서비스 이용률을 높일 수 있다.

(2) 아빠 육아 참여 정책 강화

　아빠 할당제는 육아를 가족 내 특정 성별의 책임으로 한정하지 않는 문화를 만들었다. 한국도 아빠 육아휴직 할당제 확대와 인센티브 강화로 남성의 육아 참여를 독려할 필요가 있다.

(3) 일·가정 양립 환경 조성

스웨덴의 정책은 부모들이 일을 하면서도 자녀를 키울 수 있는 여건을 조성한 점에서 큰 의미가 있다. 유연 근무제, 재택근무 확대 등 일과 가정의 균형을 지원하는 정책을 통해 저출생 문제를 해결할 수 있을 것이다.

결론 : 정책적 통합 접근의 중요성

　막스탁사와 아빠 할당제는 단순히 보육비 지원에 그치지 않고, 부모 역할 분담과 경제활동 참여를 동시에 고려한 통합적 접근 방식이다. 한국은 스웨덴의 성공 사례를 참고하여 저출생 문제 해결을 위한 가족 친화적 정책을 강화하고, 지속 가능한 사회적 변화를 도모해야 한다.

7 | 핀란드

1) 핀란드의 저출생 문제와 대응 배경

(1) 저출생 위기와 사회적 도전

2000년대 후반부터 급격한 출산율 감소와 인구 고령화 문제에 직면했다. 2010년대 중반 합계출산율이 1.4명 수준으로 떨어지면서, 노동력 감소와 복지 시스템의 지속 가능성에 대한 우려가 커졌다.

(2) 포괄적 가족 정책의 중요성 인식

저출생 문제 해결을 위해 출산과 육아를 국가적 차원에서 지원해야 한다는 공감대를 형성했다. 특히 가족 친화적 정책, 보육 지원, 일·가정 양립 환경 구축을 강조하는 전략을 채택했다.

(3) 핀란드의 저출생 극복 전략

출산과 육아를 위한 경제적 지원 강화

육아와 관련된 경제적 부담을 줄이기 위해 다양한 지원책을 마련했다.

출산 지원금

모든 가정에 동일하게 지급되는 출산 지원금을 통해 초기 육아 비용 부담을 덜었다.

육아휴직 급여

부모가 육아휴직 중에도 안정적인 소득을 유지할 수 있도록, 소득 대비 높은 비율의 급여를 보장했다.

베이비 박스 정책

핀란드는 1930년대부터 베이비 박스를 제공하며, 출산 후 기본적인 육아

용품을 무상으로 지원한다. 아기 옷, 기저귀, 침구류, 보건 제품 등이 포함되어 있으며, 육아에 필요한 필수품을 경제적 차별 없이 제공했다.

사회적 메시지

베이비 박스는 정부가 모든 아이의 출발선을 평등하게 보장한다는 상징적 의미를 담고 있어, 출산에 대한 긍정적 인식을 형성했다.

(4) 보육 및 교육 시스템의 보편적 접근성

무료 보육 및 교육 제도

출산 이후 아이들의 양육 부담을 덜기 위해 보육과 교육을 무상으로 제한다.

보육 시설 이용 보장

부모의 소득 수준과 상관없이 저비용 또는 무료로 보육 서비스를 이용할 수 있다.

교육 접근성 확대

어린이집부터 고등학교까지 무상교육을 지원하며, 부모의 경제적 부담을 크게 줄였다.

(5) 질 높은 보육 환경 조성

소규모 그룹 보육

아이들이 소규모 그룹에서 양질의 보육을 받을 수 있도록 보육교사 대 아이 비율을 엄격히 관리한다.

전문 교육을 받은 보육 인력

교사들이 전문적인 훈련을 받도록 해, 보육의 질을 높이는 데 주력했다.

(6) 일·가정 양립을 위한 환경 구축

유연한 육아휴직 제도

핀란드는 부모 모두가 육아에 참여할 수 있도록 유연한 육아휴직 제도를 운용한다.

부모 공유 육아휴직

부모가 육아휴직 기간을 자유롭게 나누어 사용할 수 있으며, 아버지의 육아 참여를 장려하는 정책도 포함되어 있다.

아버지 육아휴직 확대

아버지의 육아휴직 사용률을 높이기 위해 일정 기간을 아버지에게 할당했다.

재택근무 및 유연 근무제 지원

핀란드는 부모들이 아이를 양육하며 일할 수 있도록 재택근무와 유연 근무를 활성화했다. 이는 부모의 경력 단절을 방지하고, 일과 가정의 균형을 유지하는 데 큰 역할을 했다.

(7) 사회적 인식 변화 캠페인

출산과 육아에 대한 긍정적 메시지 확산

핀란드는 출산과 육아가 개인의 희생이 아니라 사회적 가치임을 강조하는 캠페인을 전개했다.

가족 친화적 이미지 홍보

가족의 행복한 모습을 담은 광고와 캠페인을 통해 출산과 육아를 긍정적으로 인식하도록 유도했다.

성평등 강조

남녀가 육아와 가정의 책임을 동등하게 분담하는 문화를 조성했다.

(8) 청년세대의 출산 인식 개선

출산과 경력 병행 가능성 홍보

청년층에게 출산 후에도 경력을 유지할 수 있다는 메시지를 전달하며, 경력 단절에 대한 두려움을 줄였다.

육아 지원 시스템에 대한 신뢰 형성

정부의 육아 지원 정책이 실질적으로 효과적임을 입증하며 출산 결정을 장려했다.

2) 핀란드 사례가 주는 시사점

(1) 한국에서의 경제적 지원 확대 필요

핀란드의 사례는 경제적 지원이 출산과 육아 부담 완화의 핵심이라는 점을 보여준다. 한국도 출산 지원금과 육아휴직 급여를 확대하고, 가계 경제에 실질적으로 기여하는 정책을 강화해야 한다.

(2) 보육 및 교육 시스템의 보편적 접근성 보장

핀란드의 보육 및 교육 제도는 부모들이 경제적 부담 없이 자녀를 양육할 수 있는 환경을 조성한 점에서 한국이 참고할 가치가 있다.

(3) 가족 친화적 환경 조성

핀란드의 유연 근무제와 재택근무 활성화는 부모가 육아와 일을 병행할 수 있도록 한 성공적인 사례로, 한국에서도 일·가정 양립 지원 정책의 강화를 요구한다.

결론 : 핀란드의 통합적 접근의 중요성

핀란드의 저출생 문제 해결 방안은 경제적 지원, 보육 및 교육 접근성, 일·가정 양립 환경 조성, 사회적 인식 변화 캠페인을 통합적으로 실행한 데에 그 강점이 있다. 한국도 핀란드의 사례를 참고하여 저출생 문제를 해결하기 위한 종합적이고 체계적인 전략을 수립해야 할 것이다.

8 | 덴마크

1) 자녀수당·다자녀 가정 주택보조금·아빠 휴가

(1) 덴마크의 저출생 문제와 대응 배경

덴마크의 저출생 위기와 인구 구조 변화

　덴마크는 2000년대 초반부터 출산율 감소와 고령화 문제로 노동력 부족과 복지 지속 가능성에 대한 우려가 제기되었다. 출산율을 높이기 위해 정부는 출산과 육아에 대한 경제적 부담을 줄이고, 가족 친화적 환경을 조성하기 위한 종합적인 정책을 도입했다.

저출생 극복을 위한 포괄적 접근법

　덴마크 정부는 자녀수당, 다자녀 가정을 위한 주택 보조금, 유급 육아휴직 제도를 포함한 포괄적 가족 정책으로 출산율을 안정화하는 데 주력했다.

(2) 자녀수당: 경제적 지원을 통한 출산 장려

자녀수당의 주요 내용

　자녀의 수와 연령에 따라 차등적으로 지급되는 자녀수당(Børnefamilieydelse) 제도를 운영한다.

지원 대상

　자녀를 둔 모든 가정이 소득 수준과 관계없이 지원금을 받을 수 있다.

지급 방식

　자녀 연령에 따라 3개월마다 지급되며, 자녀가 많을수록 추가 지원을 받을 수 있다.

경제적 부담 완화

양육비 부담을 덜어 출산 결정에 긍정적인 영향을 미친다. 가정의 재정적 안정성을 지원함으로써 출산율 증가에 기여했다.

(3) 다자녀 가정을 위한 주택보조금

덴마크는 다자녀 가정이 직면한 주거 문제를 해결하고, 안정적인 주거 환경을 제공하기 위해 주택보조금 제도를 도입했다. 특히 자녀 수가 많은 가정을 대상으로 한 지원이 집중되었다.

대상 기준

일정 소득 이하의 다자녀 가정을 중심으로 주거 보조금을 제공한다.

지원 방식

주택 임대료의 일정 비율을 보조하며, 주거 환경 개선 및 대형 주택으로의 이전을 장려한다.

다자녀 전용 혜택

다자녀 가정은 주거 비용 추가 지원을 받아 경제적 부담을 줄일 수 있다.

효과

주거 안정성 강화 ▶ 자녀를 양육하기 위한 안정적이고 적합한 주거 환경이 마련되었다. 출산율 상승 기여 ▶ 주거 지원 정책은 다자녀 가정을 위한 경제적·사회적 안전망을 강화하며 출산 결정을 장려했다.

(4) 육아휴가 제도 : 유급 육아휴직

개요

덴마크는 부모 모두가 육아에 참여할 수 있도록 아휴가(Barselsorlov) 제도를 통해 유급 육아휴직을 지원한다.

육아휴직 기간

총 52주로, 부모가 나누어 사용할 수 있다.

재정 지원

휴직 기간에 급여의 80~100%를 보장하며, 경제적 부담을 덜어준다.

아버지 육아휴직 강화

남성의 육아 참여를 장려하기 위해 아버지 전용 육아휴직 기간을 할당했다. 이를 통해 성 평등한 육아 문화와 가족 내 유대감을 강화했다.

효과

양성평등 증진 ▶ 어머니뿐 아니라 아버지도 육아에 적극 참여하도록 장려했다. 가족 유대 강화 ▶ 부모가 함께 육아에 참여하며 자녀와의 관계를 깊게 형성할 수 있었다. 경력 단절 방지 ▶ 유급 육아휴직은 부모가 경력을 유지하며 육아를 병행할 수 있는 기반을 마련했다.

(5) 통합적 정책의 효과와 시사점

정책적 통합성

덴마크의 자녀수당, 다자녀 가정을 위한 주택보조금, 육아휴가 제도는 출산과 육아 부담을 전반적으로 줄이며, 저출생 문제 해결에 기여했다.

경제적 부담 완화

자녀수당과 주택보조금은 직접적인 경제적 지원을 제공했다.

사회적 지원 강화

육아휴가 제도는 일과 가정의 양립을 가능하게 하여 가족 친화적 환경을 조성했다.

2) 한국에 주는 시사점

(1) 경제적 지원 확대

덴마크의 자녀수당은 한국에서도 참고할 가치가 있다. 소득 수준과 관계없이 모든 가정에 양육 지원금을 지급함으로써 출산율을 높일 수 있다.

(2) 다자녀 가정 주거 지원

한국도 다자녀 가정을 위한 주거 보조 정책을 강화해 안정적인 주거 환경을 제공해야 한다.

(3) 유연한 육아휴직 제도

육아휴가 제도와 같이 부모 모두가 사용할 수 있는 유연한 육아휴직 정책을 통해 양성평등을 증진하고 경력 단절을 방지할 수 있다.

결론 : 덴마크 사례의 통합적 접근의 중요성

덴마크의 저출생 극복 정책은 경제적 지원, 주거 안정, 유급 육아휴직을 포함한 통합적 접근 방식을 통해 출산율 상승과 가족 친화적 문화를 조성했다. 한국도 덴마크의 사례를 참고해 가족 정책을 강화하고, 지속 가능한 사회적 변화를 도모해야 할 것이다.

9 | 네덜란드

1) 육아휴직·세대 간 돌봄 케어팜(Care Farms)

(1) 저출생 문제와 대응 배경

저출생 위기와 복지 시스템의 도전

　네덜란드는 유럽 전반의 저출생 추세 속에서 노동력 감소와 인구 고령화 문제에 직면했다. 출산율은 1.5~1.7명 사이에서 정체되었으며, 경제적 부담과 육아 문제는 출산 결정의 주요 장벽으로 작용했다.

종합적 대책의 필요성 대두

　정부는 저출생 문제를 해결하기 위해 경제적 지원뿐만 아니라 부모와 공동체 간 협력을 통한 새로운 육아 및 돌봄 방식을 모색했다. 특히 육아휴직 제도와 독특한 돌봄 시스템인 케어팜(Care Farms)을 도입해 출산 및 육아 환경을 개선했다.

(2) 유연하고 평등한 육아휴직 제도

육아휴직의 주요 내용

　네덜란드의 육아휴직 제도는 부모 모두가 육아에 참여할 수 있도록 설계되었다.

부모 모두를 대상으로 한 휴직

　어머니뿐만 아니라 아버지도 육아휴직을 사용할 수 있도록 권장된다.

유연한 사용 방식

　부모가 필요에 따라 시간을 나누어 사용할 수 있으며, 비연속적으로도 사용이 가능하다.

급여 보장

육아휴직 기간 급여의 일정 비율을 보장하여 경제적 안정성을 유지한다.

아버지 육아휴직 강화

네덜란드는 아버지의 육아휴직 참여를 적극 독려하며, 일정 기간은 반드시 아버지가 사용하도록 할당했다.

성평등 증진

아버지의 육아 참여를 통해 전통적인 성 역할을 완화하고, 육아 부담을 부부가 공유하도록 유도했다.

직장 문화 개선

육아휴직이 직장 내 권리로 자리 잡으며 부모가 경력을 유지하면서 육아에 참여할 수 있는 환경이 마련되었다.

(3) 효과

출산 장려

부모가 육아에 전념할 수 있는 시간을 보장하며 출산에 대한 두려움을 줄였다.

가족 유대 강화

부모 모두가 육아에 참여함으로써 가족 내 유대감이 강화되었다.

2) 세대 간 돌봄 시스템: 케어팜(Care Farms)

(1) 케어팜의 개념

케어팜은 농촌 지역에서 세대 간 돌봄을 결합한 혁신적 돌봄 시스템이다. 농업 활동과 돌봄 서비스를 통합해 어린이와 노인 모두에게 심리적 안정과 사회적 연대를 제공한다.

(2) 운영 방식

농촌 환경에서의 돌봄

어린이와 노인이 농업 활동에 함께 참여하며, 자연 속에서 상호작용을 통해 정서적 안정과 즐거움을 얻는다.

세대 간 연계

노인은 지혜와 경험을 공유하며 아이들에게 멘토 역할을 하고, 아이들은 노인과의 교류를 통해 사회성을 키운다.

커뮤니티 기반

지역사회가 중심이 되어 운영하며, 농장주, 자원봉사자, 지역 정부가 협력한다.

(3) 효과

육아 부담 완화

부모는 케어팜을 통해 아이를 안전하고 정서적으로 풍요로운 환경에 맡길 수 있어 육아 부담이 줄어든다.

노인 돌봄 개선

노인들은 고립에서 벗어나 아이들과 교류를 통해 삶의 활력을 되찾는다.

공동체 의식 강화

세대 간 교류와 지역사회의 협력으로 공동체 의식이 강화된다.

(4) 정책의 통합적 효과

경제적 부담 경감

육아휴직 급여와 케어팜은 부모의 경제적 부담을 줄이며 출산과 육아를 더욱 실현 가능하게 만들었다.

사회적 돌봄 시스템 구축

케어팜은 공공 서비스의 부담을 덜고, 가족과 공동체가 함께 육아와 돌봄을 분담하는 모델을 제시했다.

출산율 증가와 복지 향상

육아휴직 제도와 케어팜은 출산율 상승과 함께 가족 친화적 환경 조성에 기여했다.

3) 한국에 주는 시사점

(1) 육아휴직의 유연성과 평등성 강화

한국도 네덜란드처럼 유연한 육아휴직 제도를 도입해 부모가 자유롭게 휴직을 사용할 수 있도록 해야 한다. 아버지 육아휴직을 의무화하거나 독려하는 정책은 성평등을 강화하고 육아 부담을 줄일 수 있다.

(2) 세대 간 돌봄 시스템 도입

한국에서도 농촌 지역과 도시의 유휴 공간을 활용해 케어팜과 유사한 세대 간 돌봄 시스템을 구축할 수 있다. 이 시스템은 노인 복지와 아동 돌봄 문제를 동시에 해결할 수 있는 잠재력을 가지고 있다.

(3) 지역사회 기반의 돌봄 체계 구축

지역사회가 중심이 되는 돌봄 모델은 공동체 의식을 강화하고, 정부와 민간이 협력하는 새로운 복지 모델을 창출할 수 있다.

결론 : 네덜란드의 사례가 주는 통찰

네덜란드의 육아휴직 제도와 케어팜은 저출생 문제 해결을 위한 혁신적 접근을 보여준다. 이 두 제도는 경제적 부담을 줄이고, 사회적 돌봄 네트워크를 확립하며, 세대 간 연대를 강화하는 데 중요한 역할을 했다. 한국도 이와 같은 통합적이고 창의적인 정책을 도입해 저출생 문제에 효과적으로 대응해야 할 것이다.

10 | 영국

1) 영국의 저출생 문제와 정책 배경

(1) 저출생 및 고령화 문제

영국은 저출생 문제와 함께 인구 고령화가 빠르게 진행되고 있다. 이에 따라 노동력 부족과 사회 복지 체계에 대한 부담이 커지고 있다. 출산율을 높이기 위해 영국은 다양한 복지 및 지원 정책을 시행해 왔다.

(2) 정부의 포괄적 대응

영국은 자녀수당, 유니버설 크레딧, 무료 보육 서비스, 직장 내 보육 지원 등의 정책을 통해 경제적 부담을 줄이고 출산율을 증가시키기 위해 노력하고 있다. 이러한 정책은 가정의 육아 부담을 완화하고 부모가 일과 가정을 병행할 수 있도록 돕는다.

2) 자녀수당: 경제적 지원을 통한 출산 장려

(1) 자녀수당의 개요

영국의 자녀수당(Child Benefit)은 자녀를 둔 모든 가정에 지급되는 기본적인 지원금이다.

(2) 대상

일정 소득 이하 가정을 포함하여 모든 가정이 자격을 가질 수 있다.

(3) 지급 방식

자녀의 수에 따라 매달 고정된 금액이 지급되며, 자녀가 많을수록 지급액이 증가한다.

(4) 추가 지원

저소득 가정을 위한 추가 자녀수당이 있으며, 소득 수준에 따라 차등 지급된다.

(5) 효과

출산 결정 지원

자녀수당은 가정의 재정적 부담을 경감하여 출산을 장려한다.

경제적 안정

저소득 가정에 대한 지원으로 경제적 불평등을 완화하며 가정의 생활수준을 향상시킨다.

3) 유니버설 크레딧(Universal Credit)

(1) 소득 지원과 육아 지원

유니버설 크레딧 개요

유니버설 크레딧은 영국 정부가 저소득층을 위한 사회복지 시스템을 통합한 지원금이다.

통합된 지원

자녀수당, 주거 보조금, 실업 수당 등을 하나로 묶어 가정의 재정적 부담을 줄이다.

대상

소득이 일정 기준 이하인 가정과 개인이 대상이며, 특정 상황에 따라 변동이 가능하다.

(2) 육아 지원 기능

육아 비용 지원

부모가 일하는 경우 보육비를 지원하는 프로그램을 통해 육아 비용 부담을 줄인다.

부분 근무 가능성

유니버설 크레딧은 부모가 일과 가정을 병행할 수 있도록 유연성을 제공한다.

(3) 효과

출산율 증가

경제적 지원을 통해 부모가 자녀 양육을 보다 쉽게 결정할 수 있도록 유도했다.

취업 장려

부모가 육아와 일을 병행할 수 있어 취업률을 높이는 데 기여했다.

(4) 무료 보육 서비스: 접근성 강화 및 경제적 부담 완화

영국 정부는 만 3세 이상의 모든 어린이를 위한 무료 보육 서비스를 제공한다.

지원 범위

주당 15~30시간의 무료 보육을 제공하며, 부모의 경제적 상황에 따라 서비스가 확대될 수 있다.

공공 보육과 민간 보육

무료 보육은 공립 유치원과 민간 보육 시설 모두에서 이용할 수 있다.

(5) 효과

가정의 경제적 부담 감소

육아비용을 줄여 부모가 경제적 안정성을 더 높일 수 있다.

부모의 노동 시장 참여

무료 보육 서비스는 부모가 더 쉽게 일자리로 복귀할 수 있도록 도와 노동 시장 참여를 증진했다.

조기 교육 기회

어린 시절부터 다양한 교육 프로그램을 경험할 수 있어 아동의 사회성 및 발달에 긍정적 영향을 미친다.

(6) 직장 내 보육 지원: 일과 가정의 양립 촉진

영국의 일부 기업은 직원들에게 보육 시설을 제공하거나 보육 지원을 위한 급여 보조금을 지급한다.

근로자 혜택

부모가 일과 육아를 병행할 수 있도록 보육을 지원하는 정책을 제공한다.

지원 형태

　　보육 공간 제공, 보육비 지원, 유연 근무제 등이 포함된다.

(7) 효과

육아와 일의 병행

　　직장 내 보육 지원은 부모가 육아와 일 사이의 균형을 맞추는 데 도움을 준다.

출산 장려

　　부모가 육아에 대한 걱정을 덜고 일자리를 유지하며 자녀를 양육할 수 있어 출산율 증가에 기여한다.

직장 만족도 향상

　　일과 가정의 균형이 맞춰지면 근로자의 만족도가 높아지고 생산성이 증가한다.

4) 영국의 정책의 시사점과 한국에의 적용

(1) 영국 정책의 장점

종합적 지원 체계

　　자녀수당, 유니버설 크레딧, 무료 보육 서비스, 직장 내 보육 지원 등 다양한 정책이 결합된 종합적 접근이 출산율 증가에 기여했다.

유연한 일·가정 양립

　　부모가 일과 가정을 병행할 수 있도록 지원하여 육아에 대한 부담을 줄였다.

(2) 한국에의 시사점

자녀수당과 보육 서비스 확대

　　한국도 자녀수당을 보편적 지원으로 확대하고, 보육 서비스를 더 포괄적으로 지원할 필요가 있다.

직장 내 보육 지원

　　기업과 정부가 협력해 직장 내 보육 지원을 확대하여 부모의 육아 부담을 줄이는 정책을 도입할 수 있다.

유니버설 크레딧 도입

저소득층 가정을 위한 통합적 소득 지원 체계는 한국에서도 경제적 부담을 줄이는 데 도움이 될 수 있다.

결론 : 영국의 포괄적 정책의 효과와 한국의 도입 가능성

영국의 자녀수당, 유니버설 크레딧, 무료 보육 서비스, 직장 내 보육 지원은 저출생 문제 해결에 기여한 중요한 정책들이다. 한국도 이러한 정책을 참고하여 경제적 지원과 육아 환경 개선을 통해 저출생 문제에 대응할 수 있는 종합적인 접근 방안을 마련할 필요가 있다.

11 | 독일

1) 조기 아동 교육 및 보육 시스템(ECEC)

(1) 저출생 문제와 대응 배경
저출생과 고령화 문제

　독일은 유럽 내에서도 저출생과 고령화 문제에 직면해 있다. 출산율이 장기간 1.5명 이하로 유지되면서, 노동력 부족과 사회복지 지출 증가가 주요한 사회적 문제로 대두되었다. 이러한 문제를 해결하기 위해 독일은 가정의 경제적 부담을 줄이고, 부모들이 직장과 가정을 병행할 수 있도록 다양한 정책을 시행해 왔다.

조기 아동 교육 및 보육 시스템(ECEC)의 도입 배경

　독일은 저출생 문제와 함께 아동의 조기 교육의 중요성을 인식하고, 모든 가정이 고품질의 보육을 받을 수 있도록 ECEC(early childhood education and care) 시스템을 강화했다. 이 시스템은 가정과 직장에서 양육과 교육을 병행할 수 있도록 지원한다.

2) 조기 아동 교육과 보육 시스템(ECEC)

(1) ECEC의 정의 및 목적
　ECEC는 영유아를 대상으로 하는 교육과 보육 프로그램을 통합한 시스템으로, 아동의 전인적 발달과 부모의 일·가정 양립을 지원하는 것을 목표

로 하다.

(2) 보육과 교육의 통합

어린이의 기초 교육과 사회성 발달을 동시에 촉진한다.

(3) 부모 지원

부모가 육아와 일을 병행할 수 있도록 지원하여 출산 장려와 경제적 부담 완화를 도모한다.

(4) ECEC의 주요 구성 요소

어린이집(Kita)

만 1세부터 6세까지의 어린이를 대상으로 하는 보육 시설로, 기초 교육과 놀이 중심의 프로그램이 제공된다.

유치원

만 3세 이상부터 초등학교 입학 전까지의 어린이를 위한 교육 기관으로, 아동의 사회성과 기본 학습 능력을 기르는 프로그램이 마련된다.

가정 보육

일정 자격을 갖춘 보육교사가 가정에서 아동을 돌보는 형태도 지원된다.

3) 정부의 지원과 보조금 정책

(1) 보육비 지원

독일 정부는 저소득 가정과 모든 가정에 대해 보육비를 지원한다.

(2) 무상 보육

일부 연방 주에서는 어린이집과 유치원의 보육비를 완전히 무료로 제공하여 부모의 경제적 부담을 줄인다.

(3) 보조금 지급

보육비가 부분적으로 유료인 경우, 정부는 소득 수준에 따라 보조금을 지급하여 가정의 부담을 완화한다.

(4) 세금 혜택과 공제

보육비에 대한 세금 공제를 통해 부모들이 경제적으로 더 많은 지원을 받을 수 있다. 이로 인해 부모들이 자녀를 돌보면서도 직장에서 일할 수 있는 환경이 조성된다.

(5) 육아휴직과 지원

부모가 육아를 위해 휴직을 사용할 수 있도록 법적으로 보장하며, 휴직 기간 일정한 급여가 지급된다. 이는 부모가 자녀와 충분히 시간을 보낼 수 있도록 돕고, 일과 가정의 균형을 맞출 수 있도록 한다.

(6) ECEC의 효과와 출산율 증가

출산율 증가

ECEC 시스템의 확립은 부모가 직장과 가정을 병행할 수 있는 환경을 마련하여 출산율을 높이는 데 기여했다. 부모들은 보육비 지원과 무상 보육 덕분에 자녀를 낳는 경제적 부담이 줄어들어 출산에 대한 긍정적인 태도를 가질 수 있다.

부모의 노동 시장 참여 촉진

부모가 보육시설을 통해 자녀를 돌보면서도 일을 할 수 있어 노동 시장 참여가 촉진된다. 이는 경제 성장에도 긍정적인 영향을 미친다.

아동 발달의 촉진

ECEC는 아동의 기초 교육과 사회성을 기르는 데 큰 역할을 한다. 다양한 활동과 프로그램은 아동의 인지 발달과 정서적 발달을 촉진하며, 이를 통해 아동이 더 건강하고 균형 잡힌 성격을 형성할 수 있도록 돕는다.

(7) ECEC 시스템의 특징과 장점

포괄적이고 유연한 접근

ECEC는 다양한 형태의 보육과 교육을 포괄하며, 부모가 자신과 자녀의 상황에 맞춰 적절한 서비스를 선택할 수 있도록 한다. 예를 들어, 어린이집과 유치원의 운영 시간은 부모의 근무 시간에 맞춰 조정할 수 있어 유연한 일·가정 양립이 가능하다.

품질 보장

독일의 ECEC는 품질 관리와 규제 체계가 잘 갖춰져 있어 보육의 질이 높다. 보육교사와 유치원 교사는 일정한 자격을 갖추어야 하며, 정기적인 평가와 감독이 이루어진다.

사회 통합 촉진

ECEC는 다양한 사회적 배경을 가진 아동들이 함께 학습하고 성장할 수 있는 기회를 제공한다. 이는 사회 통합을 촉진하고, 다양한 문화적 배경을 이해하는 데 도움이 된다.

4) 한국에의 시사점

(1) 보육비 지원 확대

한국도 독일의 사례를 참고하여 보육비 지원을 강화하고, 저소득 가정을 위한 보조금 정책을 확대해야 한다. 이를 통해 경제적 부담을 줄이고 출산 장려를 촉진할 수 있다.

(2) ECEC 시스템 도입

한국은 다양한 보육과 교육 프로그램을 통합한 ECEC 시스템을 도입하여 아동의 전인적 발달과 부모의 노동 시장 참여를 지원할 필요가 있다.

(3) 품질 관리 강화

보육 시설의 질을 보장하기 위해 교육자 자격 요건을 강화하고, 정기적인 평가와 감독 체계를 구축한다.

결론 : 독일 ECEC 시스템의 시사점

독일의 조기 아동 교육 및 보육 시스템(ECEC)은 저출생 문제를 해결하기 위한 중요한 정책이다. 보육비 지원, 유연한 보육 서비스, 고품질의 교육이 결합해 부모의 경제적 부담을 줄이고 출산율을 증가시키는 데 기여했다. 한국도 독일의 사례를 벤치마킹하여 보다 효과적인 보육 및 교육 체계를 마련할 필요가 있다.

12 | 이탈리아

1) 패밀리 액트 교회기반 아동 돌봄 센터

(1) 저출생 문제와 대응 배경

저출생 및 고령화 현상

이탈리아는 유럽 국가 중에서 가장 낮은 출산율을 기록하는 나라 중 하나다. 평균 출산율이 1.2명으로, 인구감소와 고령화가 심각한 문제로 지적된다. 이로 인해 노동력 부족, 경제 성장 둔화, 사회 복지 체계의 부담이 가중되고 있다. 이를 해결하기 위해 이탈리아 정부는 다양한 정책을 추진하고 있으며, 특히 가족 지원을 강화하는 방향으로 노력하고 있다.

패밀리 액트(Family Act)의 도입

이탈리아는 저출생 문제를 해결하기 위해 2020년 '패밀리 액트'라는 종합 가족 정책을 도입했다. 이 정책은 가족 지원을 위한 제도와 법률을 통합하여, 부모의 양육 부담을 줄이고 출산율을 높이기 위한 기반을 마련하는 것이 목적이다.

(2) 패밀리 액트의 개요와 주요 내용

패밀리 액트의 목적

패밀리 액트는 가족의 복지를 높이고, 일과 가정의 양립을 가능하게 하여 출산 장려를 목표로 한다.

경제적 지원

자녀를 둔 가정에 경제적 지원을 제공하고, 저소득 가정에 대한 보조금이 포함되어 있다.

일·가정 양립

　부모가 일과 가정을 병행할 수 있도록 하는 정책과 유연한 근로 환경을 촉진한다.

자녀수당 및 보조금

　자녀를 둔 가정에 매월 일정 금액의 수당을 지급하며, 저소득층 가정은 추가 지원을 받는다.

육아휴직 확대

　부모가 육아를 위해 휴직을 사용할 수 있도록 법적으로 보장하며, 휴직 기간 일정 급여를 지급한다.

무료 보육 서비스

　만 3세 이하 아동을 위한 무료 보육 서비스를 확대하여 부모의 경제적 부담을 줄이고 일·가정 양립을 촉진한다.

(3) 교회 기반 아동 돌봄 센터의 역할

교회 기반 돌봄 센터의 개념

　이탈리아는 교회와 관련된 비영리 단체들이 아동 돌봄 서비스를 제공한다. 이러한 시설은 지역사회에서 중요한 역할을 하며, 부모의 육아 부담을 줄이고 아동의 조기 교육을 지원한다.

비영리 운영

　대부분의 교회 기반 아동 돌봄 센터는 비영리로 운영되며, 지역사회와 협력하여 아이들을 돌본다.

신뢰성과 접근성

　교회 기반 돌봄 서비스는 지역 주민들에게 신뢰성이 높고, 접근하기 쉬운 시설로 알려져 있다.

(4) 교회 기반 센터의 주요 서비스

보육 및 교육

　어린이들에게 기초 교육과 다양한 활동을 제공하며, 사회성과 기초 학습을 촉진한다.

저소득 가정 지원

　많은 교회 기반 센터는 저소득층 가정을 위해 낮은 비용으로 보육 서비스를 제공한다.

심리적 지원

　부모와 아동을 위한 상담 및 지원 프로그램을 통해 가정 내 문제를 해결하고, 부모의 스트레스를 줄이는 역할을 한다.

(5) 사회적 연대와 공동체 강화

지역사회 연결

　교회 기반 센터는 지역 주민들이 서로 교류하고 협력할 수 있는 커뮤니티 공간을 제공한다.

자원봉사 참여

　지역 주민과 자원봉사자들이 활동에 참여하여 아동 돌봄과 교육을 지원하며 사회적 연대감을 증진한다.

2) 이탈리아의 정책 효과와 문제점

(1) 정책의 효과

출산율 증가

　패밀리 액트와 교회 기반 돌봄 센터는 부모의 경제적 부담을 줄이고 일·가정 양립을 돕는 데 기여하여 출산율 증가를 촉진했다.

사회적 안정

　아동 돌봄 서비스는 부모가 일을 지속할 수 있는 환경을 조성하고, 가정의 경제적 안정성을 높였다.

(2) 문제점과 한계

정책의 불균형

　일부 지역은 충분한 지원을 받지 못할 수 있으며, 자원의 분배가 불균형할 수 있다.

교회 기반의 한계

　교회 기반 시설이 모든 가정에 필요한 서비스를 제공할 수 있는 규모와 자원을 갖추고 있지 않을 수 있다.

장기적인 지속성

　정책의 재정적 지속 가능성과 교회 기반 센터의 지속적인 지원을 보장하는 데 어려움이 따를 수 있다.

3) 이탈리아 정책의 한국에 대한 시사점

(1) 경제적 지원 확대 필요

한국은 자녀수당과 보조금을 확대하여 부모의 경제적 부담을 줄이는 정책을 강화할 수 있다. 특히 저소득 가정을 위한 추가 지원이 필요하다.

(2) 교회와 지역사회 연계

한국도 지역사회와 교회 기반의 아동 돌봄 서비스를 확대하여 부모의 육아 부담을 줄이고, 공동체의 결속력을 높일 수 있다. 이는 특히 소득 불균형이 큰 지역에서 효과적일 수 있다.

(3) 정책의 지속 가능성 보장

이탈리아의 정책을 참고하여 한국은 지속 가능한 보육 및 가족 지원 정책을 마련하고, 이를 위한 재정적 뒷받침을 강화할 필요가 있다.

결론 : 이탈리아의 패밀리 액트와 교회 기반 돌봄 센터의 시사점

이탈리아의 패밀리 액트와 교회 기반 아동 돌봄 센터는 저출생 문제 해결을 위한 중요한 정책적 시도다. 부모의 경제적 지원과 일·가정 양립을 촉진하며 출산 장려를 목표로 하는 이러한 정책은 한국에도 유용한 참고 사례가 될 수 있다. 정책의 실행과 지속 가능성을 보장하기 위해 정부와 지역사회의 협력이 필요하다.

13 | 프랑스

1) 다양한 출산 정책, 저출생 극복을 위한 사회적 기금

(1) 저출생 문제와 정책 배경
저출생 및 고령화 문제

　프랑스는 유럽 내에서 출산율이 비교적 높은 편에 속하지만, 최근 몇 년 간 저출생과 고령화 문제는 여전히 사회적 도전 과제가 되고 있다. 이는 노동력 감소와 고령화 사회의 경제적 부담 증가로 이어져 정책적인 대응이 필수적이다.

출산 장려를 위한 프랑스의 정책 기조

　프랑스는 오랜 역사 동안 출산 장려를 위해 다양한 정책을 시행해 왔으며, 가족 지원이 중요한 사회 정책의 하나로 자리 잡고 있다. 이러한 정책은 단기적인 경제적 지원과 장기적인 가족 친화적 환경 조성을 포함하여 저출생 문제를 해결하기 위한 전방위적 접근을 취하고 있다.

(2) 주요 정책
자녀수당 및 보조금 정책

　프랑스는 자녀를 둔 가정을 대상으로 다양한 수당을 지급하여 경제적 부담을 완화한다.

기본 자녀수당

　모든 가정에 대해 일정 금액의 자녀수당을 지급한다. 이 수당은 자녀의 나이나 가정의 소득 수준에 따라 차등 지급될 수 있다.

추가 보조금

저소득 가정을 위한 추가 보조금 정책이 있으며, 자녀수가 많을수록 더 큰 지원을 제공한다.

육아휴직과 부모 지원

부모가 출산 후 육아를 할 수 있도록 육아휴직 제도를 제공한다.

유급 육아휴직

부모는 일정 기간 유급 육아휴직을 사용할 수 있으며, 이를 통해 부모는 자녀와 더 많은 시간을 보낼 수 있다.

부모의 근로 환경 조성

유연 근무제 및 재택근무와 같은 정책도 육아와 일을 병행할 수 있도록 지원한다.

보육 및 교육 서비스

프랑스는 모든 가정이 질 높은 보육과 교육을 받을 수 있도록 다양한 보육 서비스를 제공한다.

공립 보육 시설

저소득 가정을 위해 공립 보육 시설의 이용료를 낮게 설정하며, 교육 품질을 보장한다.

보육 보조금

부모가 사설 보육 시설을 이용할 때도 보조금을 지급하여 경제적 부담을 줄인다.

2) 사회적 기금과 공동체 기반의 출산 장려 활동

(1) 사회적 기금의 역할

프랑스는 국가가 직접 운영하는 다양한 사회적 기금을 통해 출산 장려 정책을 지원하고 있다.

가족 기금(Fonds national d'action sociale, FNAS)

이 기금은 가족 지원 프로그램을 위한 자금을 제공하며, 출산과 양육을 지원하는 다양한 프로그램을 운영한다.

연금 기금의 일부 활용

고령화 사회에 대비하기 위해 연금 기금의 일부를 활용하여 저출생 문제를 해결할 수 있는 정책을 지원하는 예도 있다.

지자체의 협력 및 지역사회 프로그램

지자체는 지역사회의 특성에 맞춰 출산 장려 프로그램을 운영하며, 사회적 기금은 이러한 프로그램에 필요한 재원을 제공한다.

지역사회 보육 프로그램

지역 자원봉사자나 커뮤니티 센터와 협력하여 보육 서비스를 강화한다.

보육비 지원 프로그램

지역 기금을 통해 보육비를 보조하거나 부모가 부담을 줄일 수 있도록 지원한다.

3) 프랑스의 출산 장려 정책 효과 및 시사점

(1) 출산율 증가

프랑스는 출산 장려 정책의 하나로 도입한 경제적 지원과 육아 지원 정책 덕분에 출산율이 비교적 안정적으로 유지되고 있다. 이러한 정책은 특히 다자녀 가정과 저소득 가정의 출산율 증가를 유도한다.

(2) 사회적 안정과 경제 성장

출산 장려 정책은 노동력 부족 문제를 완화하고, 장기적으로는 고령화 사회의 경제적 부담을 줄이는 데 기여한다. 더불어, 이러한 정책은 여성의 노동 시장 참여를 촉진하며 경제 성장에도 긍정적인 영향을 미친다.

(3) 한국에의 시사점

한국은 프랑스의 경험을 바탕으로, 보다 포괄적이고 지속 가능한 출산 장려 정책을 마련할 필요가 있다. 특히, 자녀수당의 확대와 육아휴직의 유급화는 부모의 경제적 부담을 줄이는 데 중요한 정책이 될 수 있다. 또한, 보육 및 교육 서비스의 질을 높여 부모의 육아와 일 병행을 더욱 지원할 필요가 있다.

결론 : 프랑스의 정책과 사회적 기금의 시사점

프랑스의 출산 장려 정책과 사회적 기금은 저출생 문제를 해결하기 위한 효과적인 모델을 제공한다. 경제적 지원과 육아 지원 정책이 복합적으로 작용하여 출산율을 안정적으로 유지하고 있다. 한국도 프랑스의 정책을 참고하여 출산 장려 및 가족 지원 정책을 강화할 필요가 있으며, 이를 위해 공공과 민간의 협력 체계를 구축하고, 경제적 지원의 범위를 넓혀야 할 것이다.

14 | 헝가리

　헝가리는 저출생 문제를 해결하기 위해 다양한 정책을 도입하여 가족과
아동을 지원하는 데 중점을 두고 있다. 이러한 정책들은 경제적 인센티브를
통해 출산을 장려하고, 부모의 경제적 부담을 줄이며, 아동 양육과 교육을
돕기 위한 목적으로 마련되었다.

1) 탯줄 프로그램 (Cord Program)

(1) 프로그램 개요

　헝가리의 탯줄 프로그램은 출산 후 부모에게 경제적 지원과 신생아의 건
강 관리 서비스를 제공한다. 이 프로그램은 부모가 신생아의 초기 건강 관
리를 잘 할 수 있도록 돕는 데 중점을 두고 있으며, 부모가 출산 후 초기 비
용을 부담하지 않도록 경제적 지원을 제공한다.

(2) 지원 내용과 효과

　이 프로그램을 통해 부모는 신생아의 건강을 유지할 수 있는 보조금과
필수적인 의료 서비스의 접근을 보장받게 된다. 결과적으로, 부모의 초기
양육 부담을 줄이고 신생아의 건강을 증진해 장기적으로 가족의 안정적인
경제 기반을 마련하는 데 기여한다.

2) 비이비 본드 (Baby Bond Program)

(1) 프로그램 개요

헝가리의 비이비 본드는 출산 장려를 위한 금융 지원 프로그램이다. 부모가 자녀를 위해 장기적인 재정적 자산을 마련할 수 있도록 돕는 방식으로, 자녀의 경제적 미래를 보장하기 위한 목적을 가지고 있다.

(2) 지원 내용과 운영 방식

부모가 자녀의 이름으로 일정 금액을 예치하면, 정부는 이를 보조하여 부모의 재정적 부담을 줄이고 자녀가 성인이 되었을 때 사용할 수 있는 자산을 제공한다. 이 프로그램은 자녀 교육과 장기적인 재정적 안전망을 보장하기 위해 설계되었다.

(3) 효과 및 의의

비이비 본드는 부모에게 장기적인 경제적 지원을 통해 출산을 장려하고, 자녀의 미래를 위한 교육비와 생활비 등을 지원할 수 있는 재정적 자산을 제공한다. 이를 통해 부모는 출산과 양육에 대한 부담을 줄이고, 자녀의 안정적인 성장과 발전을 도울 수 있다.

(4) 출산예정자 보조금

보조금 개요

헝가리는 출산예정자들에게 초기 지원을 통해 경제적 부담을 줄이고 있다. 이 보조금은 임신과 출산 준비 과정에서 부모가 겪는 비용을 일부 보완하는 데 목적을 둔다.

지원 내용과 지급 방식

출산예정자 보조금은 출산 전에 부모에게 지급되며, 이는 의료비와 출산에 필요한 기본적인 비용을 충당하는 데 사용된다. 또한, 부모가 출산 후 첫 몇 달 동안 자녀의 양육을 위한 초기 비용을 보조하는 역할을 한다.

정책 효과

이 보조금은 부모가 초기 양육 비용 부담을 줄일 수 있도록 도와 출산율 증가에 기여하고 있다. 경제적 지원이 출산 장려의 중요한 요소로 작용하여 가족 친화적인 사회 환경을 조성한다.

(5) 자동차 보조금

프로그램 개요

　헝가리의 자동차 보조금 제도는 다자녀 가정을 대상으로 제공되는 경제적 지원이다. 이 정책은 차량 구매를 돕는 형태로, 가족이 이동과 관련해 비용을 줄일 수 있도록 설계되었다.

지원 내용과 조건

　다자녀 가정은 특정 조건하에 자동차를 구매할 때 정부로부터 보조금을 받을 수 있다. 이 보조금은 차량 구매 비용의 일부를 보전하여 가정의 경제적 부담을 줄이고 이동 편의성을 높이는 데 기여한다.

정책 효과 및 기여

　자동차 보조금은 다자녀 가정의 경제적 안정을 지원하며, 대중교통 이용이 어려운 지역에서도 가족 단위의 이동 편의성을 높여준다. 이로 인해 부모는 자녀를 돌보는 데 있어 더 자유로운 선택을 할 수 있으며, 육아와 일상생활의 유연성을 제공한다.

(6) 조부모 육아수당

프로그램 개요

　헝가리는 부모뿐만 아니라 조부모를 포함한 가족 단위의 양육을 지원하기 위해 조부모 육아수당을 도입했다. 이 정책은 가족이 자녀를 돌보는 데 있어서 경제적 부담을 줄이는 데 목적이 있다.

지원 내용과 활용

　조부모가 손자나 손녀를 돌보는 경우, 이를 지원하기 위한 특별한 육아수당이 지급된다. 이 수당은 조부모가 가족 내에서 양육과 보육을 수행하는 데 필요한 자원을 제공한다.

정책 효과 및 의의

　조부모 육아수당은 가족 내 다양한 돌봄 역할을 장려하며, 부모와 조부모가 협력하여 자녀를 양육하는 문화를 조성한다. 이 정책은 부모의 육아 부담을 줄이는 동시에 가족 간의 연대감을 강화하는 역할을 한다. 또한, 부모가 일과 가사를 병행할 수 있는 여유를 제공하여 출산과 양육에 대한 긍정적인 인식을 확산시키는 데 기여한다.

결론

　헝가리의 저출생 극복 정책은 출산 장려를 위한 다양한 방안을 종합적으로 마련하여, 부모의 경제적 부담을 줄이고 안정적인 가정 환경을 지원하고 있다. 탯줄 프로그램, 비이비 본드, 출산예정자 보조금, 자동차 보조금, 조부모 육아수당 등은 모두 출산 장려와 부모의 재정적 부담 완화를 목표로 하고 있으며, 이를 통해 출산율 증가와 가족 친화적인 사회 환경을 조성하고자 한다. 이러한 정책들은 저출생 문제를 해결하기 위한 중요한 모델이 될 수 있으며, 다른 국가들의 벤치마킹 대상으로도 활용될 수 있다.

맺음말

대한민국의
지속 가능한 미래를 향하여

1. AI 시대, 양극화와 초저출생 문제 해결의 시작

이 책은 양극화와 초저출생이라는 한국 사회의 가장 중대한 도전을 중심으로, 인공지능(AI)이 제공할 수 있는 해결책을 탐구했다. AI는 단순히 기술적 도구가 아니라, 우리 사회가 직면한 복잡한 문제를 해결하는 새로운 접근법을 제공한다.

부의 세습과 자산 불평등 문제를 완화하기 위해 데이터 기반의 정책 설계가 가능해졌다. 교육 양극화 해소를 위해 AI는 맞춤형 학습 환경을 구축하고, 사교육 의존도를 줄일 혁신적 대안을 제공한다. 고용과 노동의 유연성을 높이고 비정규직 문제를 해결하는 데 AI가 중요한 역할을 할 수 있음을 확인했다. 초저출생 문제에서는 AI 기반의 양육 지원 시스템과 스마트 복지 체계가 새로운 가능성을 제시했다. AI는 한국 사회의 양극화와 초저출생 문제를 풀어낼 도구이자, 변화의 촉매제이다.

2. 지속 가능한 성장의 조건: 기술과 인간의 조화

AI 기술은 많은 가능성을 제공하지만, 그것이 모든 문제를 자동으로 해결하지는 못한다. 기술이 성공적으로 작동하려면 이를 뒷받침하는 사회적 신뢰와 제도적 기반이 필요하다. 공정한 데이터를 활용하면 AI가 윤리적으로 설계되고, 공정한 데이터 기반으로 운영될 때만 그 효과를 극대화할 수 있다. AI 기술이 특정 계층에만 유리하게 작동하지 않도록 정책적으로 포용적 정책 설계해야 한다. 기술을 중심으로 정부, 기업, 시민 사회가 협력하여 새로운 사회적 합의와 협력으로 사회적 규범을 만들어가야 한다. 지속 가능한 성장은 기술과 인간의 조화로운 협력 속에서 이루어질 수 있다.

3. 세대 간 연대와 사회적 통합의 필요성

양극화와 초저출생 문제는 세대 간 갈등과도 밀접하게 연결되어 있다. 이 갈등을 해결하지 않고는 지속 가능한 사회로 나아가기 어렵다. 청년세대와 고령 세대가 서로의 처지를 이해하고, 공존의 가치를 추구하는 것이 필수적이다. 세대 간 자산과 소득 격차를 줄이는 맞춤형 정책이 필요하다. 복지 체계를 세대 간 연대를 중심으로 재구성하여 사회적 통합을 강화해야 한다. 세대 간 연대는 미래 세대와 현재 세대가 공존하며 성장할 수 있는 사회를 만드는 기반이 된다.

4. 글로벌 사례에서 배우는 교훈

다양한 글로벌 사례를 통해 확인했듯이, 다른 나라들도 유사한 문제에 직면했으며, 여러 가지 혁신적인 접근법을 시도하고 있다. 스웨덴, 핀란드와 같은 국가들은 포용적 복지 모델을 통해 양극화를 완화하고 출산율을 높이는 데 성공했다. 싱가포르와 일본은 출산 장려 정책과 인구 구조 문제 해결을 위한 강력한 정부 주도의 프로그램을 운영해 왔다. 독일과 네덜란드는 고용 안정성을 높이고, 비정규직 문제를 해결하기 위한 노사정 협력을 성공적으로 구축했다. 이러한 사례는 한국 사회에 중요한 교훈을 제공한다. 단순히 문제를 분석하는 데 그치지 않고, 실행이 가능한 대안을 설계하고 강력한 실행력을 발휘하는 것이 필요하다.

5. AI와 함께하는 대한민국의 미래 비전

미래는 이미 우리 앞에 와 있다. AI는 그 미래를 준비하고, 우리 사회의 문제를 해결하는 데 가장 중요한 열쇠가 될 것이다. 이 책에서 다룬 다양한 사례와 제안은 AI 시대의 대한민국이 어떤 방향으로 나아가야 할지를 구체적으로 보여준다. 양극화 해소를 위한 AI 솔루션은 AI는 자산, 교육, 고용, 부동산 등 다양한 영역에서 새로운 접근법을 제시할 수 있다. 초저출생 문제 해결을 위한 AI 활용하면 AI는 출산율을 높이고 양육 환경을 개선하는 데 실질적인 기여를 할 것이다. 사회적 통합을 위한 AI의 역할은 AI는 세대 간, 계층 간, 지역 간 격차를 줄이고, 더욱 포용적인 사회를 만드는 데 기여할 것이다.

6. 독자에게 전하는 메시지는 함께 만들어가는 변화

이 책은 단순히 AI 기술에 대한 논의를 넘어, 기술과 정책, 사회적 합의를 통해 더 나은 미래를 설계하는 방법에 관해 이야기한다. 하지만 변화는 한 권의 책이나 특정 기술로만 이루어지지 않는다. 독자 여러분 한 사람 한 사람이 변화의 주체가 되어야 한다. 정부와 정책 입안자는 더 나은 정책을 설계하고 실행해야 한다. 기업과 조직은 지속 가능한 경영과 사회적 책임을 다해야 한다. 시민은 자신의 역할을 인식하고, 기술과 사회 문제에 관한 관심을 지속해서 가져야 한다.

이 책이 독자 여러분께 문제를 이해하는 깊은 통찰을 제공하고, 더 나아가 미래를 위한 행동에 영감을 주기를 바란다. AI 시대의 대한민국은 기술과 인간, 그리고 사회적 연대가 조화를 이루며 지속 가능한 방향으로 나아가야 한다.

7. 함께 꿈꾸고 만들어가는 미래

대한민국은 여전히 가능성이 넘치는 나라다. 기술과 사회적 연대, 그리고 여러분의 힘이 결합한다면, 양극화와 초저출생이라는 거대한 도전을 극복하고, 모두가 공존하고 성장하는 사회로 나아갈 수 있다. AI는 우리 사회가 한 걸음 더 나아가는 데 중요한 도구이자 동반자다. 이 여정에 함께 참여해 주시길 바란다.

에필로그

AI와 함께 열어갈
지속 가능한 미래

대한민국은 오늘날 많은 도전과 변화의 중심에 서 있다. 경제적 불평등과 양극화는 사회 곳곳에 깊은 골을 남기고, 초저출생 문제는 국가의 존립 기반을 흔드는 거대한 위기로 다가오고 있다. 이 책에서 다룬 다양한 문제와 해결책은 단순히 당면한 문제를 넘어, 미래를 설계하는 데 필요한 통찰을 제공한다.

양극화는 부와 기회의 집중을 초래하며, 개인과 세대 간의 갈등을 심화시키는 악순환을 낳는다. 한편, 초저출생 문제는 노동력 부족과 인구 구조의 왜곡을 가져와 경제 성장의 지속 가능성을 저해하고 있다. 이 두 가지 문제는 서로 얽히고설켜 있어 단일한 접근법으로는 해결이 어렵다. 따라서 우리는 다각적인 시각과 혁신적인 도구를 통해 이 문제를 해결해야 한다.

AI가 제시하는 가능성과 한계

AI는 이 책에서 논의한 양극화와 초저출생 문제를 해결하기 위한 핵심 도구로 등장한다. AI는 방대한 데이터를 기반으로 문제를 분석하고, 최적의 정책을 설계하며, 사회적 자원의 효율적 배분을 가능하게 한다. AI는 교육 격차를 줄이고 개인화된 학습 환경을 제공하여 사교육 의존도를 낮추는 데 기여할 수 있다. AI는 노동 시장의 유연성을 확대하고, 비정규직 문제를 해결하는 데 AI 기반의 고용 매칭 기술이 활용될 수 있다. AI를 활용한 스마트 복지 시스템은 복지 사각지대를 줄이고, 필요한 지원이 정확히 전달되도록 도와준다.

그러나 기술만으로 모든 문제를 해결할 수는 없다. AI는 단순한 도구이며, 이를 효과적으로 활용하기 위해서는 정책과 사회적 합의가 필요하다. AI가 제시하는 해결책이 공정하고 포용적으로 실행될 수 있도록, 인간 중심의 원칙과 윤리가 기반이 되어야 한다.

지속 가능한 미래를 위한 선택

정도전이 설계한 조선 왕조는 당시의 혼란과 부패를 해결하기 위해 과감한 개혁을 단행한 사례였다. 오늘날 대한민국도 유사한 전환점에 서 있다. AI라는 새로운 도구는 현대 사회가 직면한 복잡한 문제를 해결할 실마리를 제공한다. 그러나 변화는 단순히 기술의 도입이나 정책의 변경만으로 이루어지지 않는다. 그것은 우리 모두가 변화의 주체가 되고, 문제를 인식하며, 행동에 나설 때 비로소 가능해진다.

독자에게 보내는 메시지

이 책은 양극화와 초저출생 문제의 심각성을 강조하면서도, 동시에 그것을 해결할 수 있는 구체적이고 실행이 가능한 대안을 제시하려는 노력의 결과물이다. 독자 여러분께서 이 책을 통해 우리의 현실을 다시 한번 돌아보고, AI라는 혁신적 도구와 함께 미래를 설계하는 데 필요한 영감을 얻기를 바란다.

우리가 함께 만들어갈 대한민국은 더 이상 불평등과 갈등 속에서 머무르지 않을 것이다. 양극화와 초저출생 문제를 극복한 뒤에는, 보다 공정하고 포용적인 사회가 기다리고 있다. 그 사회에서는 모든 세대가 협력하고, 공존하며, 지속 가능한 미래를 꿈꿀 수 있을 것이다.

새로운 길의 시작

대한민국은 이미 많은 도전을 극복하며 성장해 왔다. 그리고 지금, 우리는 또 하나의 새로운 길을 선택해야 할 순간에 서 있다. AI는 그 길을 밝혀 줄 강력한 도구가 될 것이다. 그러나 그것을 어떻게 사용하고, 어떤 목표를 향해 나아갈지는 우리 모두에게 달려 있다.

양극화와 초저출생 문제는 단순히 오늘날의 문제만이 아니라, 미래 세대의 삶에도 깊은 영향을 미칠 것이다. 이 여정에 함께 참여하자. AI와 함께하는 대한민국의 미래는, 단순히 기술적 진보가 아닌, 인간다운 삶과 지속 가능한 사회를 이루는 여정이 될 것이다. 이 책이 여러분의 여정에 작은 길잡이가 되기를 진심으로 바란다. 지속 가능한 대한민국, 그 미래는 우리의 선택에 달려 있다.

P.S.

사랑하는 雅悧! 어느 날 갑자기 찾아온 이별의 그날을 잊을 수가 없다. 우리 대신 犧牲하며 무지개다리를 건넌 지 어느덧 7년이 흘렀구나. 雅悧는 항상 우리 가슴 속에 살아있다. 사랑 하는 雅悧와 인생의 동반자 아내 金延貞 님께 이 책을 바친다.

나에게

벼는 익을수록 고개를 숙인다. 인생 어느덧 62년을 살아오면서 느낀 것은 살아온 날보다 살아가야 날들 이 적기에 자연의 섭리에 따라 순응하며 세상에 봉사하며 겸손과 배려의 삶을 살겠다고 다짐한다. 비록 보이지는 않더라도 엄연히 존재하는 것은 인연(因緣)이다. 졸저를 통해 귀중한 분과의 맺은 인연을 소중히 여기며 살아갈 것이다. 지금까지 10권의 책을 집필했다. 인생은 9988이라고 한다. 앞으로 몇 권을 출판할지 알 수 없으나 마지막 저서는 회고록이 될 것이다.

고마운 분들

상업성이 부족한 이 책을 저자와의 인연으로 흔쾌히 허락해 주시고 떠맡아준 휴먼필드 출판사와 책을 구매해 주신 모든 분께 깊은 사의를 표한다.

2025. 1. 1.

저자 朴正一

양극화와 초저출생, AI에게 길을 묻다

Polarization and Ultra-Low Birthrate: Seeking Solutions from AI

—

초판발행   2025. 1. 15.

—

지 은 이   박정일

펴 낸 곳   휴먼필드

출판등록   제406-2014-000089

주   소   경기도 파주시 탄현면 장릉로 124-15

전화번호   031-943-3920   **팩스번호**   0505-115-3920

전자우편   minbook2000@hanmail.net

—

—

ISBN 979-11-92852-05-8 03300

—